創意無限大

親子同樂玩摺紙

內閣府認證ＮＰＯ法人國際摺紙協會理事長　小林一夫◎著　彭春美◎譯

漢欣文化事業有限公司
Han Shin Cultural Enterprise Co., Ltd.

目次

摺圖的符號

一般來說，要表現摺紙的做法（摺法）時，會畫成摺圖（摺紙順序圖）來表現。這個時候，就會使用到許多指示摺法規則的符號。在此介紹本書中出現的摺法符號。在開始摺紙之前，請先仔細閱讀並牢記在心。

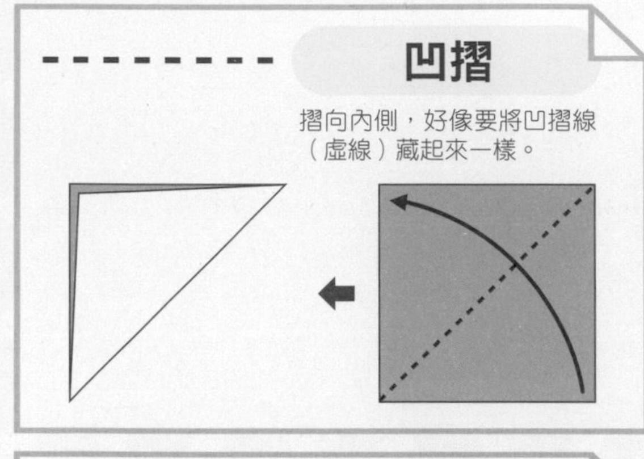

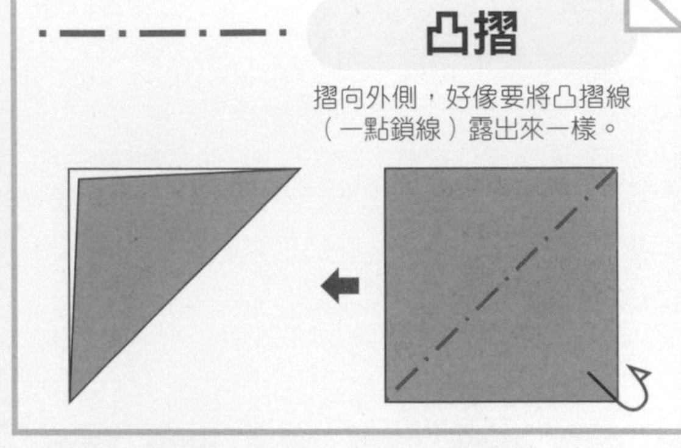

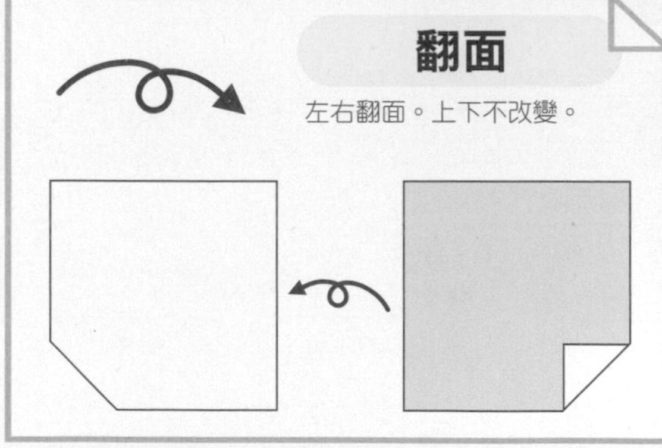

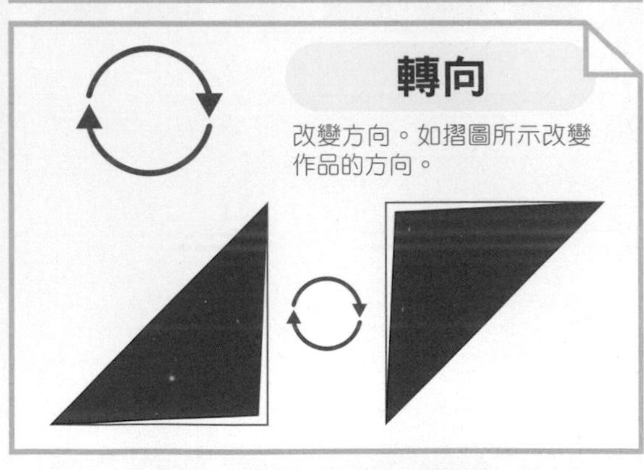

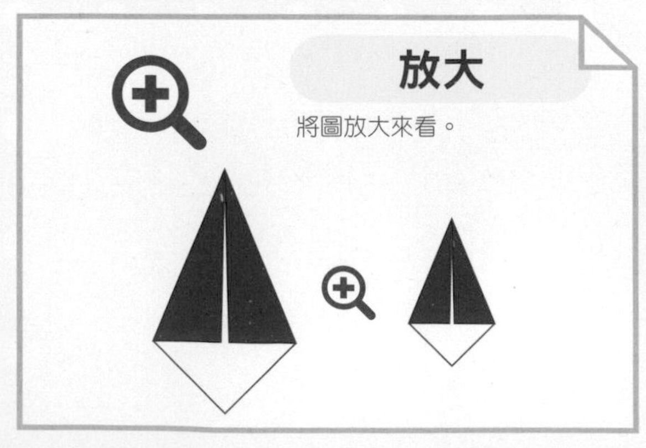

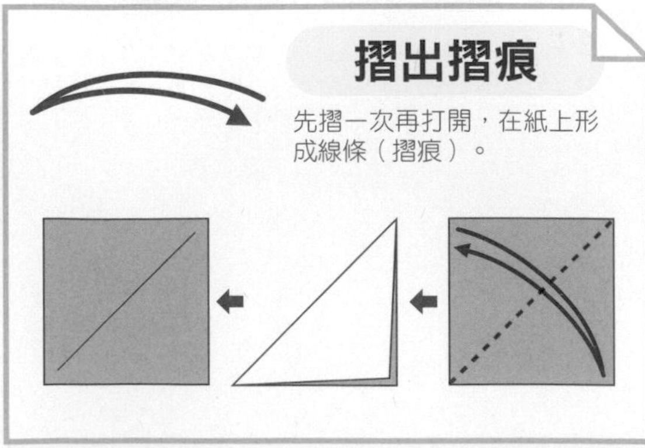

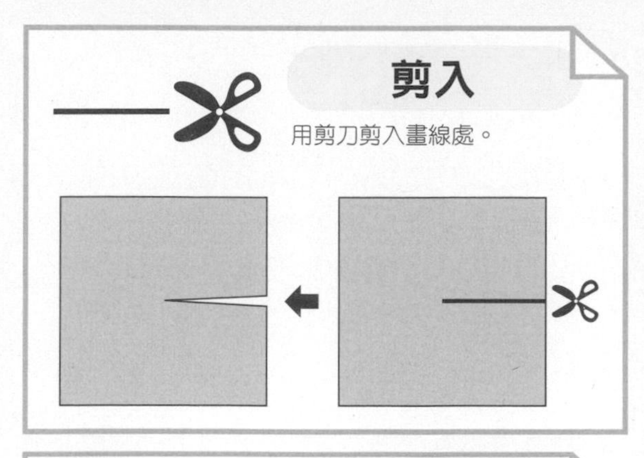

剪入

用剪刀剪入畫線處。

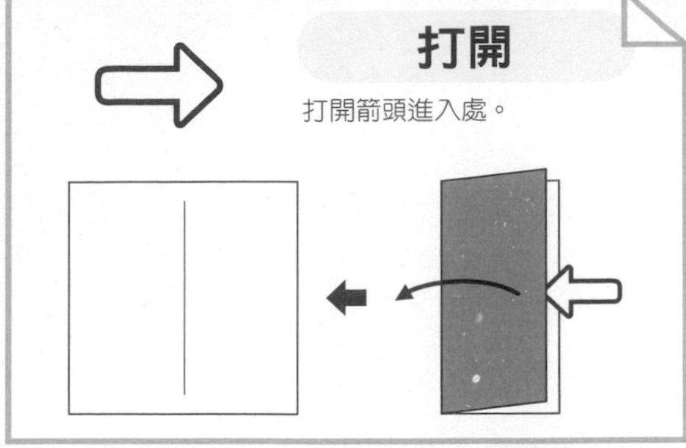

打開

打開箭頭進入處。

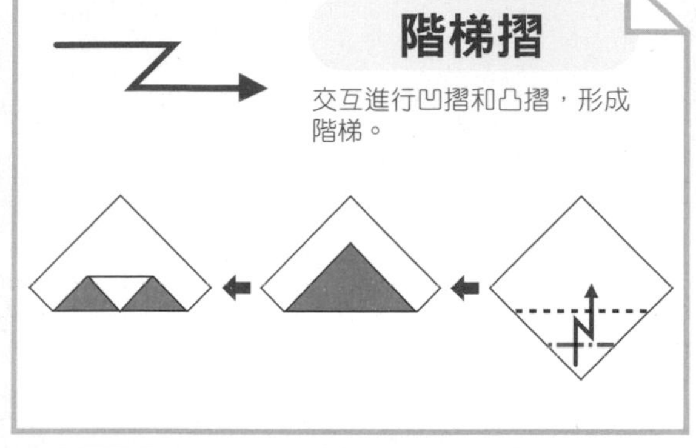

階梯摺

交互進行凹摺和凸摺，形成階梯。

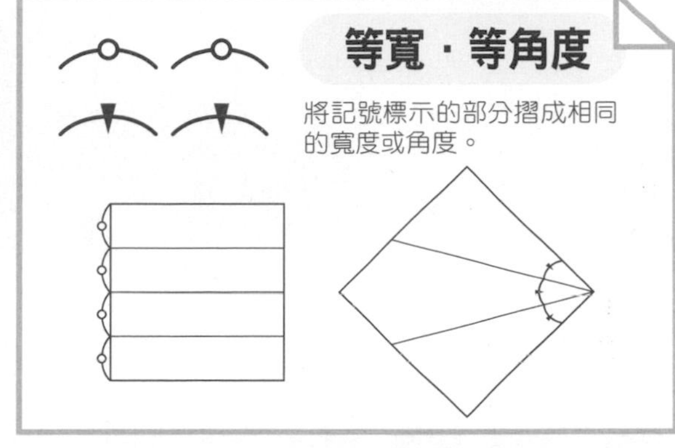

等寬・等角度

將記號標示的部分摺成相同的寬度或角度。

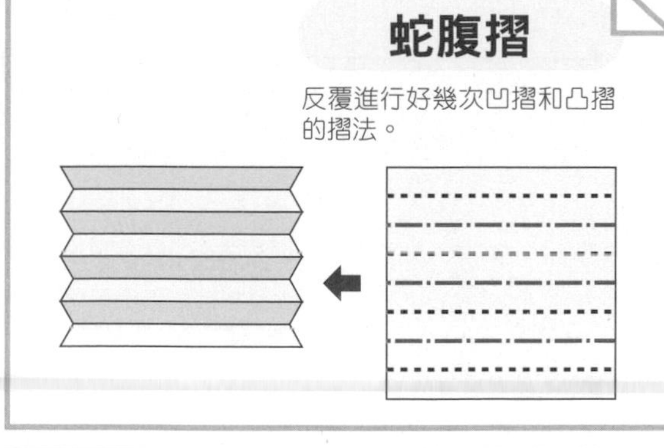

蛇腹摺

反覆進行好幾次凹摺和凸摺的摺法。

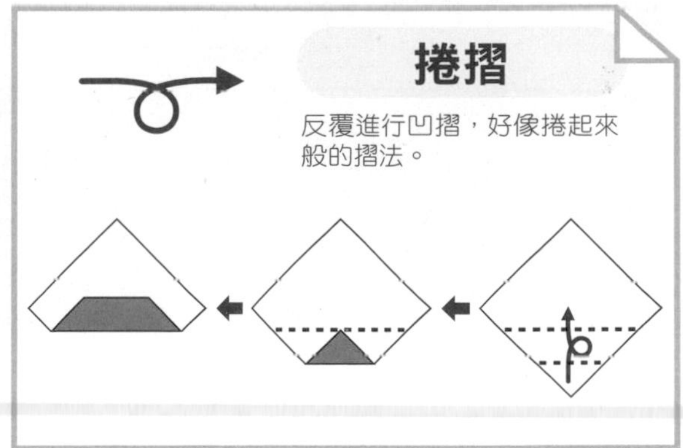

捲摺

反覆進行凹摺，好像捲起來般的摺法。

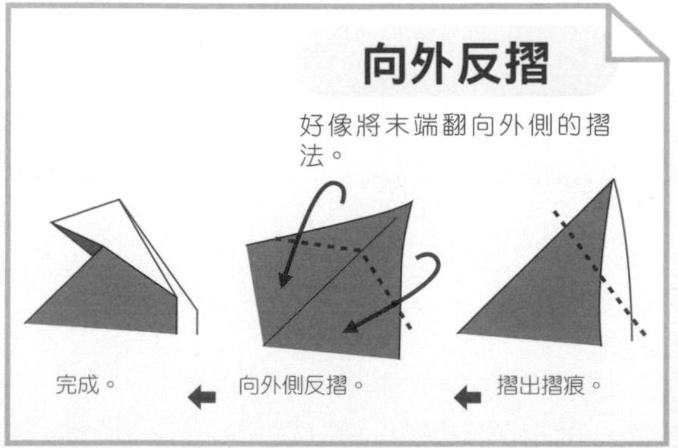

向外反摺

好像將末端翻向外側的摺法。

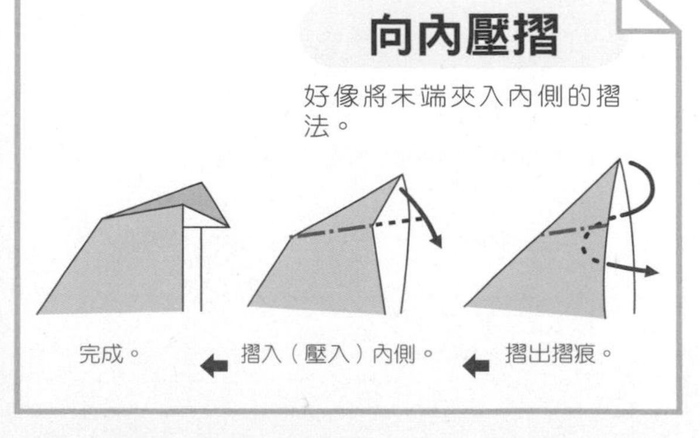

向內壓摺

好像將末端夾入內側的摺法。

本書的閱讀方法・使用方法

本書基本上並不使用雙面色紙（正反兩面都有顏色的紙），而是以只有單面上色、最普通的教學色紙所製作的作品為主；也有部分使用的是A4尺寸等大型紙張所製作的作品。以比插圖更容易想像的照片為主體，並附上摺法說明。可以一邊看照片一邊摺，非常容易瞭解。

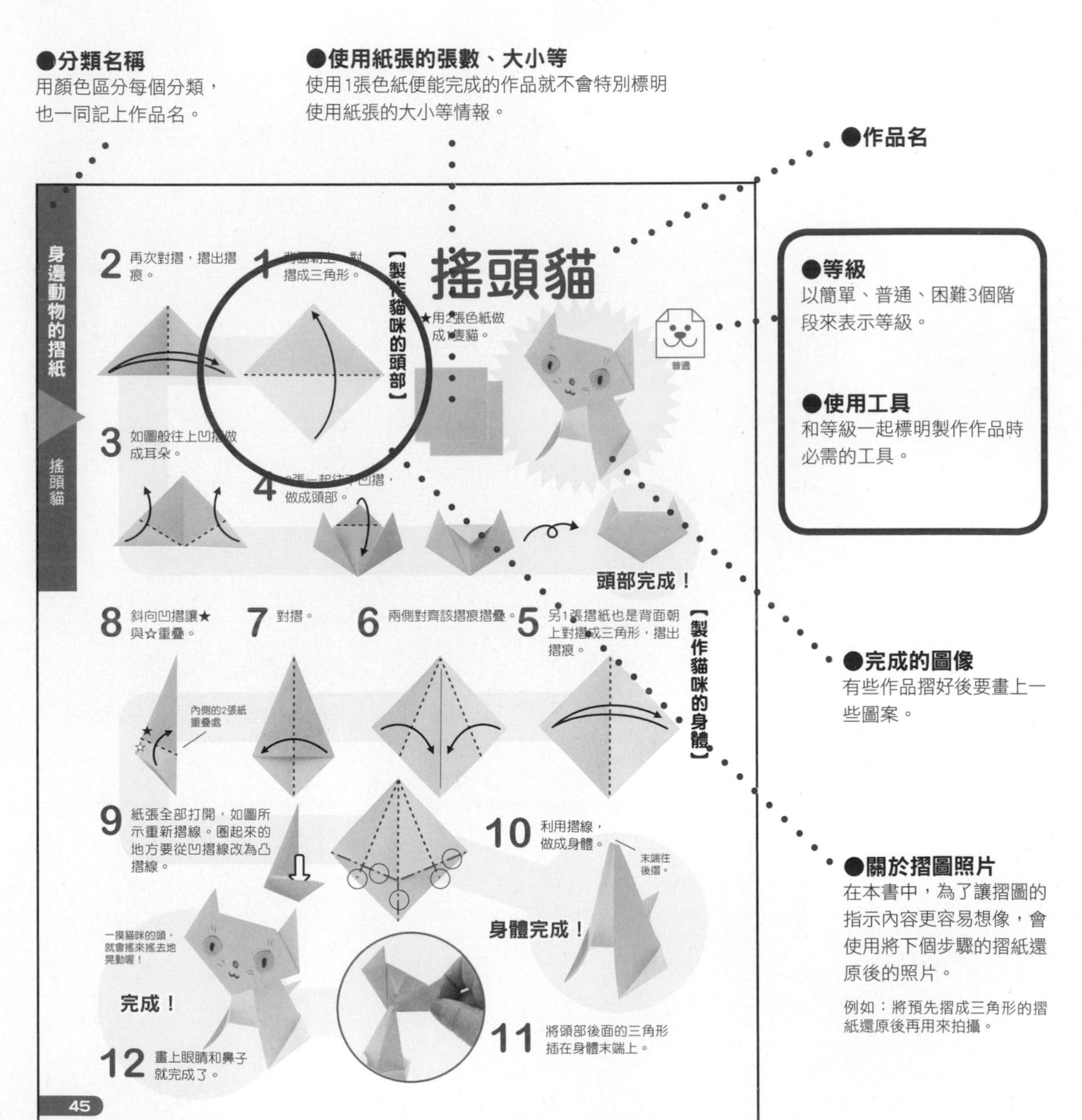

食物的摺紙

南瓜的做法在150頁

草莓

1 對摺成三角形，摺出十字摺痕。

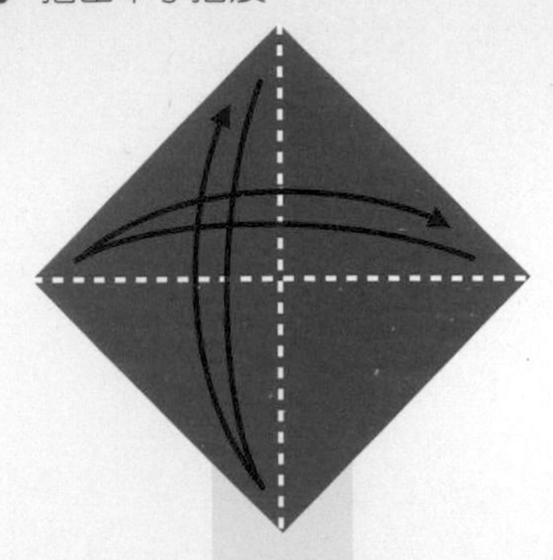

2 再次摺出十字摺痕。接著再讓3個☆和★重疊。

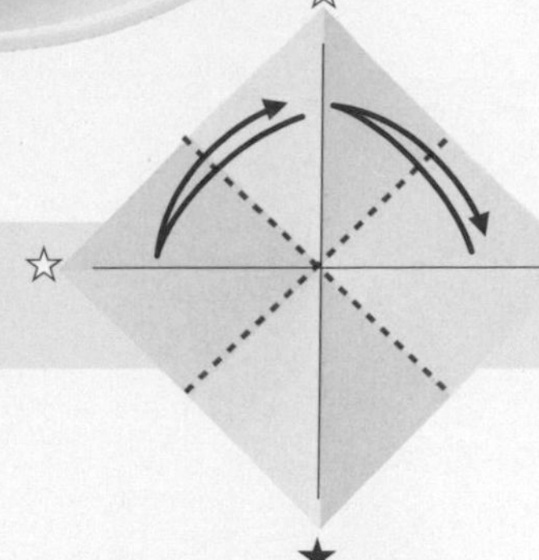

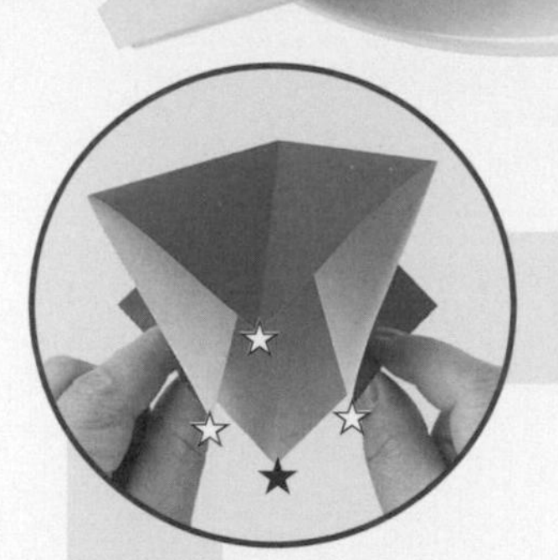

3 如圖所示，左右角都只向內摺1張。背面摺法也相同。

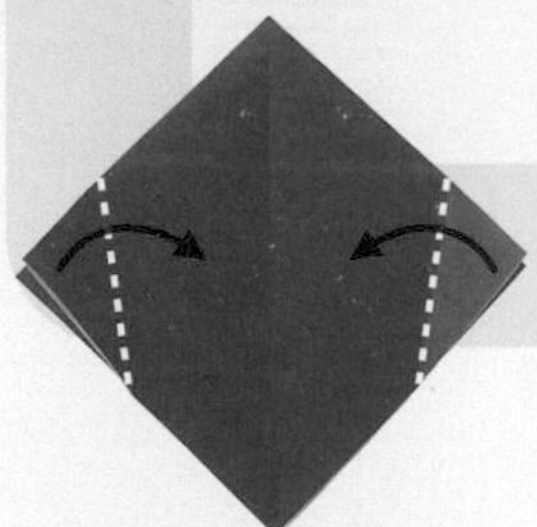

4 像要隱藏摺過的部分一樣，如圖般，只將1張翻摺過來。背面摺法也相同。

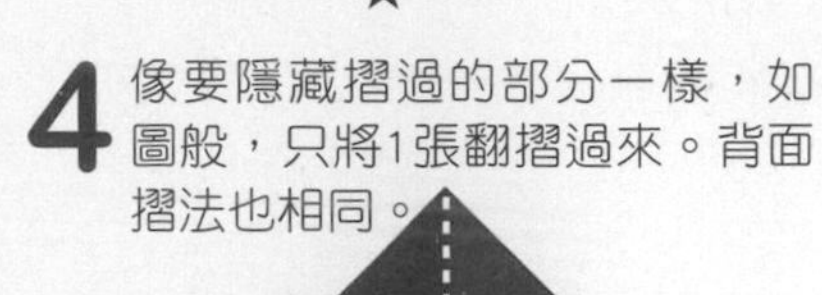

5 將上面1張如圖般往上摺，做成「蒂」的部分。

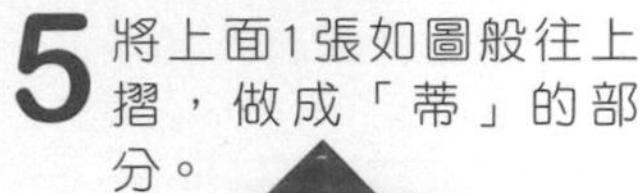

6 將突出的2個三角形往上摺。

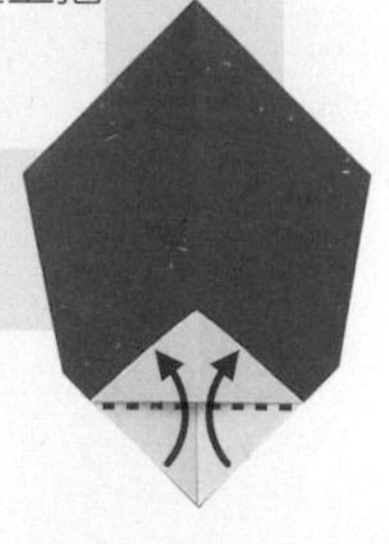

7 打開，壓摺成四角形。另一邊的摺法也相同。

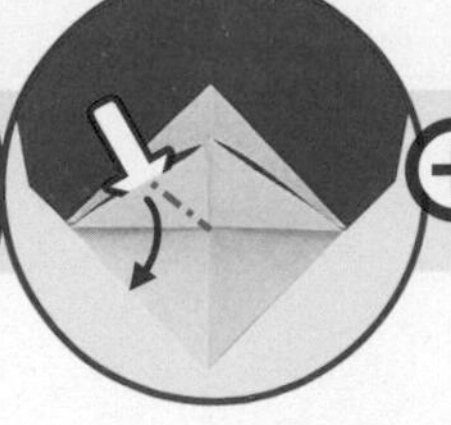

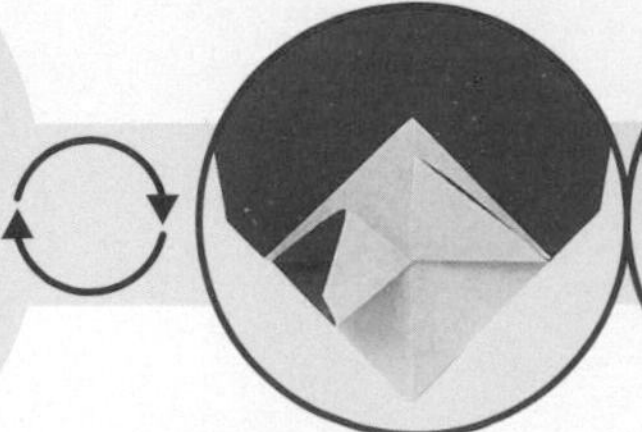

也可以試著將色紙分成4等份（裁切成4個正方形）來摺摺看。

完成！

1 摺出摺痕，
讓3個☆和★重疊。

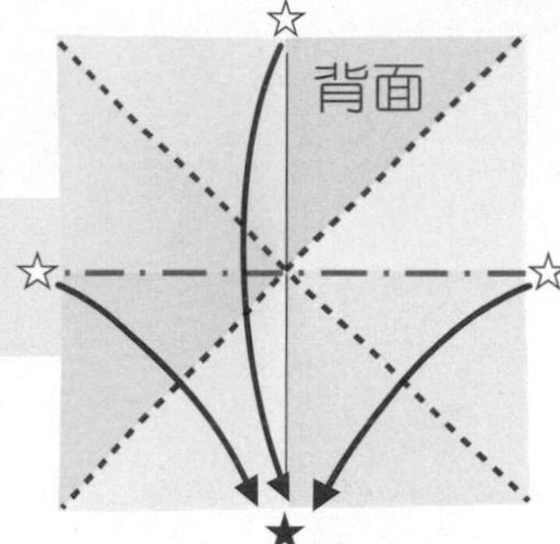

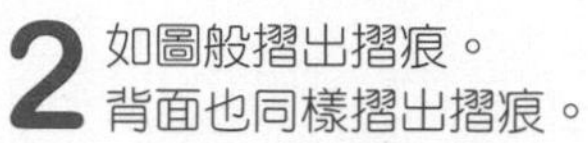

2 如圖般摺出摺痕。
背面也同樣摺出摺痕。

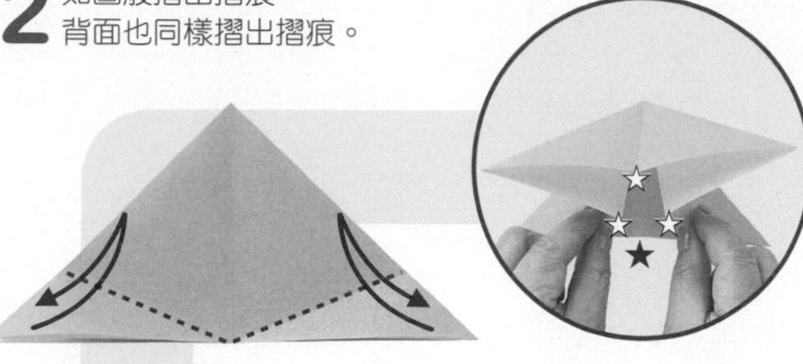

3 使用摺痕，
將4個角都向外反摺。

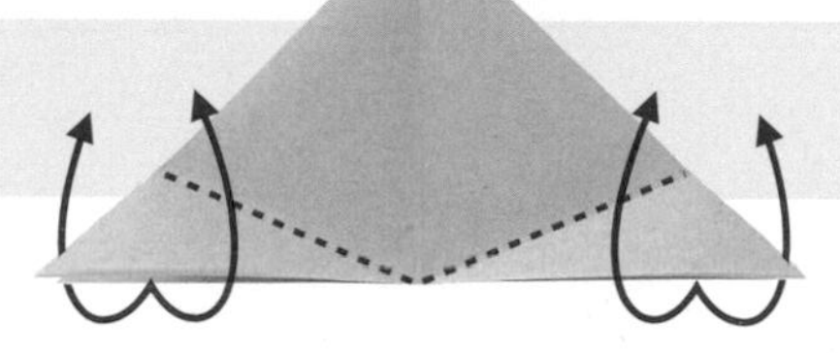

香蕉

1 對摺成三角形，摺出摺痕後，如圖般摺疊。

2 在圖中的位置做凹摺。

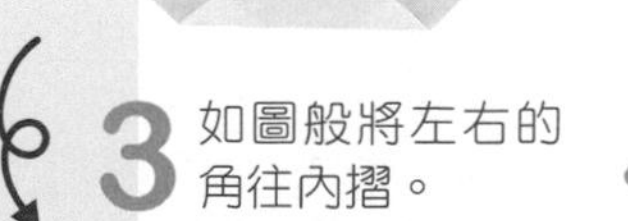

3 如圖般將左右的角往內摺。

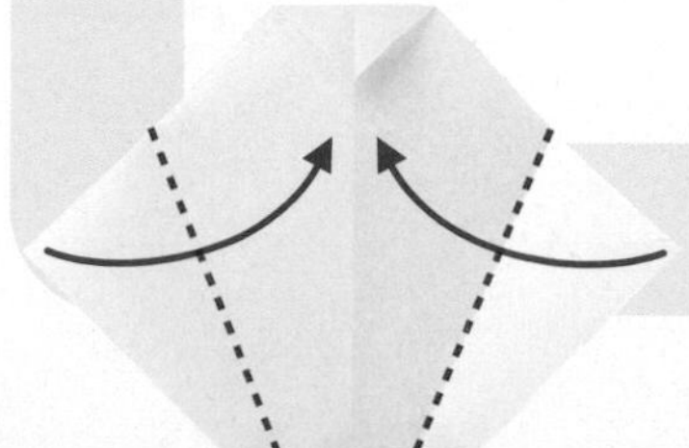

4 再次如圖般摺疊。

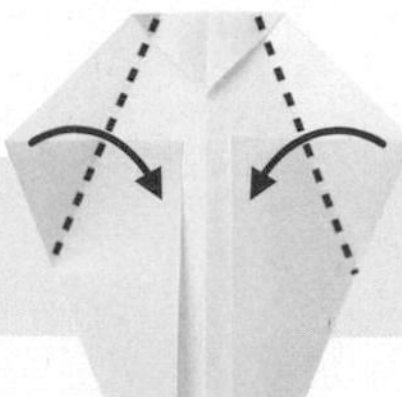

5 將★做好凹摺後，
在中央線對摺。

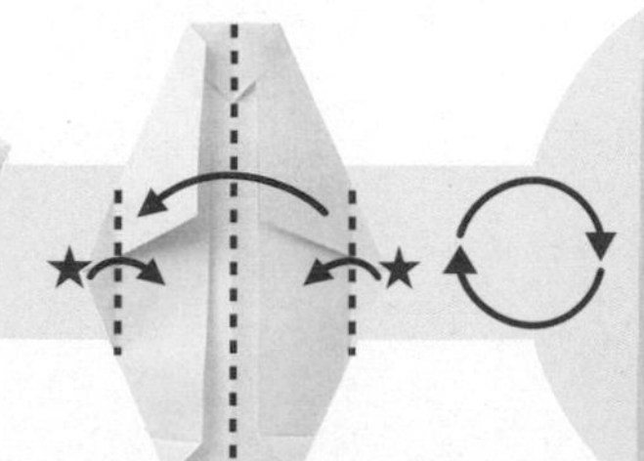

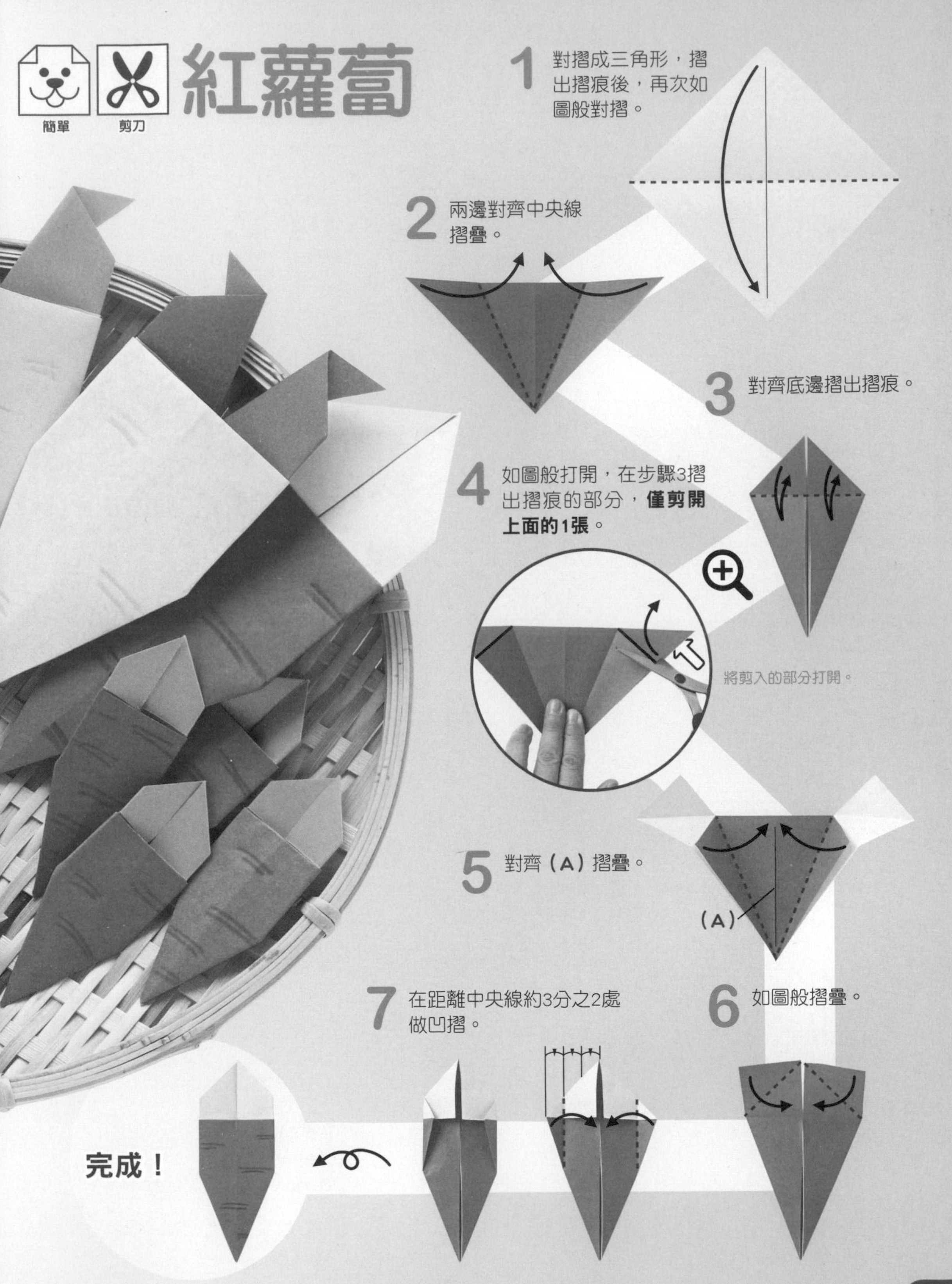

紅蘿蔔
簡單
剪刀
1 對摺成三角形，摺出摺痕後，再次如圖般對摺。
2 兩邊對齊中央線摺疊。
3 對齊底邊摺出摺痕。
4 如圖般打開，在步驟3摺出摺痕的部分，**僅剪開上面的1張**。
將剪入的部分打開。
5 對齊（A）摺疊。
（A）
6 如圖般摺疊。
7 在距離中央線約3分之2處做凹摺。
完成！

香菇

簡單　剪刀

1 對摺成三角形，摺出摺痕後，再如圖般對齊摺痕摺疊。

2 中央線做凸摺。

3 2張重疊後，如圖般剪開粗線部分。

4 如下圖般打開。

5 （A）、（B）做凹摺。

6 在下面的★做凹摺後，摺☆的部分。

7 上面的邊角做小小的凹摺。

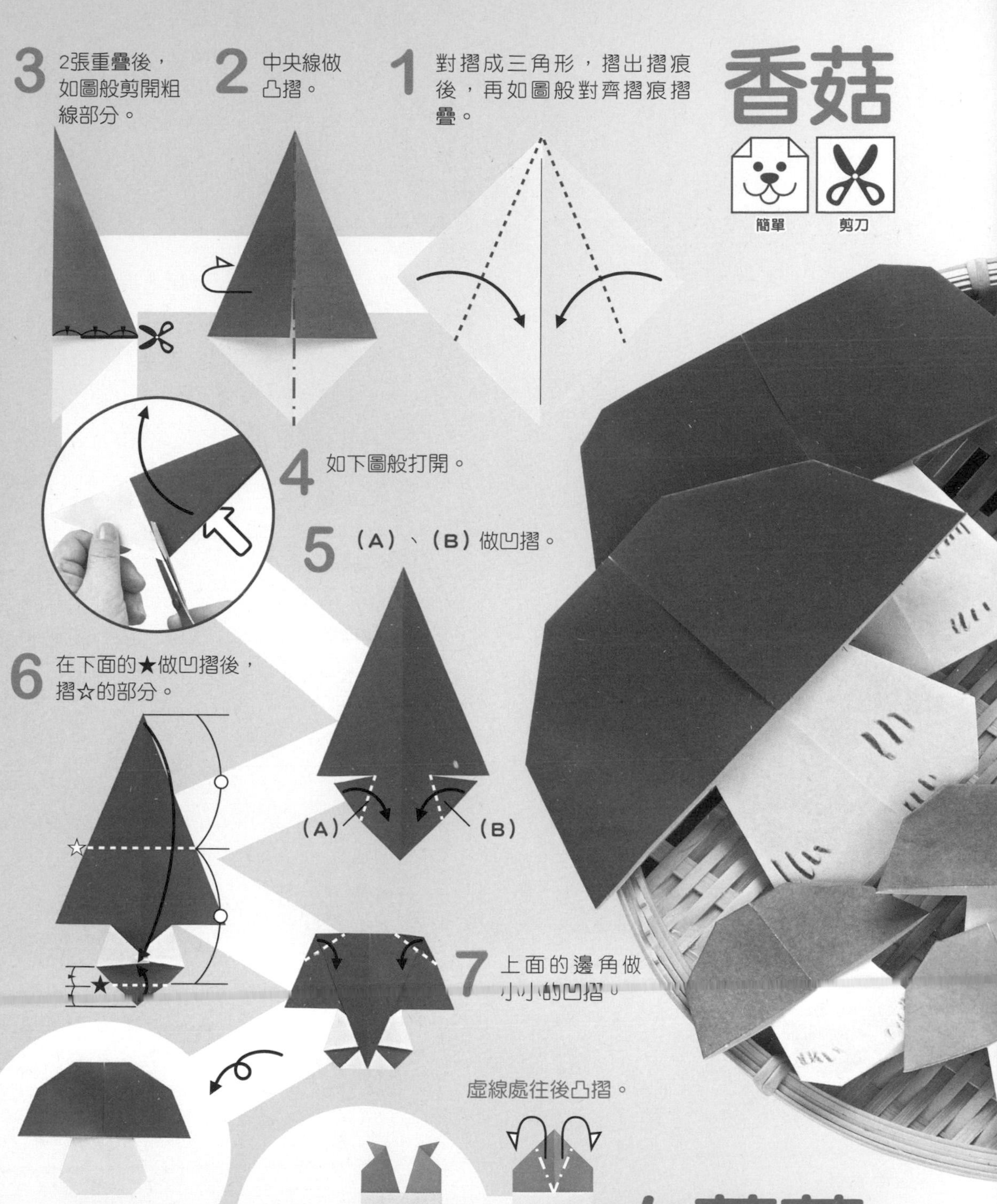

完成！

白蘿蔔

使用綠色色紙。綠色面朝上，
以和紅蘿蔔相同的做法摺到最後。

虛線處往後凸摺。

完成！

高麗菜

1 摺出摺痕。
讓3個☆和★重疊。

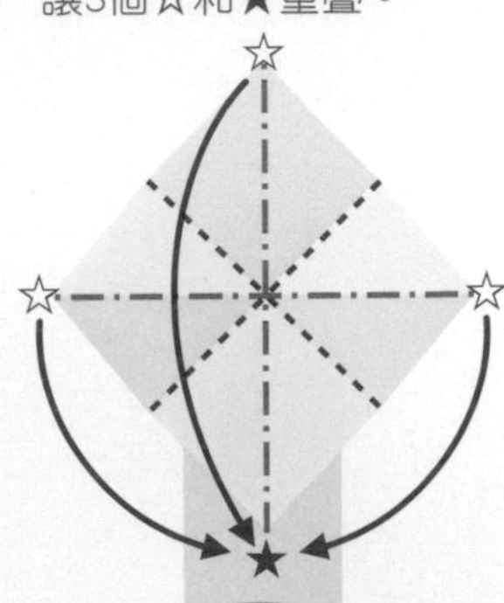

2 對齊中央線，
摺出摺痕。

3 利用步驟2的摺痕，
如圖般打開後再摺疊。

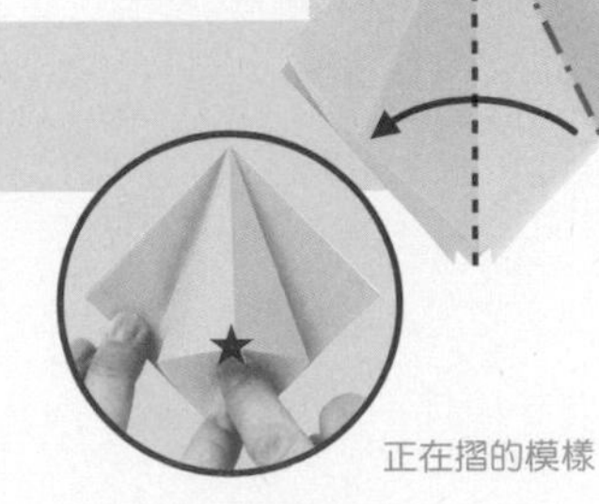
正在摺的模樣

4 其他3個部分做法
也同步驟2～3。

摺好時

5 將上面1張向右摺。
背面摺法也相同。

6 打開中間，
上面的1張做凹摺。

打開的模樣。
背面摺法也相同。

7 上面的1張向右摺。
背面摺法也相同。

8 如圖般只摺上面1張。背面摺法也相同。

9 拿著對角線，拉開。

10 讓葉片朝外側拉開，另一組對角線（○和●）也同樣進行。各組對角線一點一點地輪流拉開。

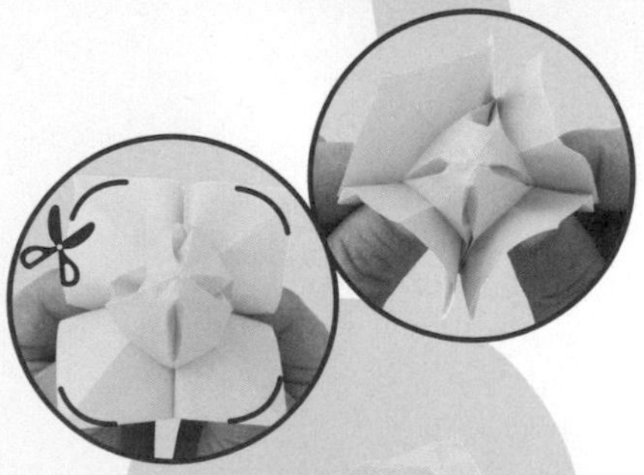

將尖角剪成弧形，看起來就更像高麗菜了。葉片也可以做階梯摺。

完成！

柿子

原案：內山興正

1 摺出摺痕。讓3個☆和★重疊。

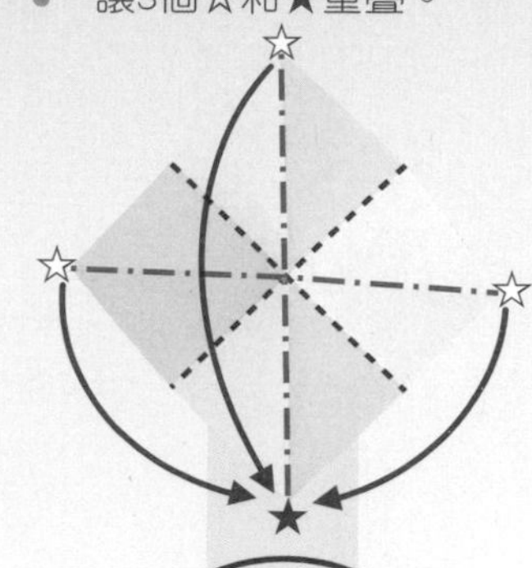

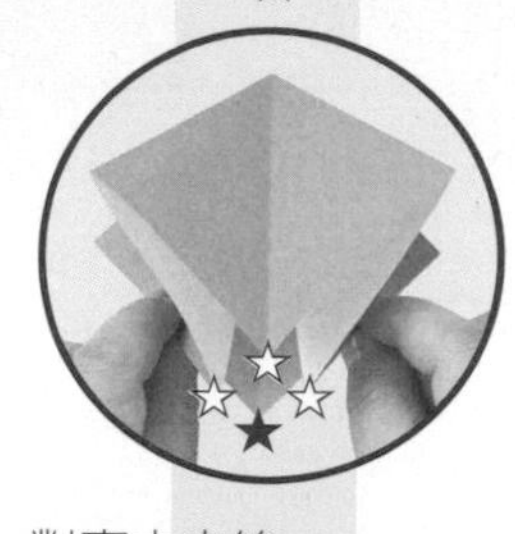

2 對齊中央線，摺出摺痕。

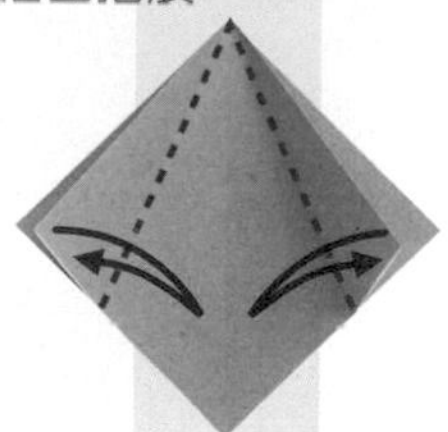

3 利用步驟2的摺痕，如圖般打開後再摺疊。

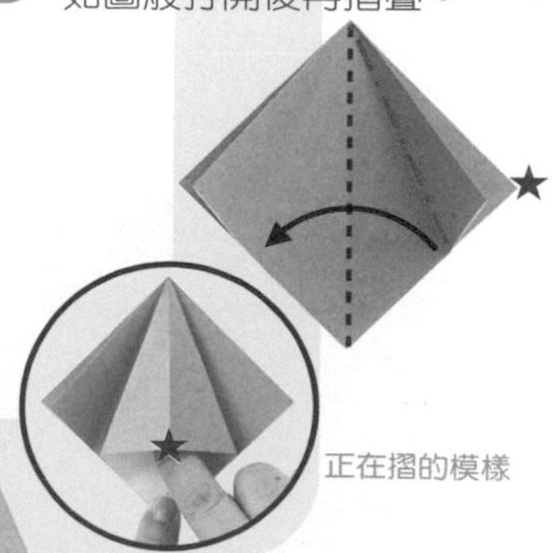

4 其他3個部分做法也同步驟2～3。

摺好時

5 上面1張向右摺，接著如圖般將上面1張向上摺。背面摺法也相同。

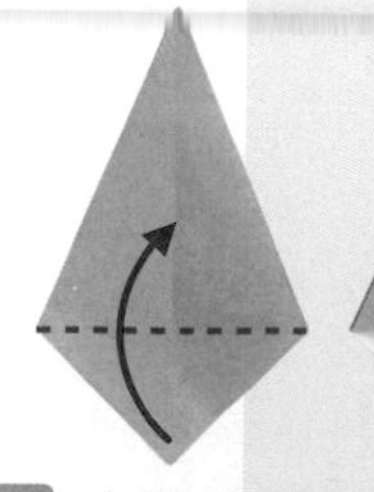

6 同樣地，向右摺2張後，上面1張向上摺。背面摺法也相同。

7 上面1張向右摺（A），接著如圖般將上面1張對齊中央線摺疊（B）。背面摺法也相同。其他也同樣進行。

(B)　(A)

8 摺向左側。背面摺法也相同。

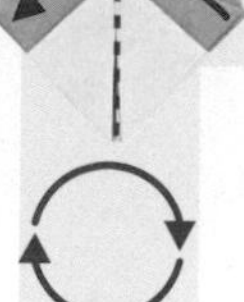

9 如圖般地拿著，吹氣使其膨脹。

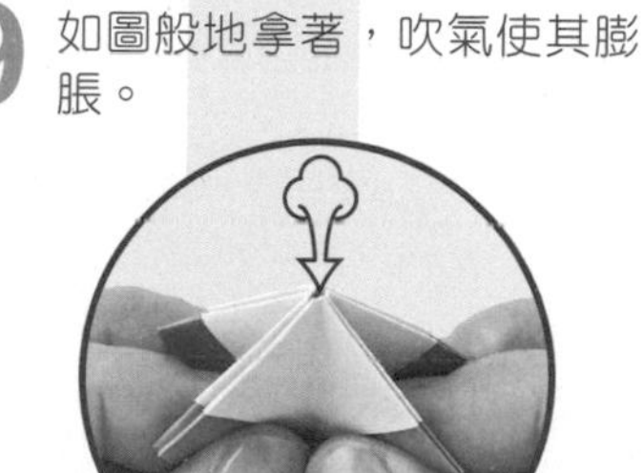

10 用棉花棒等從中間的洞孔進入，調整形狀。最後讓蒂頭稍微浮起一點。

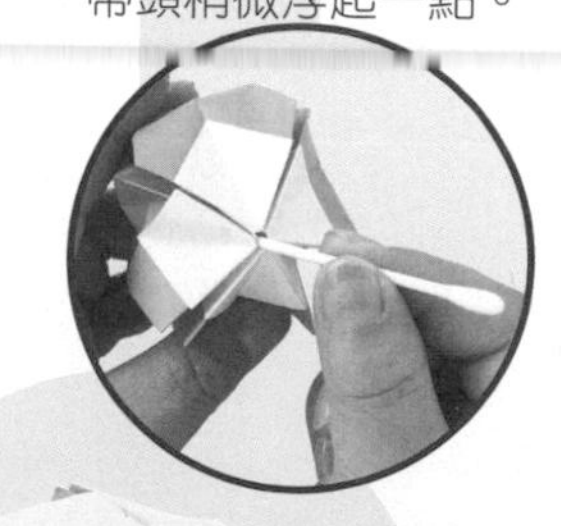

完成！

蛋糕

普通　剪刀　黏膠

海綿蛋糕的部分是使用正方形色紙對半裁剪的 2 張紙；奶油部分是使用約 3 分之 2 大小的 1 張色紙；裝飾則是使用 4 分之 1 大小的 1 張色紙。

以4分之1大小的色紙來製作第9頁的草莓。

1 **製作海綿蛋糕。**將對半裁剪的長方形色紙黏貼在一起。

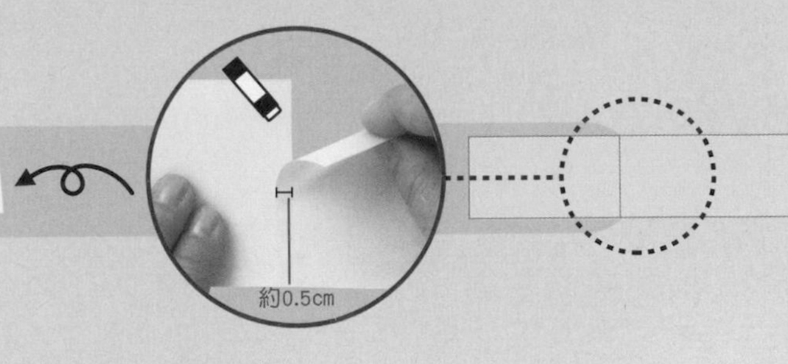

2 橫向對半摺出摺痕。

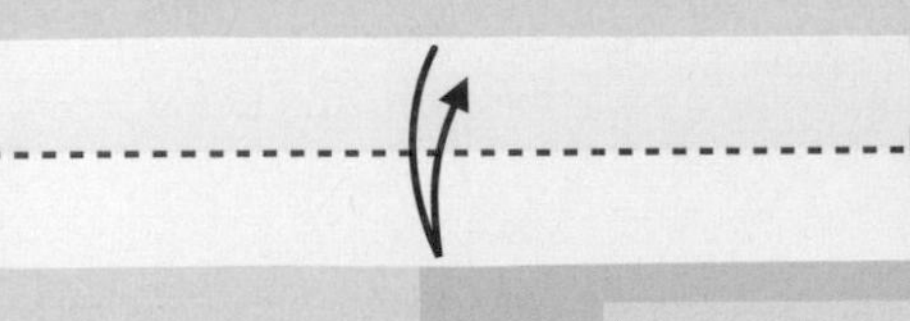

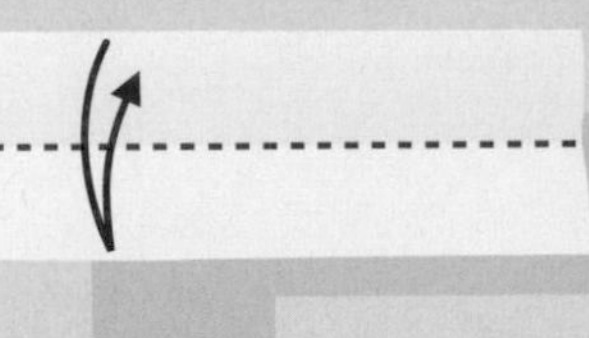

3 上面以3分之1的寬度、下面以2分之1的寬度做凹摺。

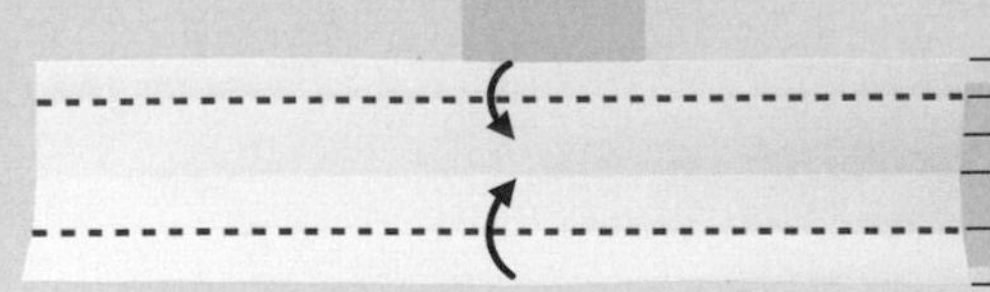

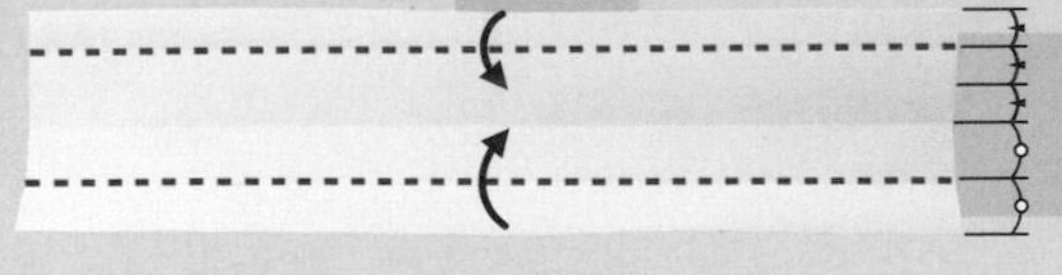

4 在互相黏貼的地方做凸摺。

5 在距凸摺處約10cm的地方，2張重疊摺出凸摺的摺痕。

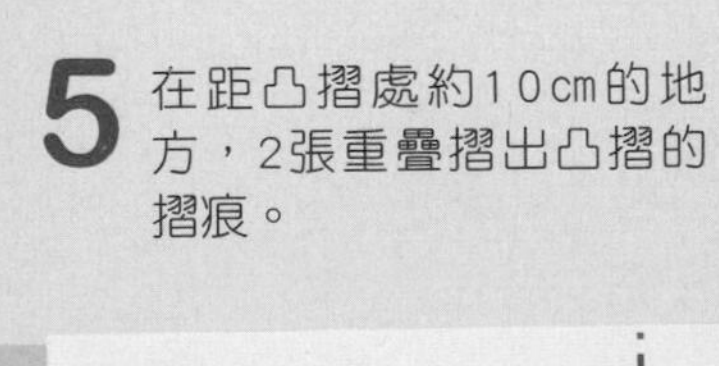

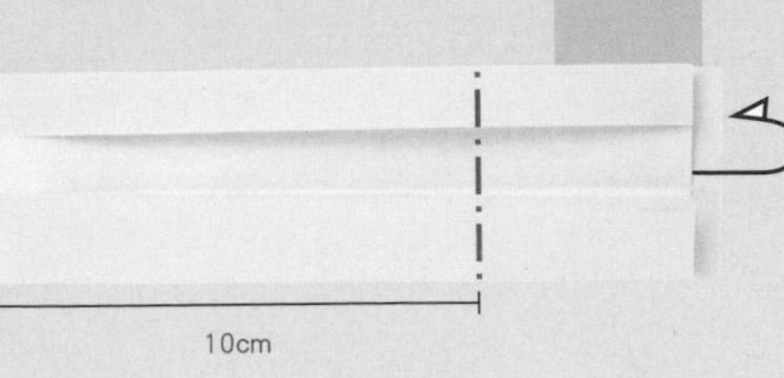

6 將背面的摺痕改為凸摺，如圖般插入組合。

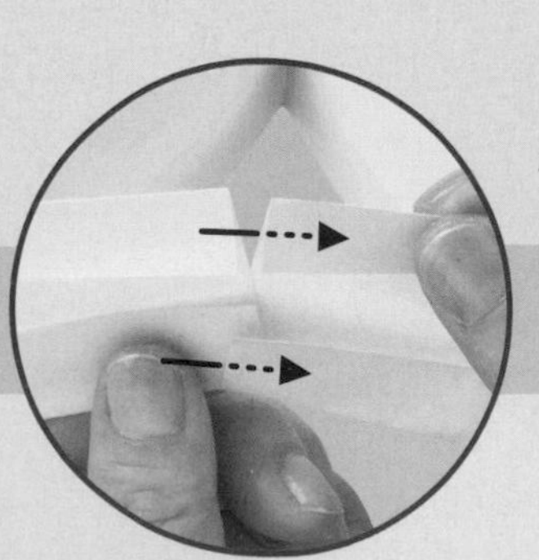

7

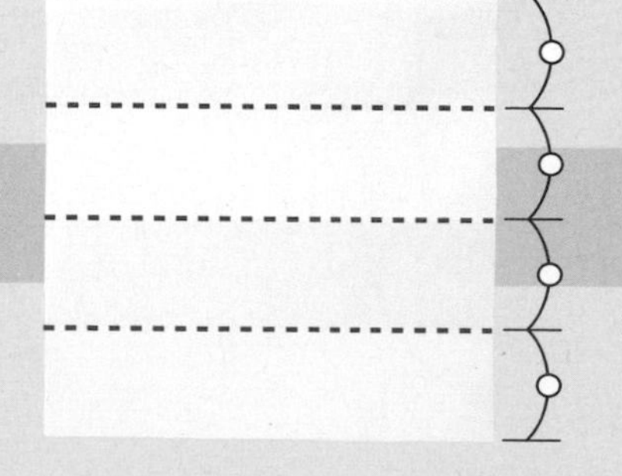

製作奶油。如圖般摺出摺痕。

照片是以白色色紙拍攝。

8

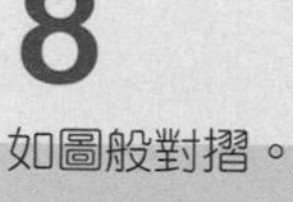

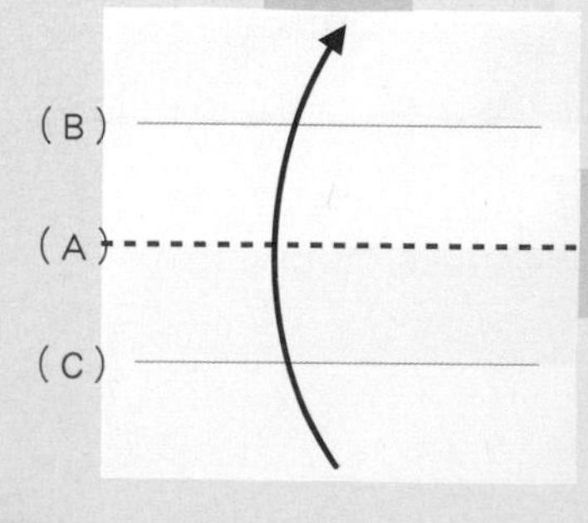

如圖般對摺。

9

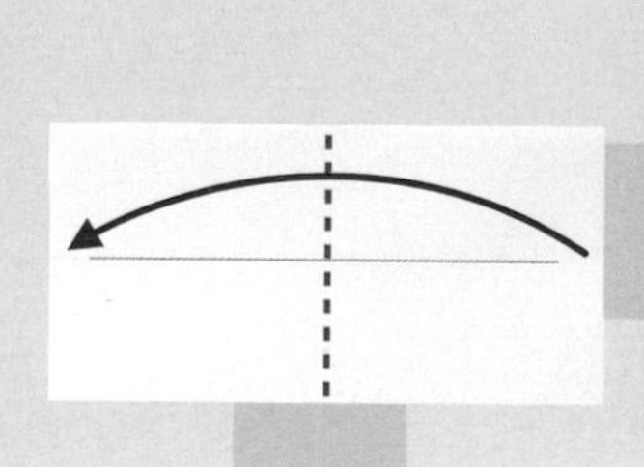

如圖般對摺。

10

如圖般對摺。

11

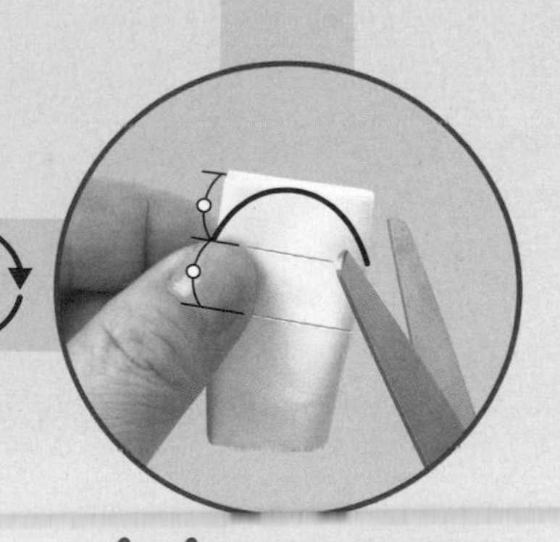

如圖般剪成弧形。

12

全部打開，摺出凸摺線，進行蛇腹摺。

13

摺好後如圖般放入海綿中。

14

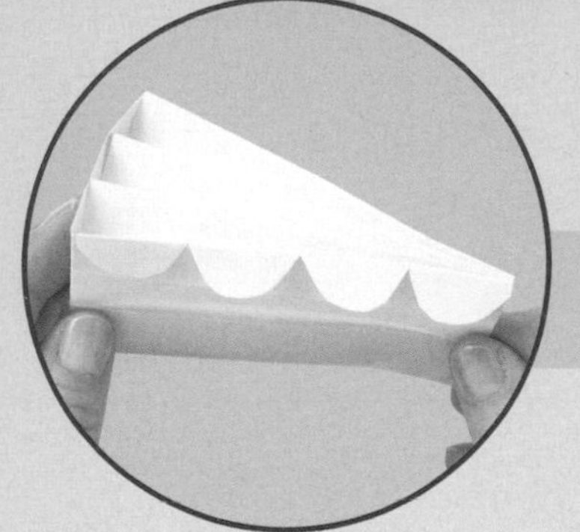

波狀部分放在外側。

15

將裝飾部分的色紙對摺，用剪刀剪下裝飾在上面的部分後，其餘的用手撕成小塊，插在側面奶油上下的口袋中。

完成！

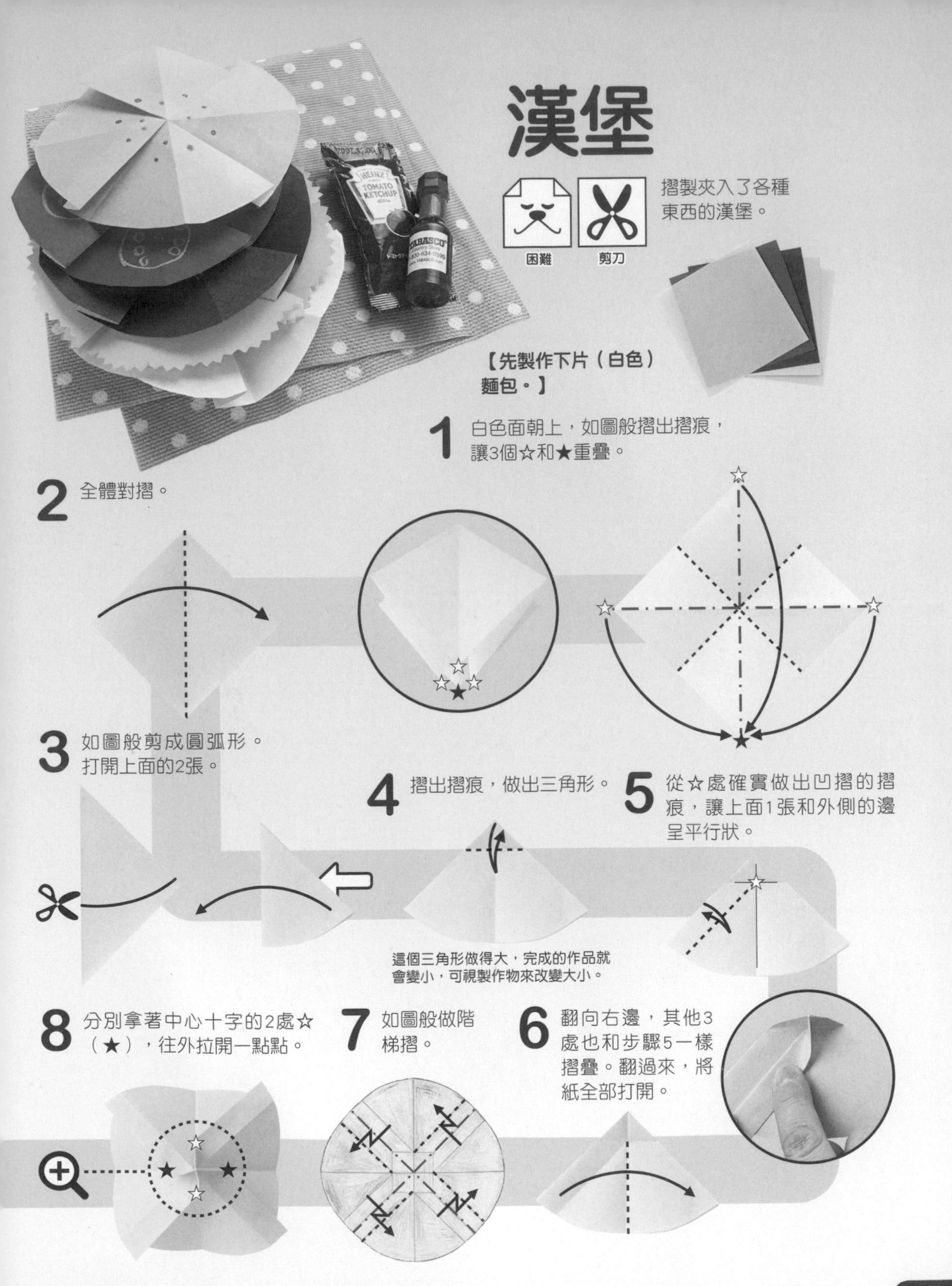
漢堡
困難
剪刀
摺製夾入了各種
東西的漢堡。
【先製作下片（白色）
麵包。】
1 白色面朝上，如圖般摺出摺痕，
讓3個☆和★重疊。
2 全體對摺。
3 如圖般剪成圓弧形。
打開上面的2張。
4 摺出摺痕，做出三角形。
5 從☆處確實做出凹摺的摺
痕，讓上面1張和外側的邊
呈平行狀。
這個三角形做得大，完成的作品就
會變小，可視製作物來改變大小。
6 翻向右邊，其他3
處也和步驟5一樣
摺疊。翻過來，將
紙全部打開。
7 如圖般做階
梯摺。
8 分別拿著中心十字的2處☆
（★），往外拉開一點點。

9 做出小小的四角形後，一邊壓著十字，一邊從上方一點一點地壓扁。

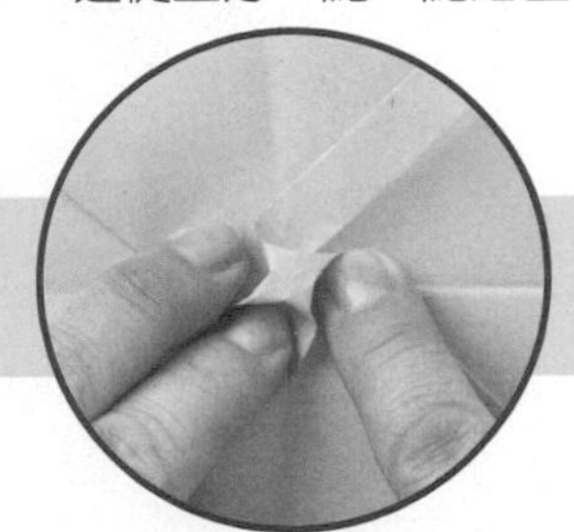

四角形不是很漂亮也沒關係。

10 將突出的部分剪掉。

其他色紙的做法也相同。可以在步驟 3 修剪時變化大小，或是用剪刀在外側剪出鋸齒狀。

番茄
肉
生菜
上片麵包
下片麵包

下片麵包完成！

做好後，如圖般重疊即可。

完成！

扇貝

普通　剪刀

1 如漢堡中的步驟1般摺出摺痕，摺疊起來。上面1張如圖般加入2條凹摺摺痕。背面也同樣進行。

2 在三角上摺出摺痕。

3 如圖般將手指放入中間，紙張摺向自己。上面的部分打開成四角形。

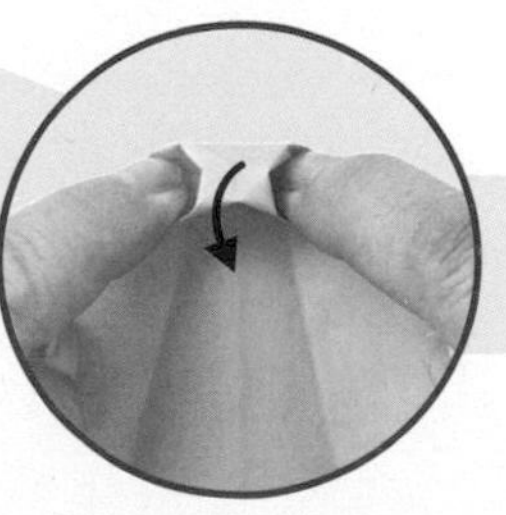

4 從上方將打開的部分一點一點壓平。

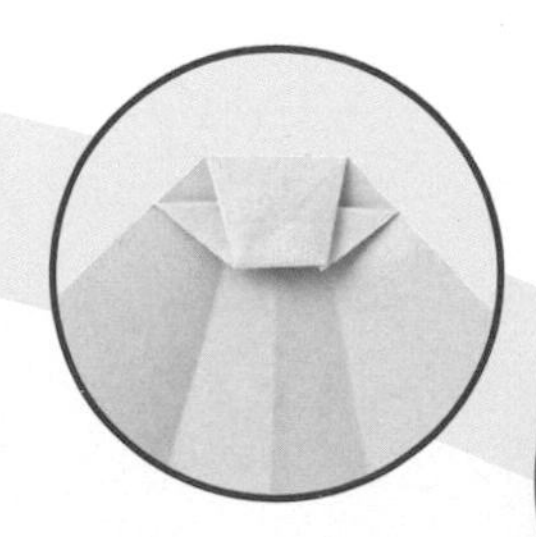

5 下方剪成波狀。

完成！

櫻餅

簡單　剪刀　黏膠

餅體使用 15 cm見方的色紙，葉片使用裁剪成12 cm見方的色紙。

【餅體】

1 在對角線下方約1cm處摺出摺痕，放上做為內餡的衛生紙團等。依摺痕摺成三角形。

2 左右朝正中央做凹摺。紙尾插入另一邊的開口處。

3 如圖般做凹摺。

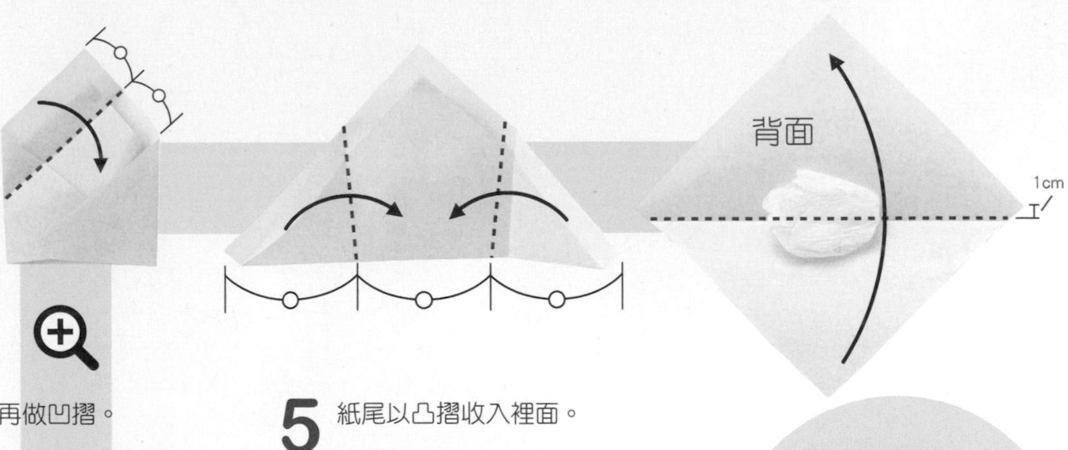

4 再做凹摺。

5 紙尾以凸摺收入裡面。

完成！

【葉片】

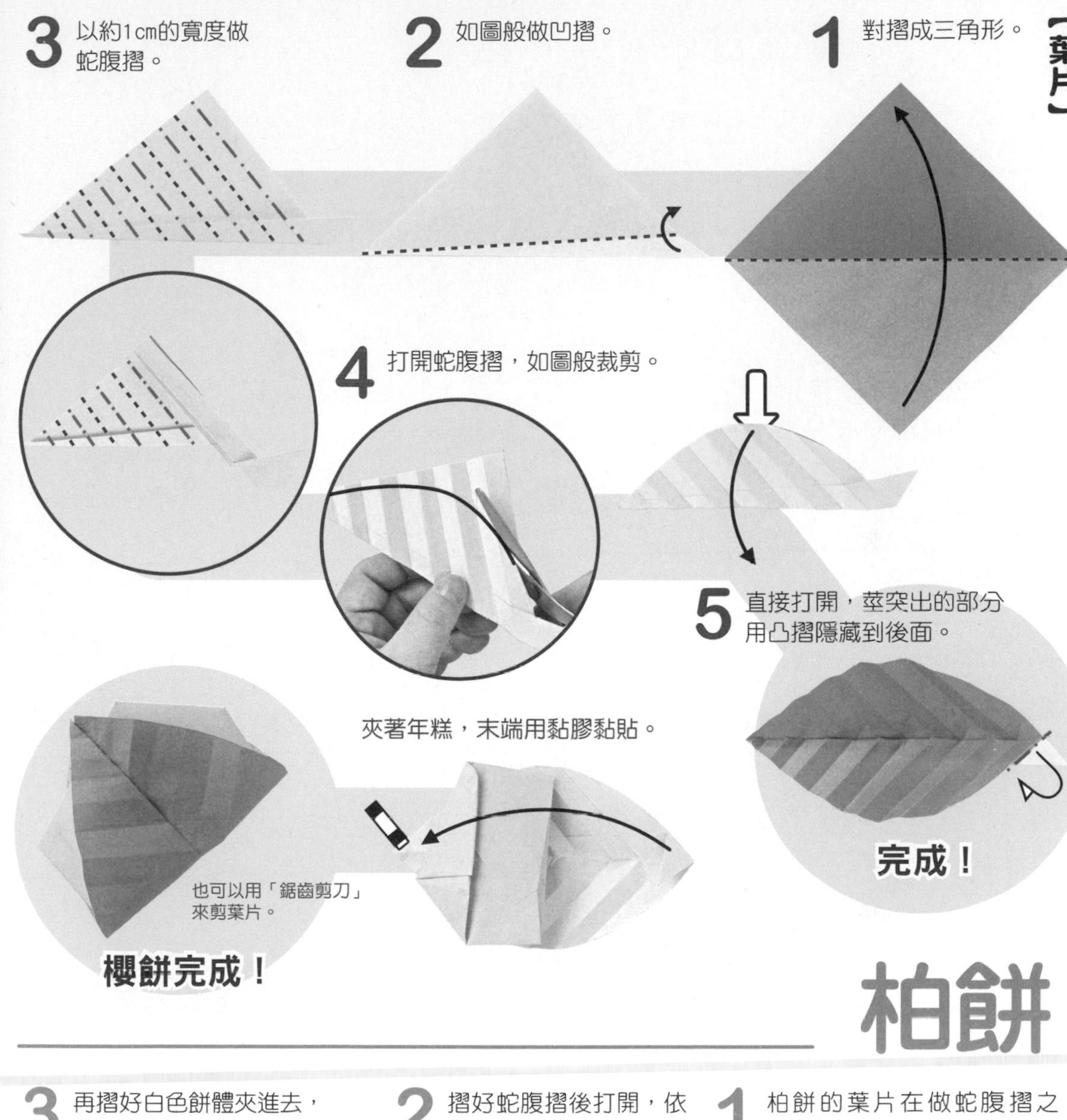

1 對摺成三角形。

2 如圖般做凹摺。

3 以約1cm的寬度做蛇腹摺。

4 打開蛇腹摺，如圖般裁剪。

5 直接打開，莖突出的部分用凸摺隱藏到後面。

完成！

夾著年糕，末端用黏膠黏貼。

也可以用「鋸齒剪刀」來剪葉片。

櫻餅完成！

柏餅

1 柏餅的葉片在做蛇腹摺之前，要先如圖般畫好裁剪線。

2 摺好蛇腹摺後打開，依畫好的線來裁剪，如圖般展開。

3 再摺好白色餅體夾進去，柏餅就完成了。

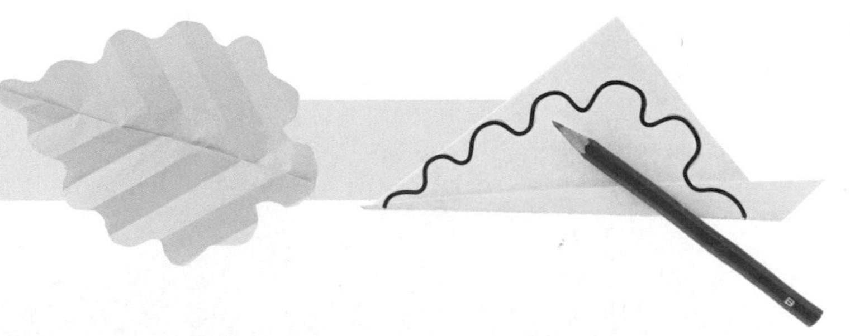

完成！

扇貝的做法在17頁，
聖誕紅的做法在158頁

花・蟲・小生物的摺紙

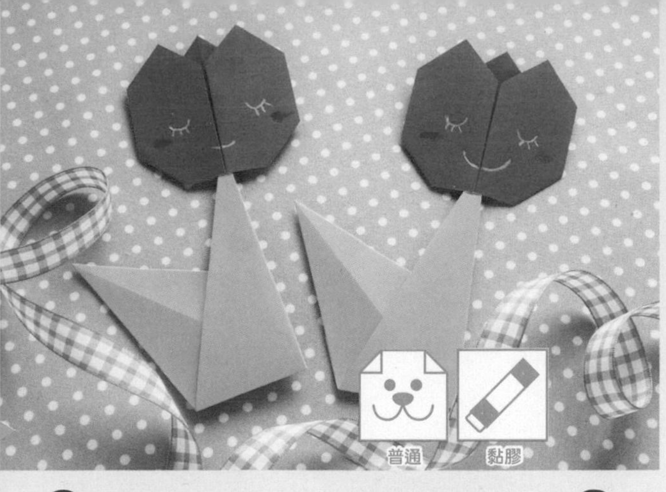

鬱金香

【製作花朵】 使用對半裁剪成長方形的色紙。

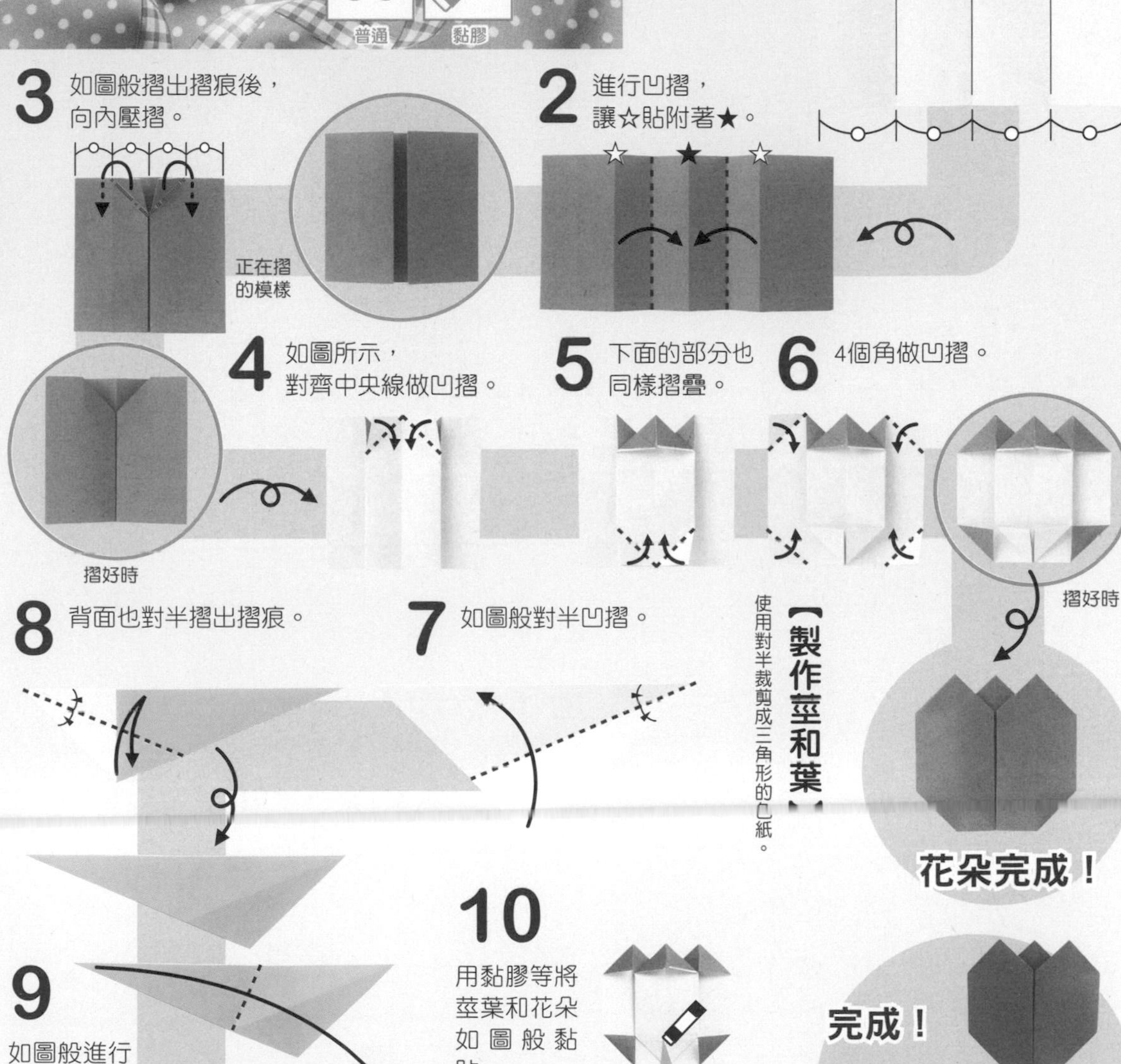

蝴蝶

簡單

1 使用凹摺摺出十字摺痕後，
4個角摺向中心。

2 翻面後，
再度將4個角摺向中心。

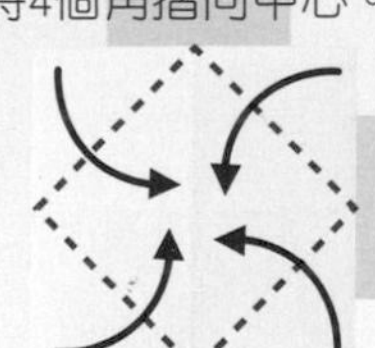

3 如圖所示將背面朝上，紙張全部打開，
利用摺痕讓左右對齊中央線凹摺。

4 再次如圖般做凹摺。

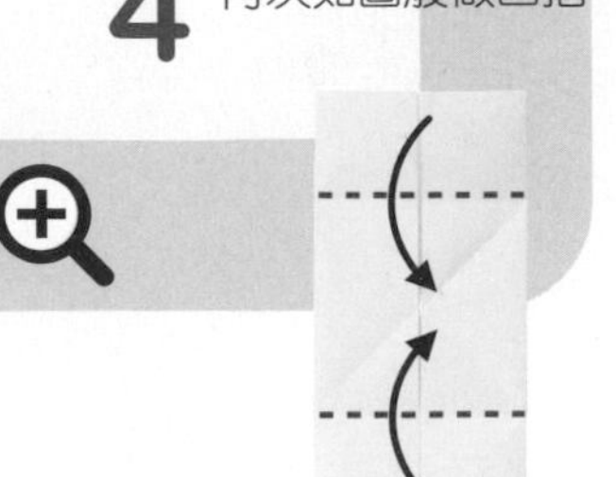

5 利用摺痕，將下面的部分
打開摺疊成船形。

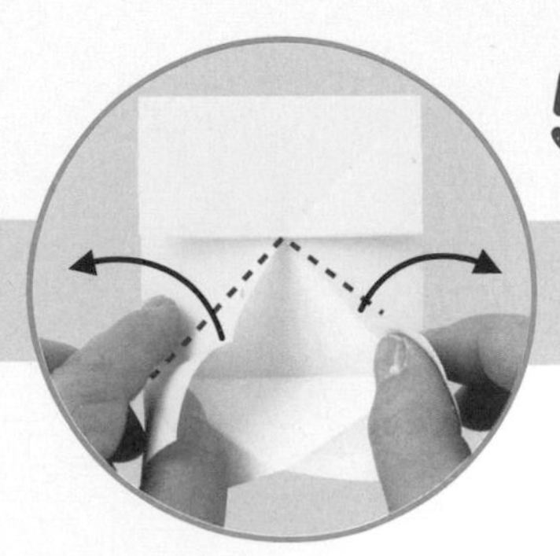

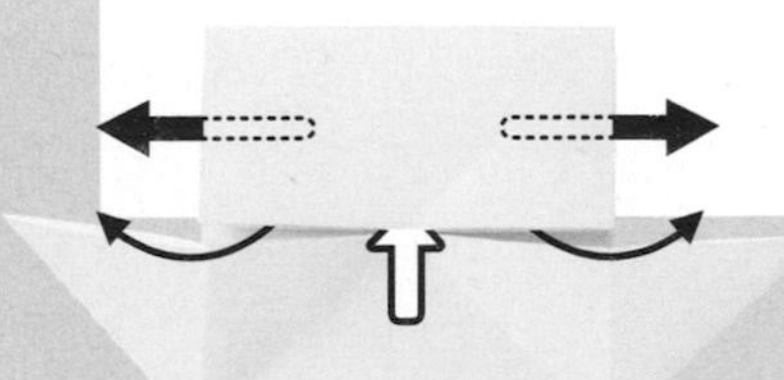

6 上面的部分也同樣摺疊。

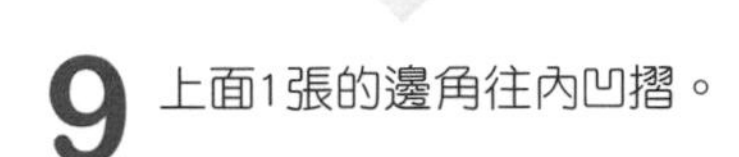

7 中央線做凸摺。

完成2艘船的摺紙！

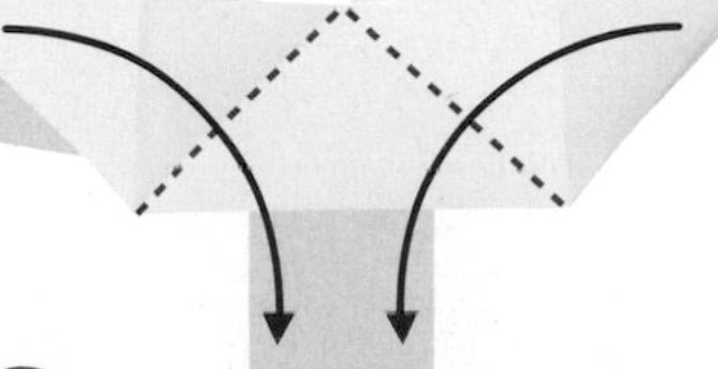

8 左右各取1張往下摺。

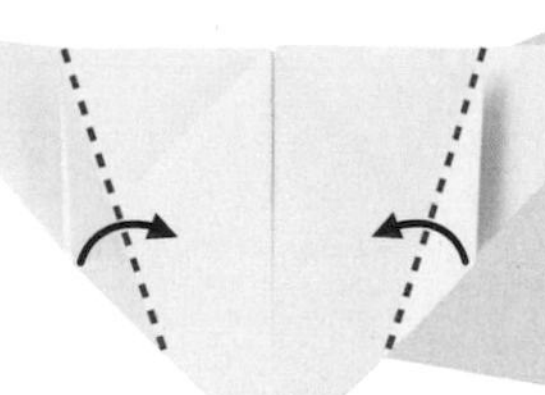

9 上面1張的邊角往內凹摺。

10 在中央線做凹摺。

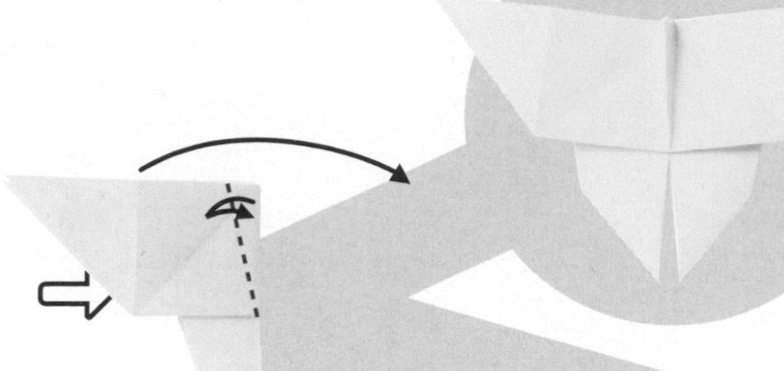

11 如圖般摺出摺痕後，
直接打開。

完成！

在背部突出的內側黏上硬質細繩等做為觸角，就更像蝴蝶了。

繡球花・蝸牛

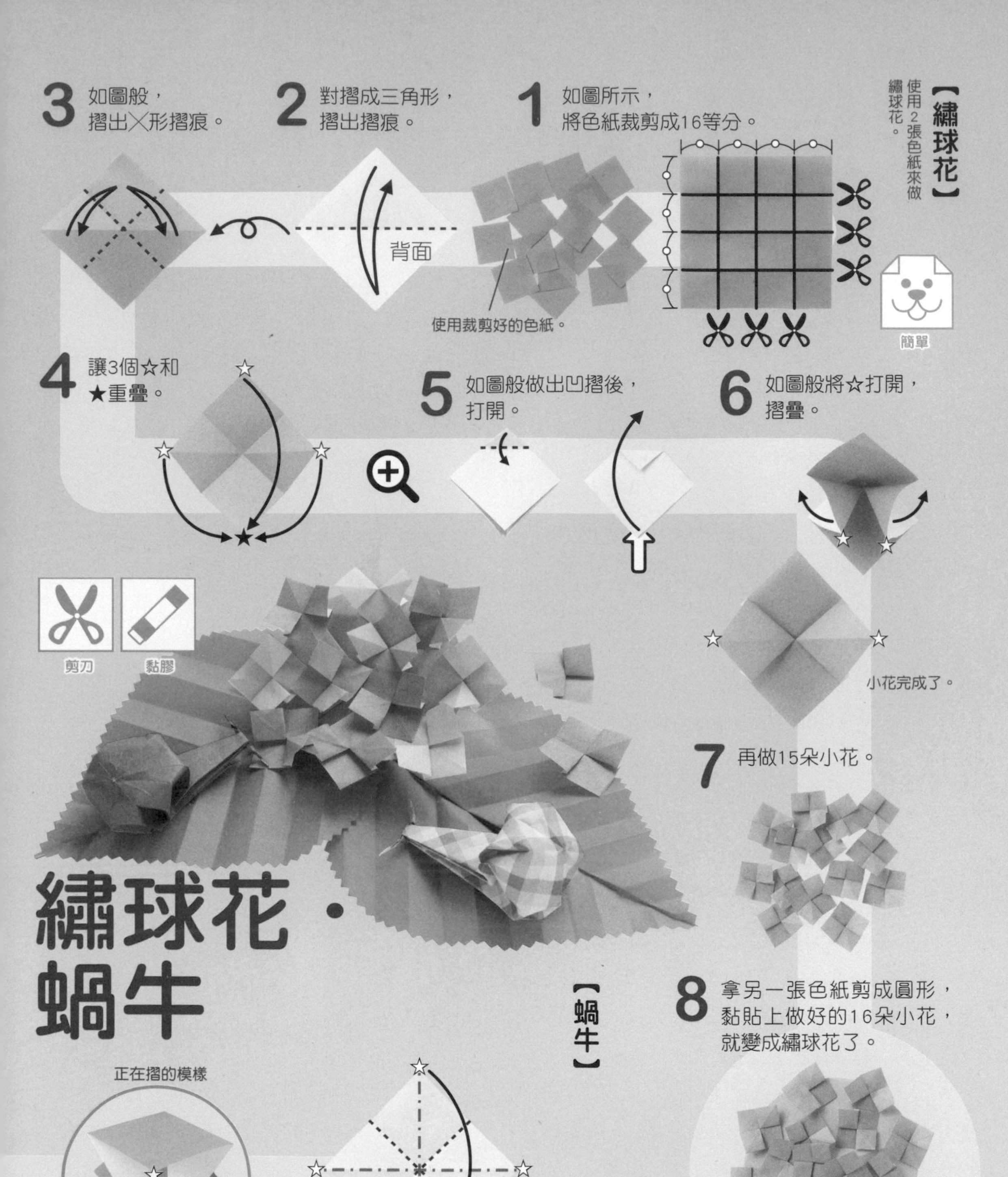

1 如圖般摺出摺痕。讓3個☆和★重疊。

困難

葉片的做法在19頁的櫻餅做法中。

繡球花完成！

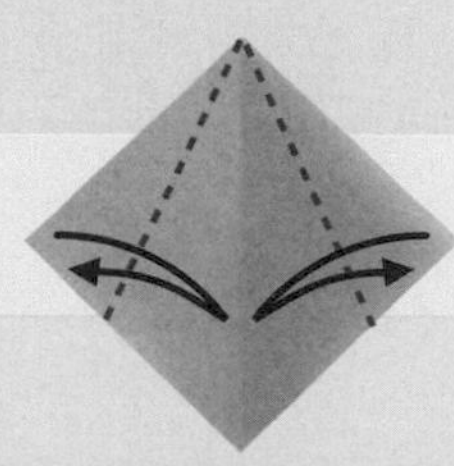

2 左右角對齊中央線摺出摺痕。

3 利用步驟2的摺痕讓☆和★重疊。將左側的上面1張向右摺，另一邊也同樣折疊。背面也如同步驟2～3一樣進行。

4 上面的1張如圖般對齊中央線摺疊。

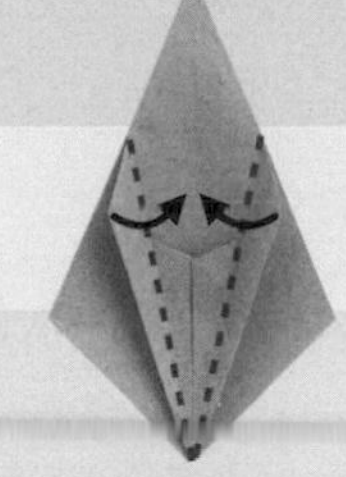

5 再次摺疊。

6 其餘3處的摺法也相同。

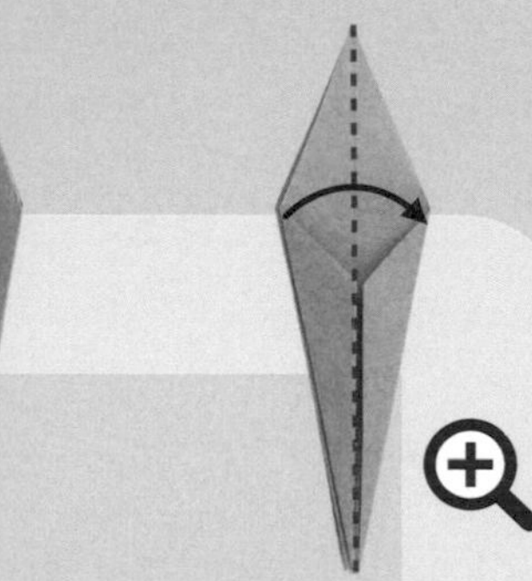

7 上面的1張做凹摺。背面摺法也相同。

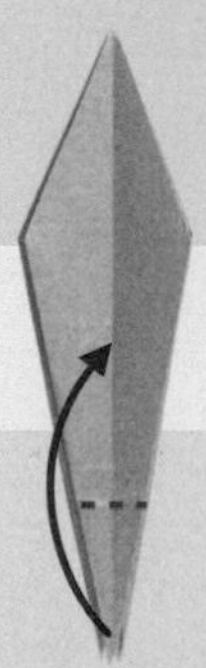

8 如圖般僅有1張做凹摺。

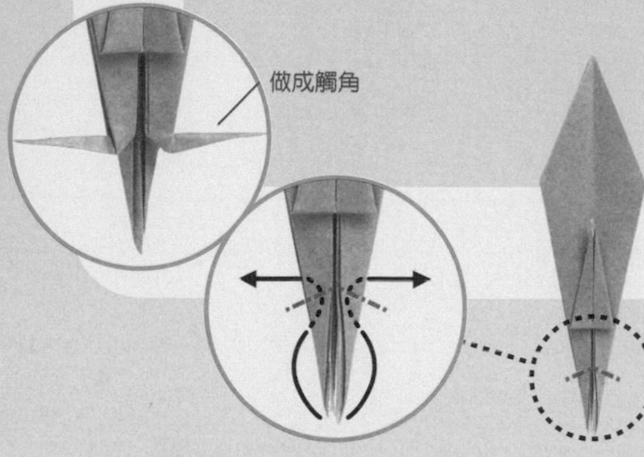

9 如圖所示，將重疊在上面的紙向內壓摺。

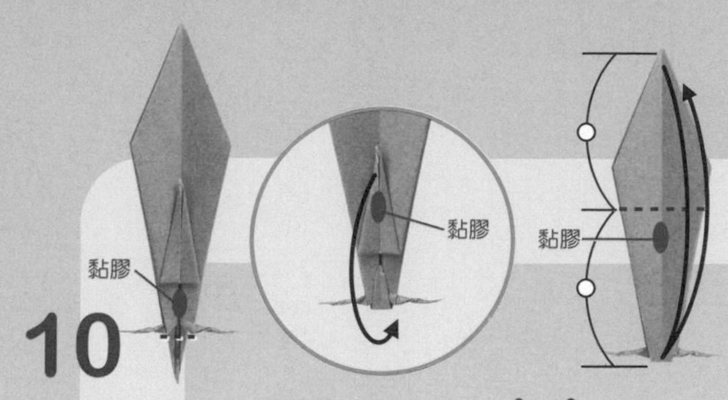

10 扭擰觸角的部分，如圖般將末端做凹摺後，塗抹黏膠。

11 對摺，摺出摺痕。

12 將上面的部分一點一點拉開來，如圖般整理成圓形。拿著對角線，打開摺凸處即可。

用黏膠黏貼身體和殼。

蝸牛完成！

牽牛花

簡單 剪刀 黏膠

牽牛花的花、花紋圖案、花萼和葉子都要分別製作。

【製作花朵】

1 如圖般摺出摺痕後，讓3個☆和★重疊。

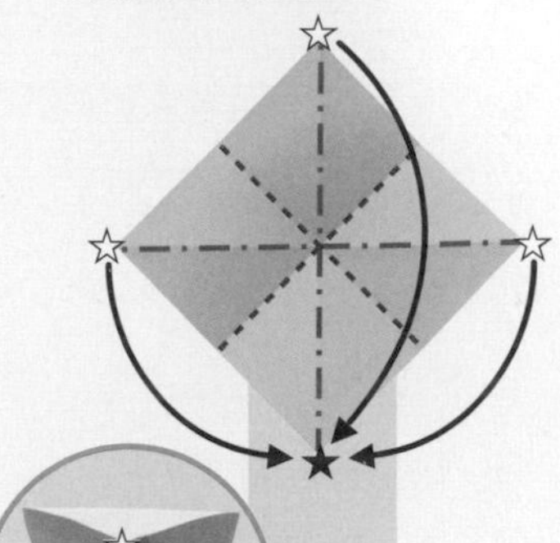

正在摺的模樣

2 上面1張對齊中央線摺疊。背面摺法也相同。

3 摺出摺痕。

4 用剪刀剪成圓弧形。

【製作花朵的星紋圖案】

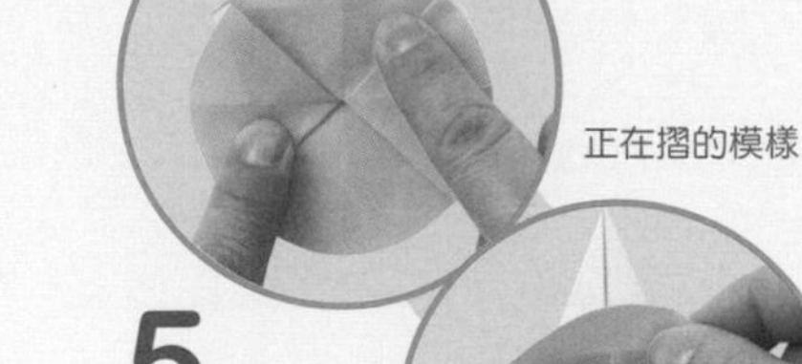

正在摺的模樣

5 打開攤平。

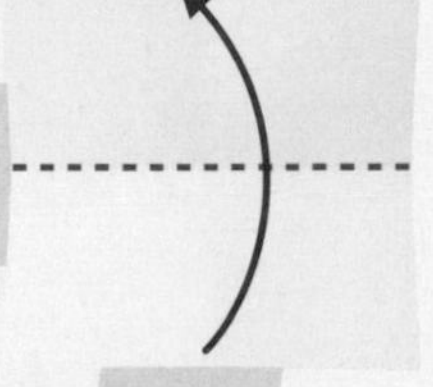

6 將4分之1的白色色紙對摺成長方形。

※如果使用有顏色的色紙，要將有顏色的紙面朝上開始摺。

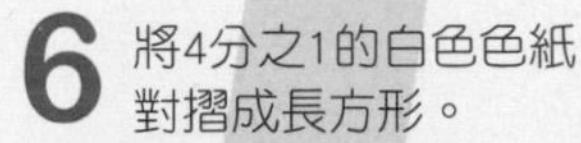

7 如圖般對摺。

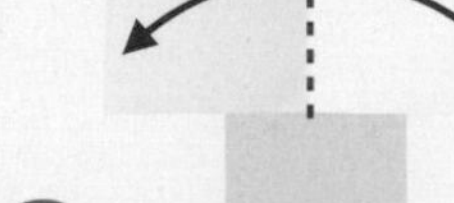

8 再摺成三角形。

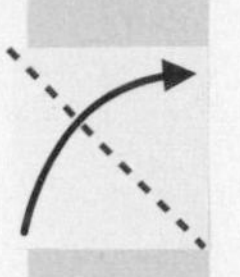

9 在畫線的位置裁剪，打開。

10 打開後貼在花上。

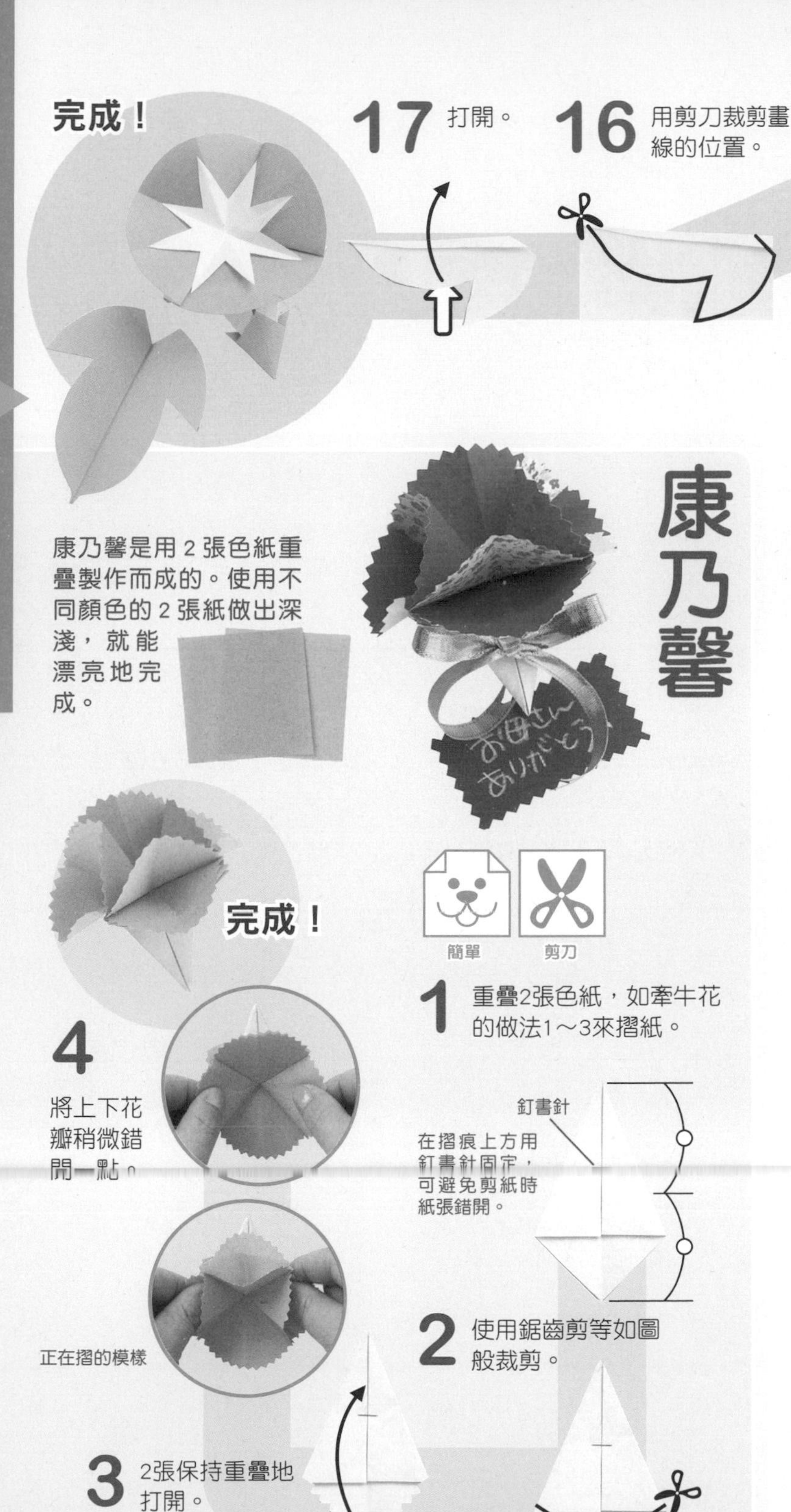

康乃馨

康乃馨是用2張色紙重疊製作而成的。使用不同顏色的2張紙做出深淺，就能漂亮地完成。

15 如圖般做凹摺。

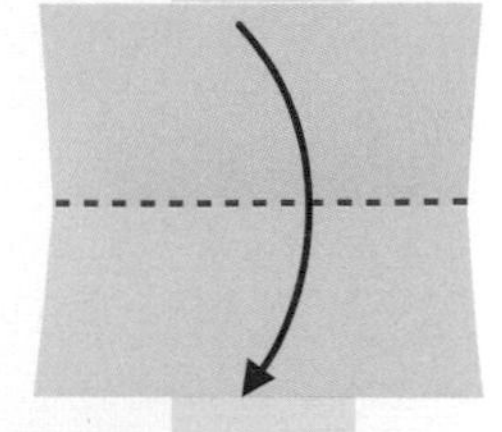

14 將4分之1的色紙對摺。

【製作葉子】

13 花萼完成。將花插入上面的空隙中。

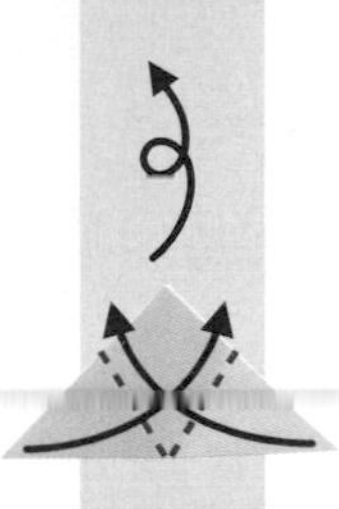

12 兩側往內凹摺。

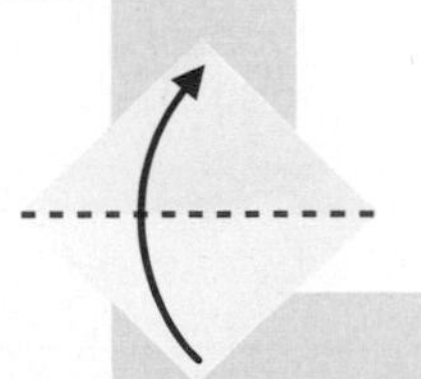

11 將16分之1的色紙對摺成三角形。

【製作花萼】

向日葵

製作向日葵時，要準備 1 張黃色色紙（花瓣）和 1 張 4 分之 1 大小的褐色色紙（花芯）。

【製作花瓣】

1 摺出十字摺痕後，將4個角摺向中心。

2 翻面後，再次將4個角摺向中心。

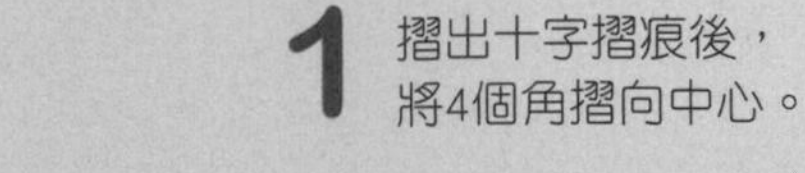

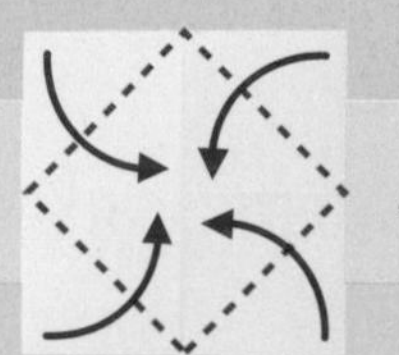

3 如圖所示將背面朝上，紙張全部打開，利用摺痕讓左右對齊中央線凹摺。

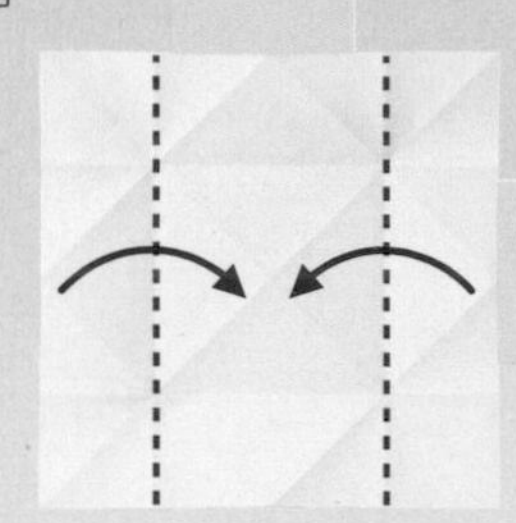

4 再次如圖般做凹摺。

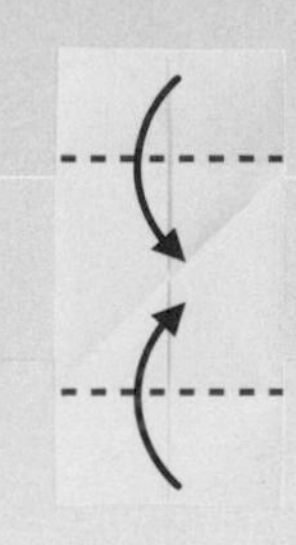

5 利用摺痕，將下面的部分打開摺疊成船形。

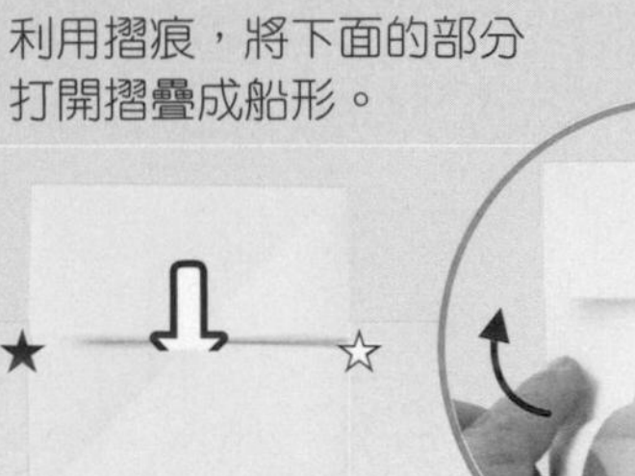

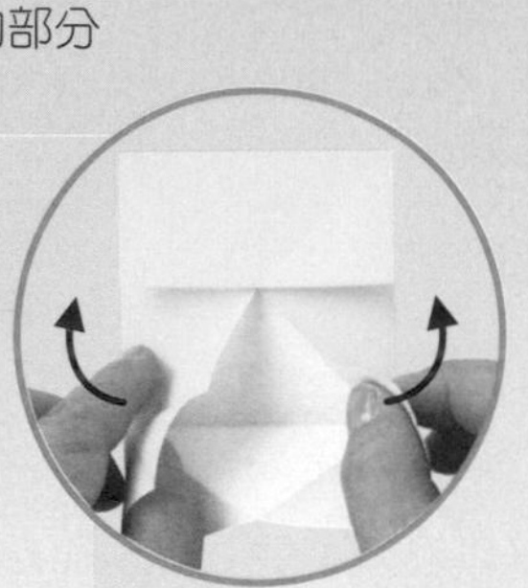

6 上面的部分也同樣摺疊。

7 將右下角的上面1張打開，讓★重疊在中央的☆上。

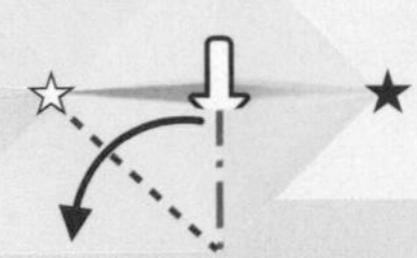

8 其中3處也同樣摺疊。

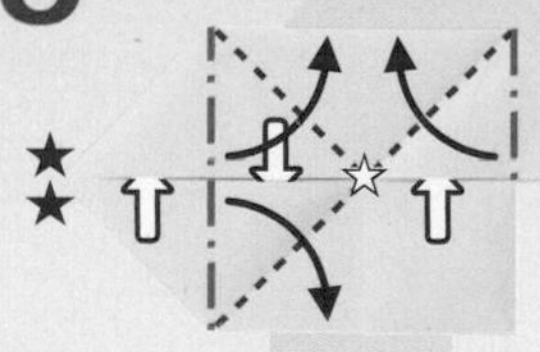

9 如圖所示，對齊中央線做凹摺。

10 對齊步驟9摺好的部分凹摺，做出摺痕。打開步驟9摺好的部分。

11 其他3處也如同步驟9～10一樣摺出摺痕。

12 如圖般打開右下角的上面1張，利用摺痕將中央部分打開後摺疊。

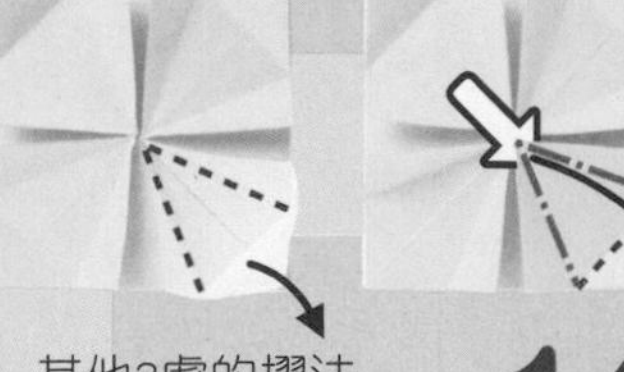

13 其他3處的摺法也相同。

14 上面1張往外凹摺。

15 如圖般將上面1張往內凹摺。

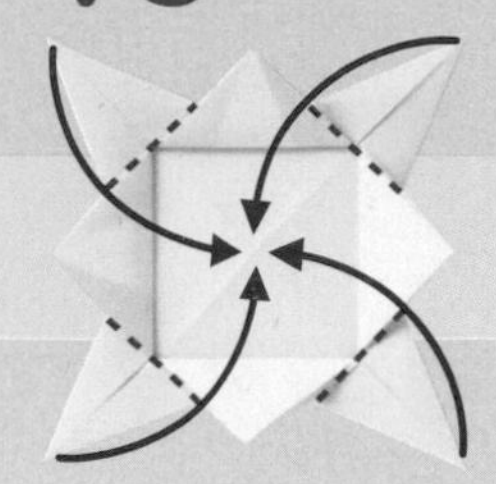

花瓣完成！

【製作花芯】

16 色紙對摺成長方形。

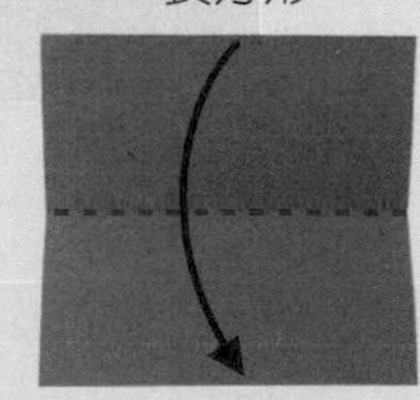

17 上面1張如圖般做凹摺。

18 背面摺法也相同。打開。

花芯完成！

19 如圖般將☆插入花瓣中。其他的角也同樣插入。

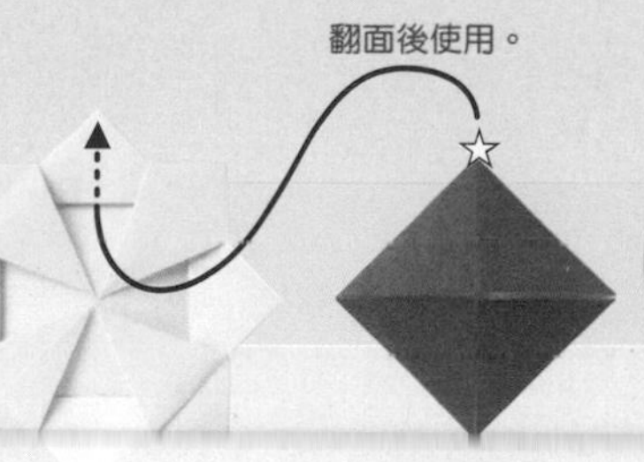

完成！

亮晶晶的獎牌和金光閃閃的相框

使用亮晶晶的色紙來摺，就變成金牌或銀牌了。也可以在運動會等時使用。將照片裁剪成和花芯相同的大小，插入花瓣中，就可以做成金光閃閃的漂亮相框。

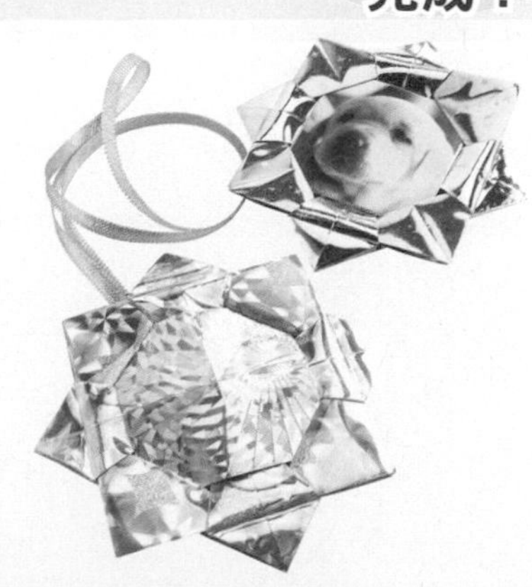

1 對摺成三角形。
2 再對摺成三角形，做出摺痕。
3 左右對齊中央線凹摺。
4 往下凹摺，注意要讓下面的☆露出來。
5 上面1張做凹摺。
6 另1張稍微錯開地做凹摺。
7 翻面，讓○超出中央線地摺疊。
8 邊角做小小的凹摺，當成眼睛。
完成！
蟬
普通

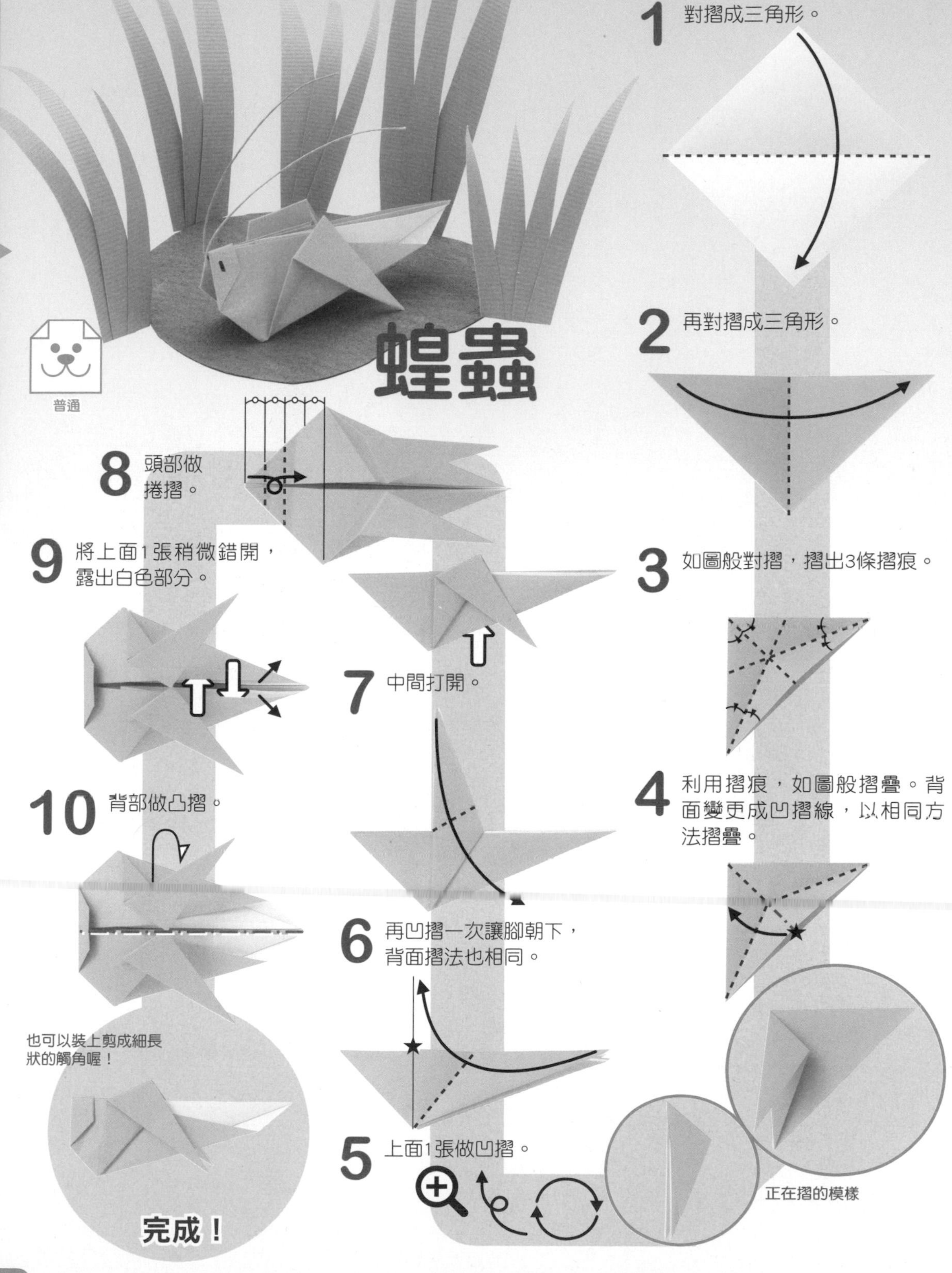
普通
蝗蟲
1 對摺成三角形。
2 再對摺成三角形。
3 如圖般對摺，摺出3條摺痕。
4 利用摺痕，如圖般摺疊。背面變更成凹摺線，以相同方法摺疊。
正在摺的模樣
5 上面1張做凹摺。
6 再凹摺一次讓腳朝下，背面摺法也相同。
7 中間打開。
8 頭部做捲摺。
9 將上面1張稍微錯開，露出白色部分。
10 背部做凸摺。
也可以裝上剪成細長狀的觸角喔！
完成！

蜻蜓

困難　剪刀　黏膠

1 如圖般摺出摺痕，讓3個☆和★重疊。

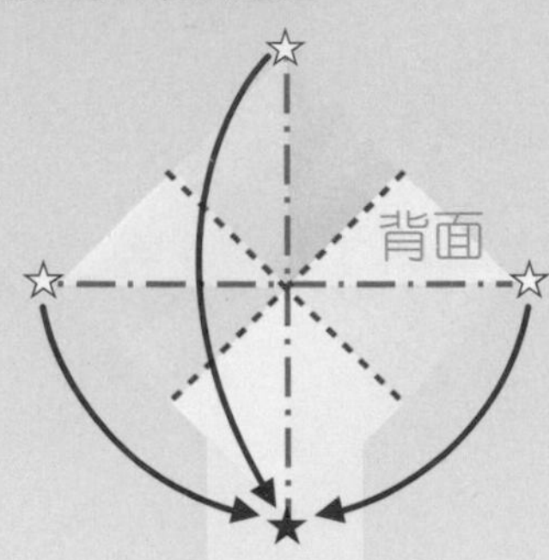

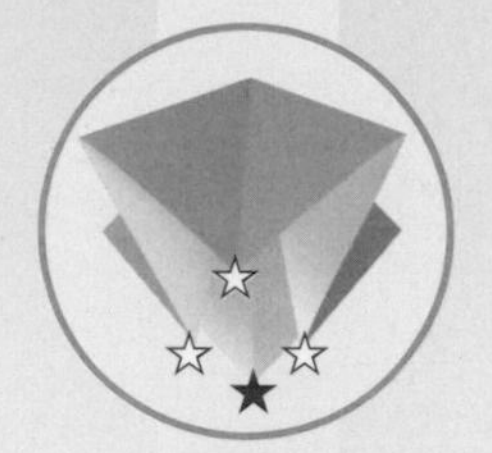

2 如圖般摺出摺痕。

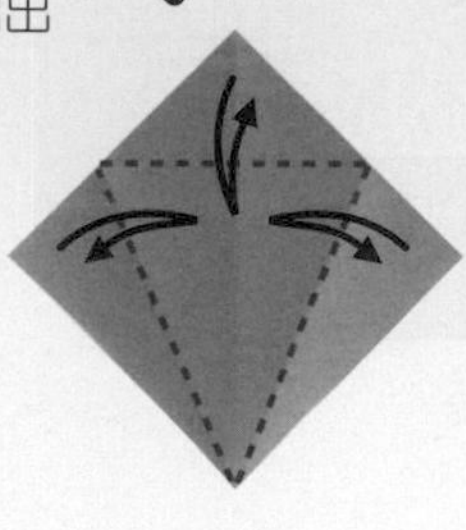

3 利用摺痕，如圖所示進行摺疊。

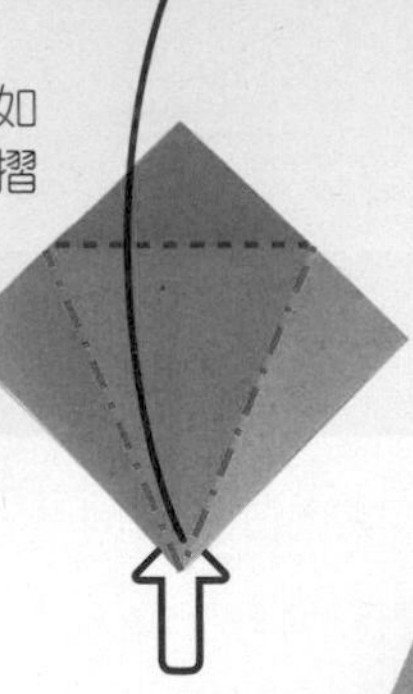

4 背面摺法也相同。

5 左右角對齊中央線凹摺。背面摺法也相同。

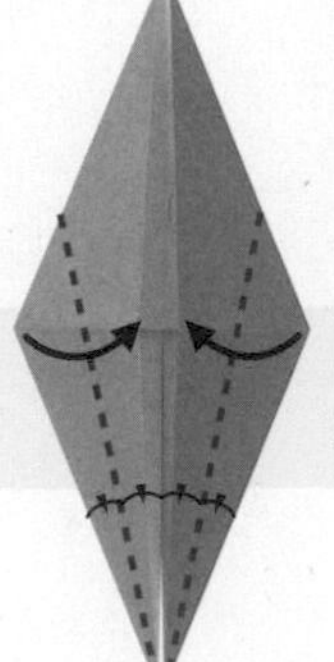

6 如圖般向內壓摺。

7 壓摺好後，前面的1張往上摺。

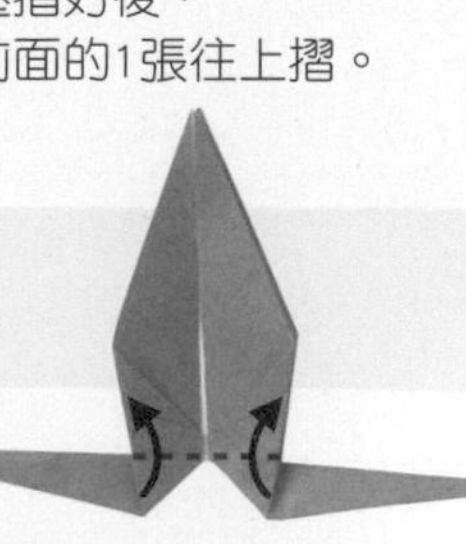

8 翻面後，將翅膀的部分往下凹摺。背面摺法也相同。

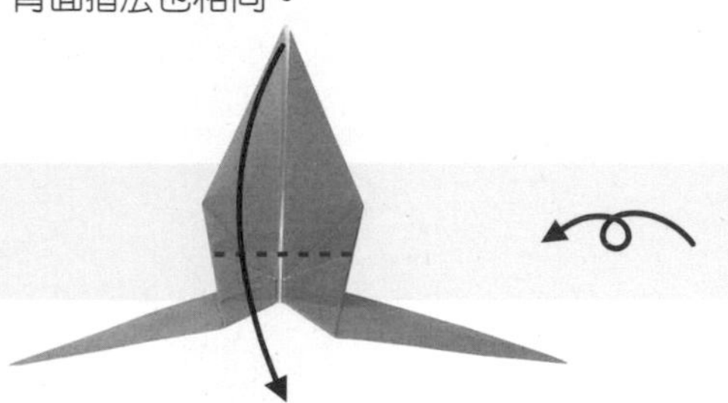

9 如圖般拿著，橫向拉開般地讓中間鼓起。

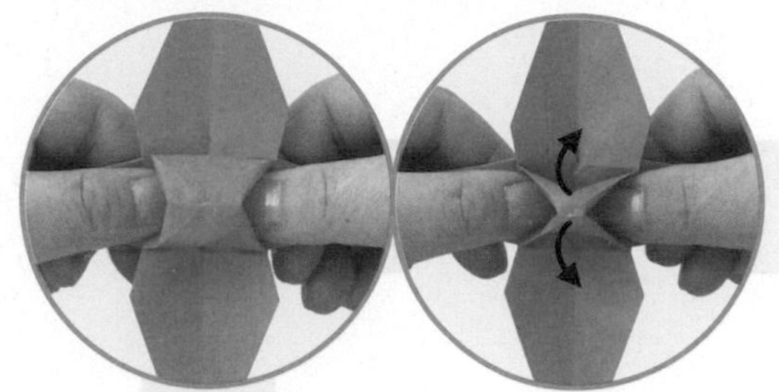

10 如圖般用力捲摺，當成眼睛。

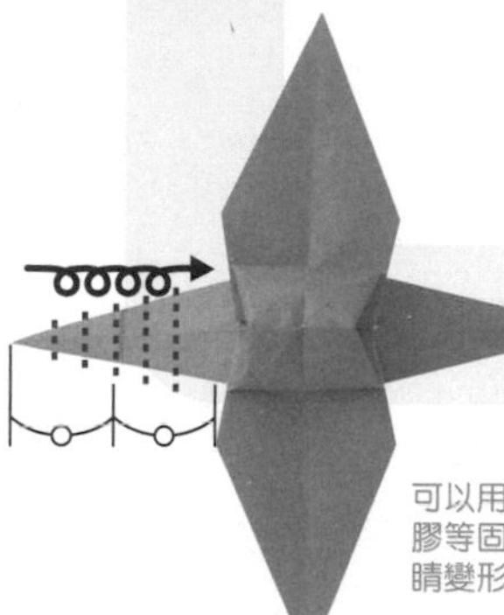

可以用黏膠或雙面膠等固定，以免眼睛變形。

11 如圖般剪入翅膀正中央的摺痕，做成2片翅膀。翅膀的根部做階梯摺，讓翅膀張開。

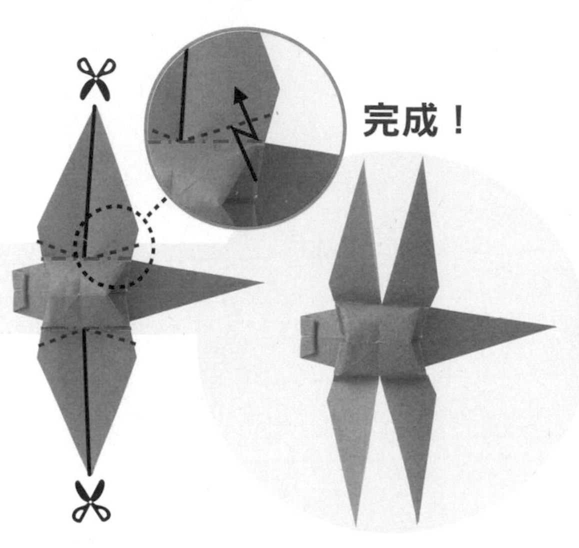

完成！

章魚

1 和蜻蜓到步驟9為止的摺法相同，為了做出8隻腳，要在4個地方剪開。在腳的根部各做階梯摺，讓腳張開。

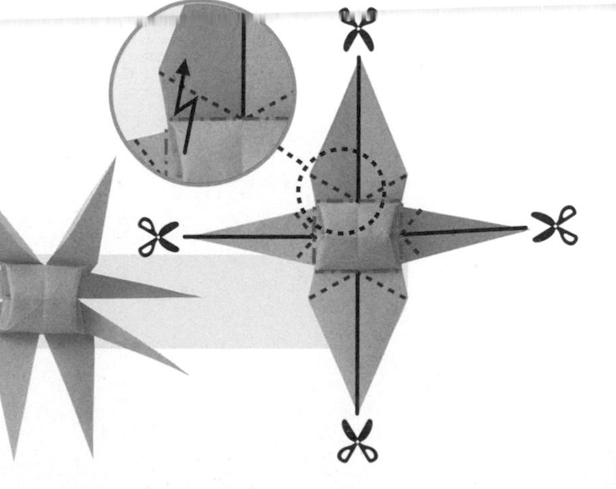

2 和137頁的紙氣球以同色色紙製作，和腳黏貼後就變成章魚了。

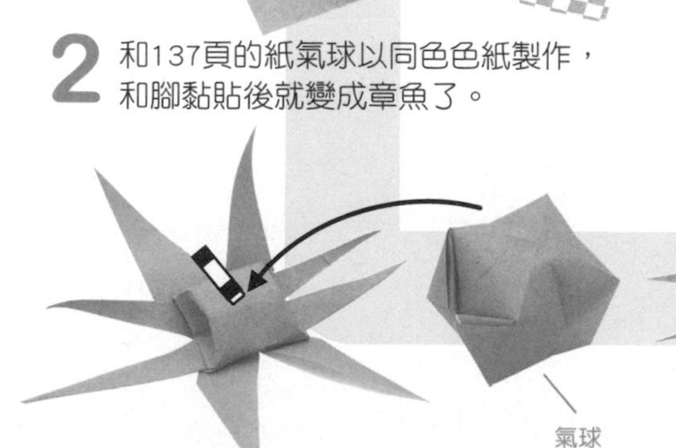

蝦子

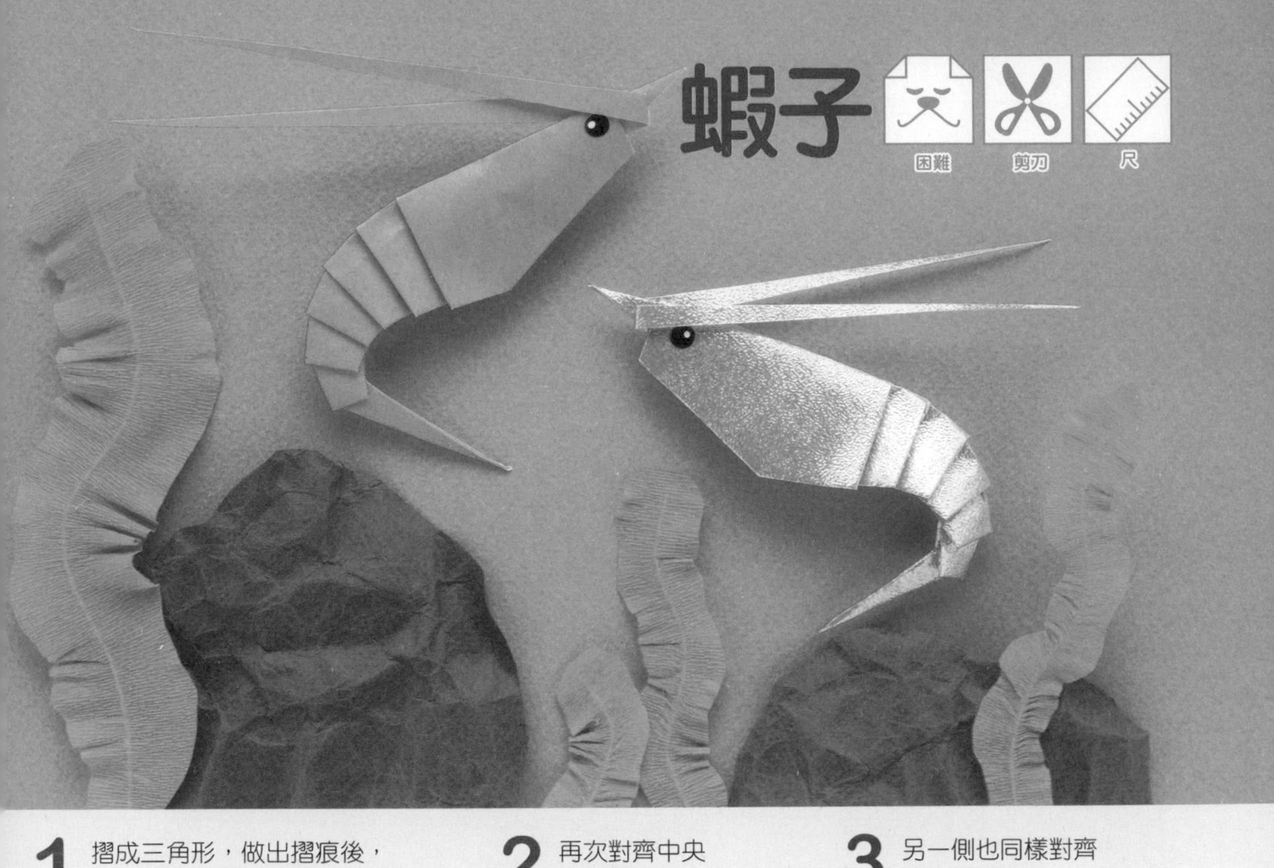

1 摺成三角形，做出摺痕後，上下的角對齊中央線凹摺。

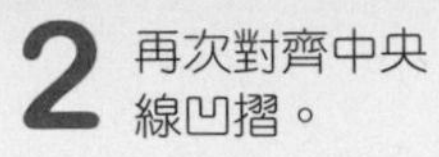

2 再次對齊中央線凹摺。

3 另一側也同樣對齊中央線凹摺。

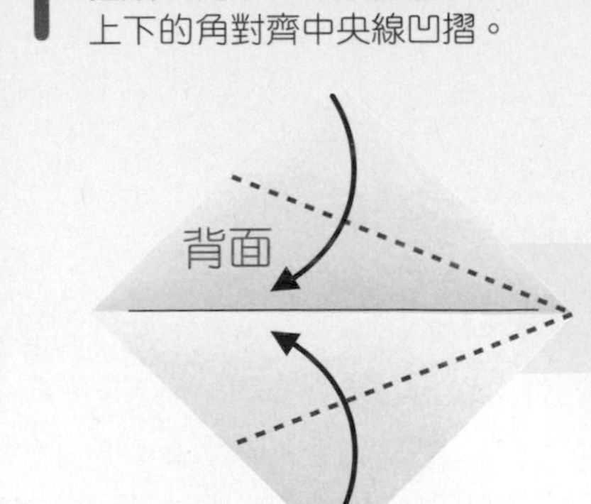

4 末端做階梯摺。

5 在階梯摺的部分剪開讓鬍鬚通過的洞。

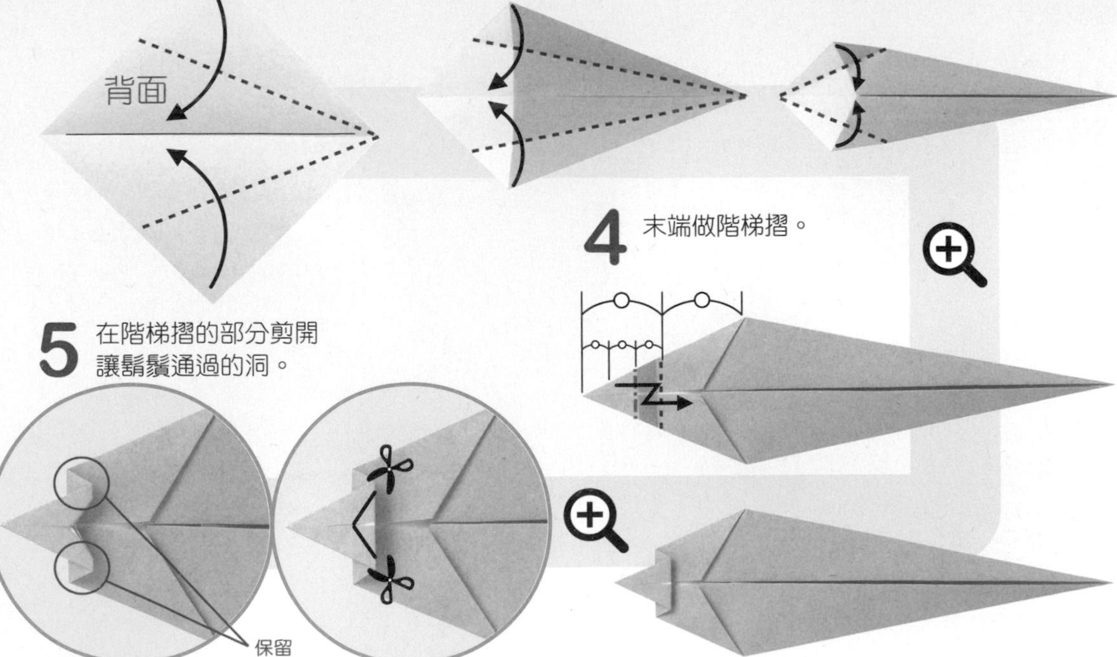

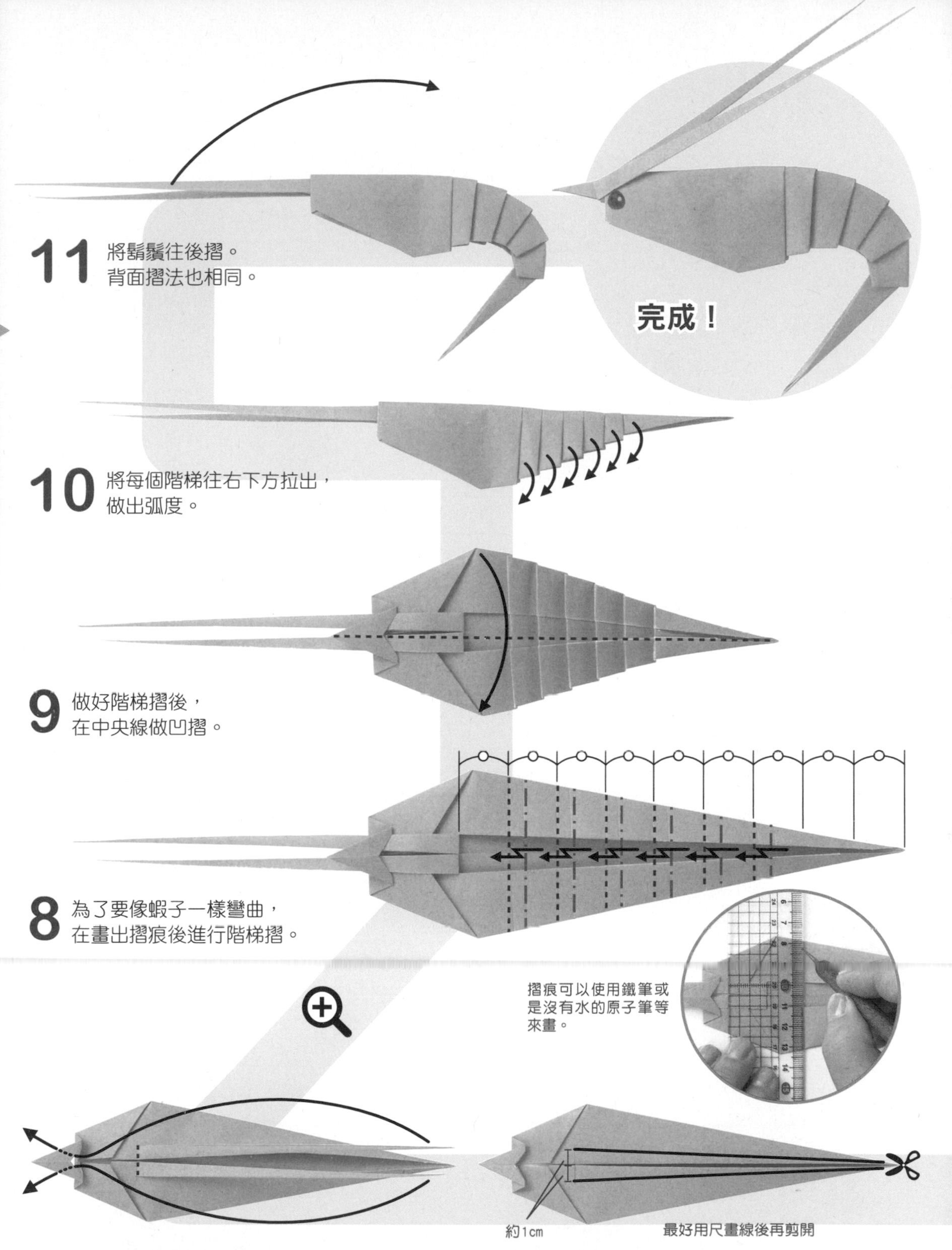
11 將鬍鬚往後摺。
背面摺法也相同。
完成！
10 將每個階梯往右下方拉出，
做出弧度。
9 做好階梯摺後，
在中央線做凹摺。
8 為了要像蝦子一樣彎曲，
在畫出摺痕後進行階梯摺。
摺痕可以使用鐵筆或
是沒有水的原子筆等
來畫。
約1cm
最好用尺畫線後再剪開
7 讓鬍鬚穿過階梯摺的洞。
6 腹部僅剪開上面1張，
做成2根鬍鬚。

跳跳蛙

普通

使用 2 張裁剪成長方形的色紙。

1 如圖般摺出摺痕。

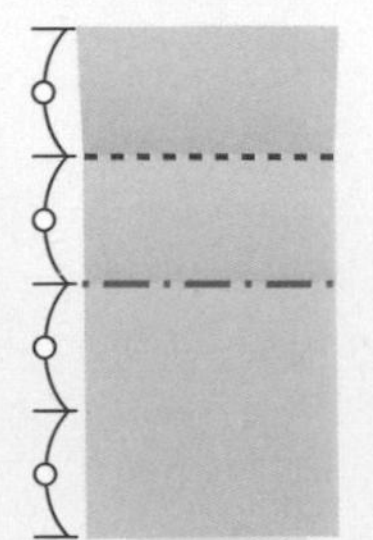

2 如圖般摺出斜向的摺痕。利用摺痕，使☆記號對齊★記號地摺疊成三角形。

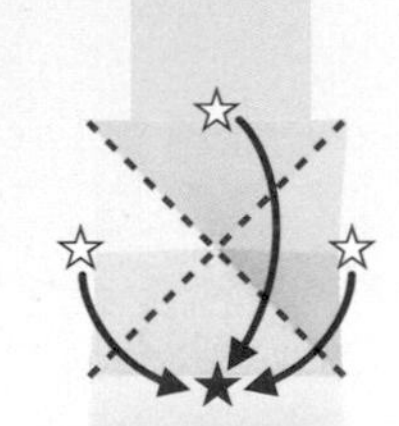

摺好時

3 對齊中央的摺痕向上摺。

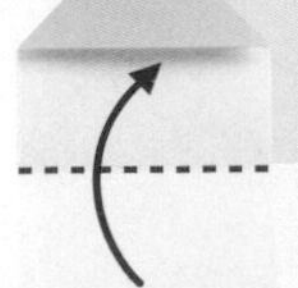

4 左右在上方的三角形下面做凹摺。

5 如圖般向上摺。

摺好時

6 只將上面1張斜摺，摺出摺痕。

7 如圖般打開，利用摺痕摺疊。

8 向下斜摺對齊。

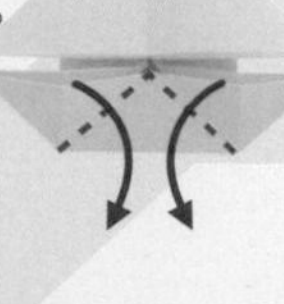

9 上面三角形的兩角做凹摺，當成前腳。

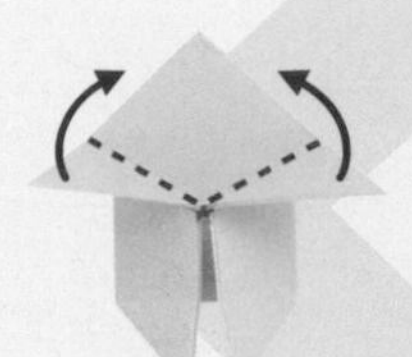

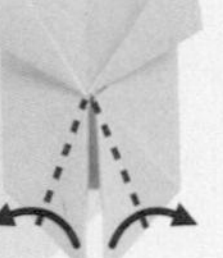

10 對齊摺痕做凹摺，當成後腳。

11 對半往上凹摺。

12 再對半往下凹摺。

完成！

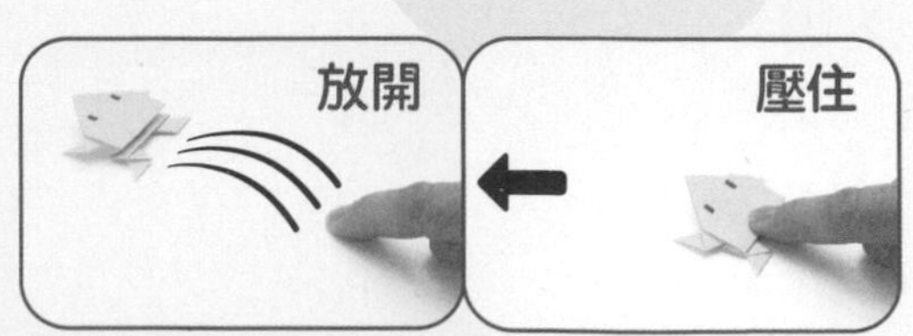

用手指壓住尾部再放開，青蛙就會蹦蹦跳了。

扭扭蛇

將色紙裁剪成 2 張長方形，背面用透明膠帶貼在一起後使用。

1 如圖所示摺出摺痕後，斜向做凹摺。用長尺來摺會更容易。將突出處摺向內側。

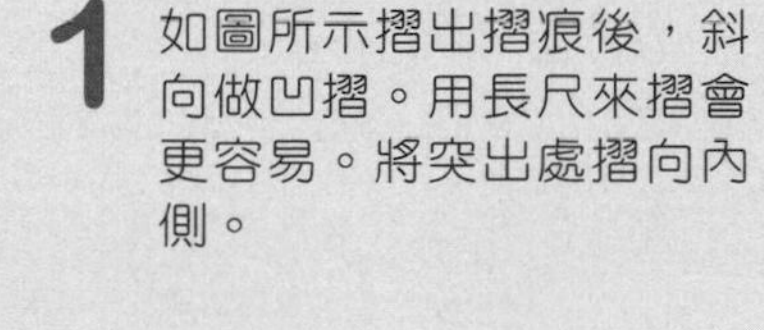

2 邊角對齊中央線凹摺。

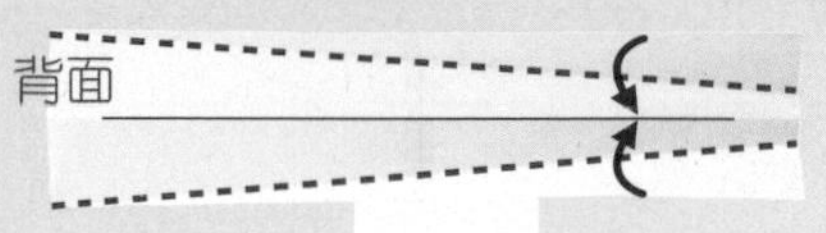

3 橫向對半凹摺。

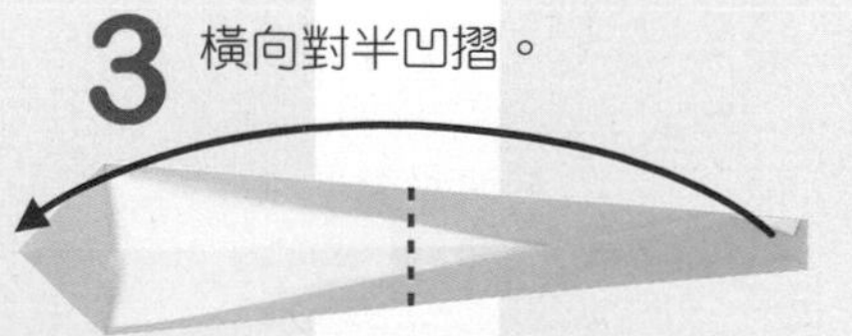

4 上面1張再對半凹摺。

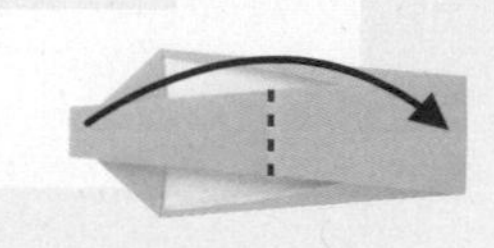

5 繼續對半凹摺。

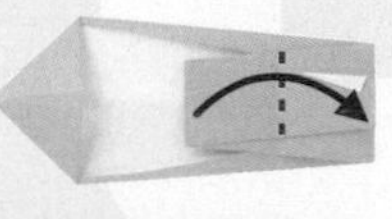

6 仍然保持重疊的樣子，如圖般摺出摺痕後，打開回復到步驟3的形狀。

7 如圖般摺出摺痕。

8 利用步驟3～6的摺痕做蛇腹摺。

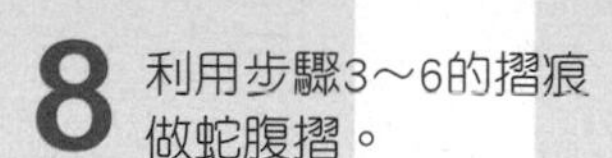

9 依（A）、（B）的順序做凸摺。

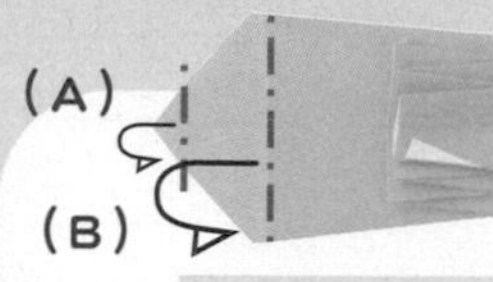

10 如圖般在中央線做凹摺。

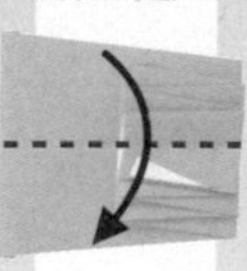

11 將頭稍微往上拉後，確實地壓摺。

12 如圖般，一段一段地拉出蛇腹，做成曲折狀即可。

完成！

頭盔・金魚

1 對摺成三角形。

2 再對摺，
做出中央線。

3 兩角對齊中央線做凹摺。

4 只有上面1張做凹摺。

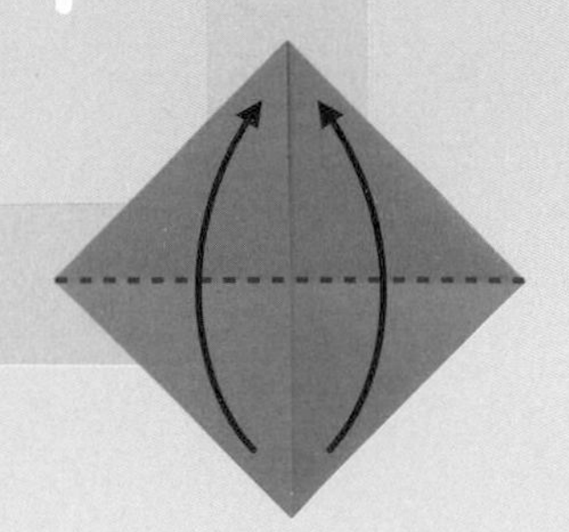

5 上面1張在4分之1
處做凹摺。

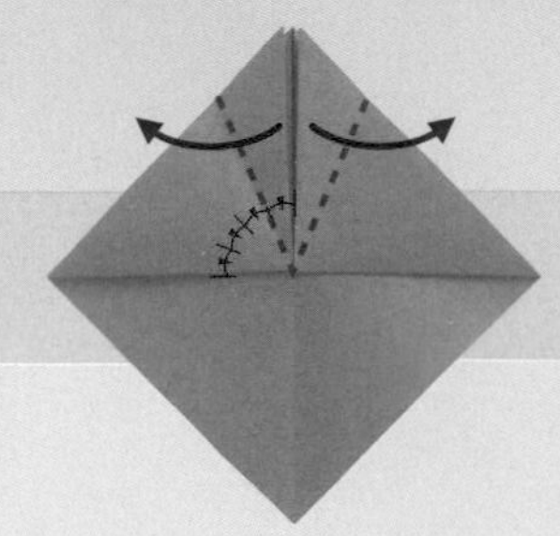

6 只有下面1張做凹摺。

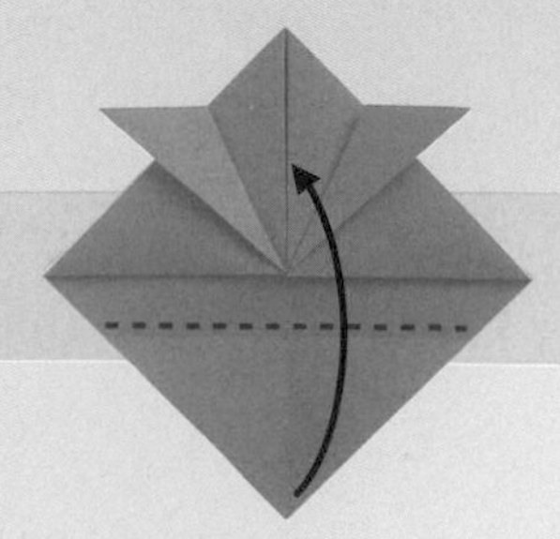

7 再次凹摺。

8 剩下的1張往後凸摺。

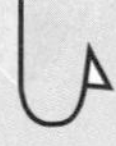

9 頭盔完成了。

頭盔完成！

10 在中央線對摺。

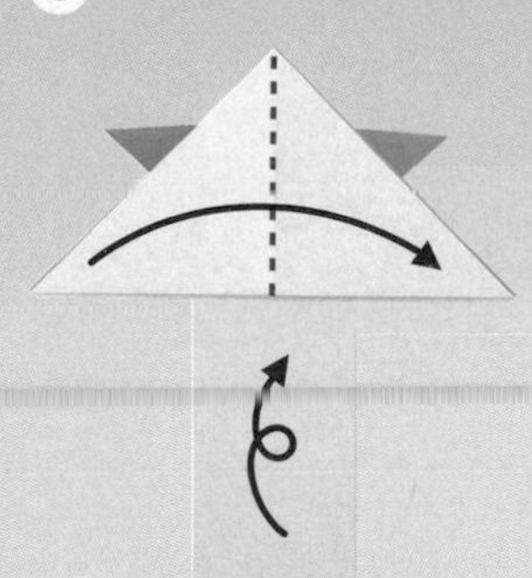

11 用剪刀將畫線的位置剪掉。

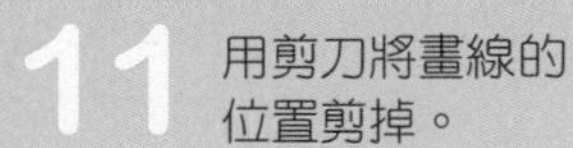

12 如圖般打開。

13 只將上面1張往下打開。

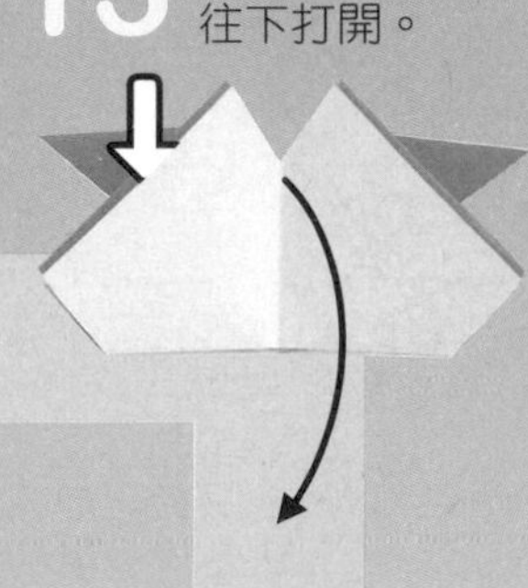

14 將上面1張凸摺後，打開摺疊。

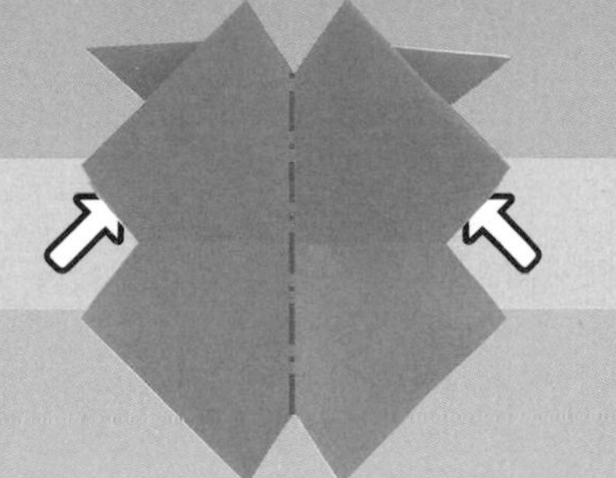

15 在尾巴摺出摺痕。

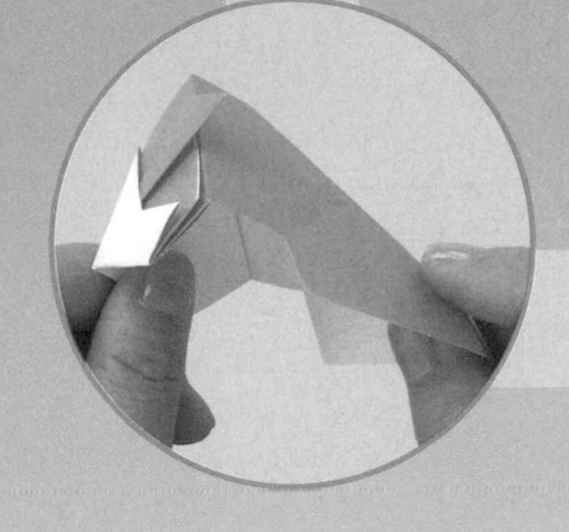

16 摺痕做凸摺後，打開尾巴。

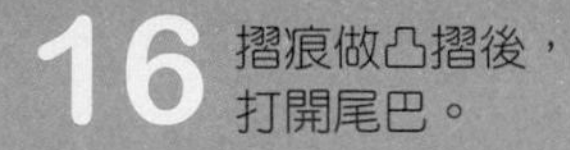

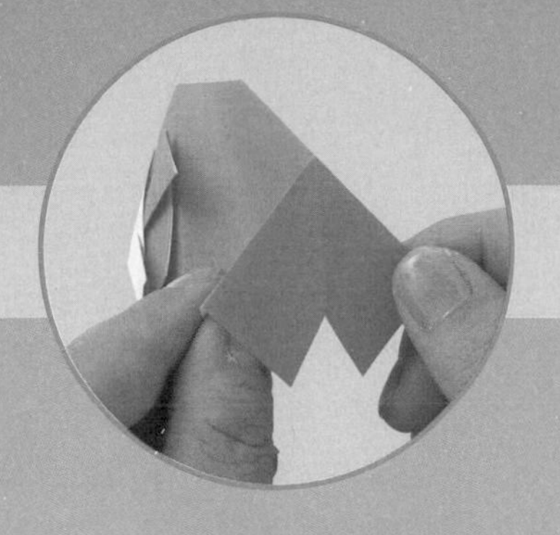

完成！

熱帶魚 1・2

剪刀

將 1 張色紙剪成 3 張，
摺成 2 種熱帶魚。

【熱帶魚1】
使用小三角形色紙來摺。

簡單

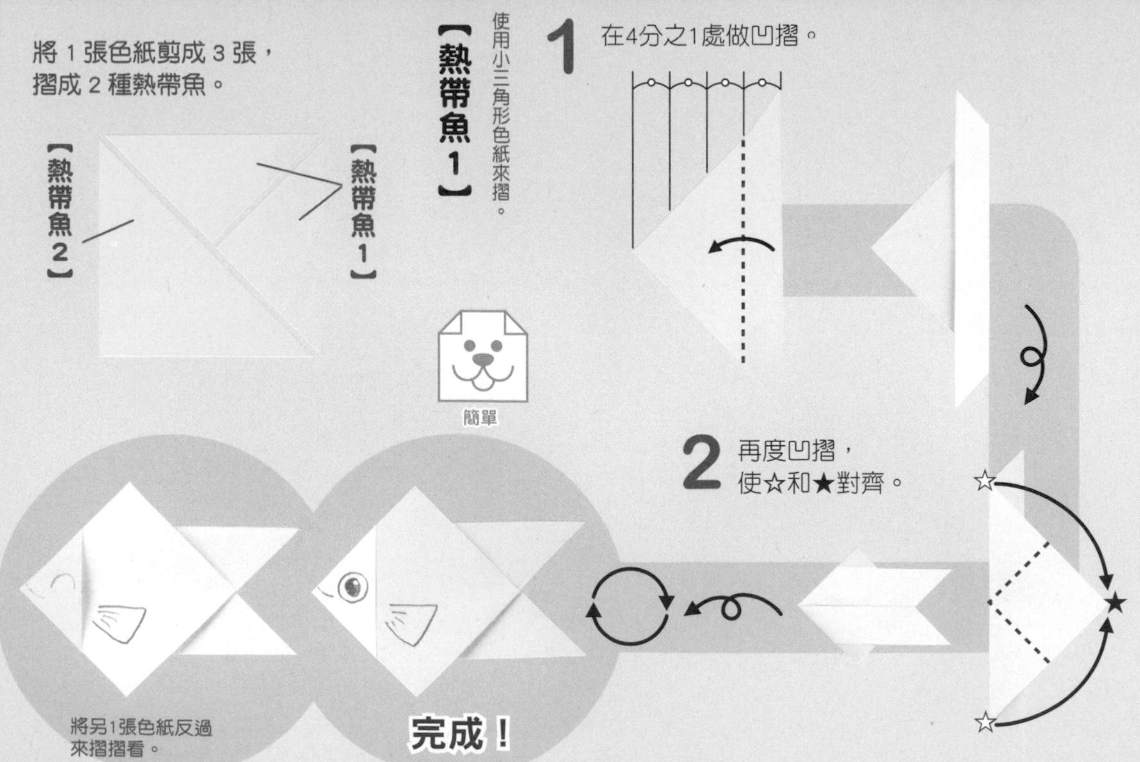

【熱帶魚2】

使用大三角形色紙來摺。

普通

原案：中島進

1 進行凹摺，使☆和★對齊。

2 上面1張如圖般摺出摺痕。（A）

3 如圖般摺出摺痕。

4 （C）做凹摺，一方面利用（A）和（B）的摺痕，如圖般摺疊。

5 下側的摺法也同步驟2～4。

6 如圖般摺出摺痕。

7 如圖般摺出凸摺摺痕。

8 如圖般剪入。

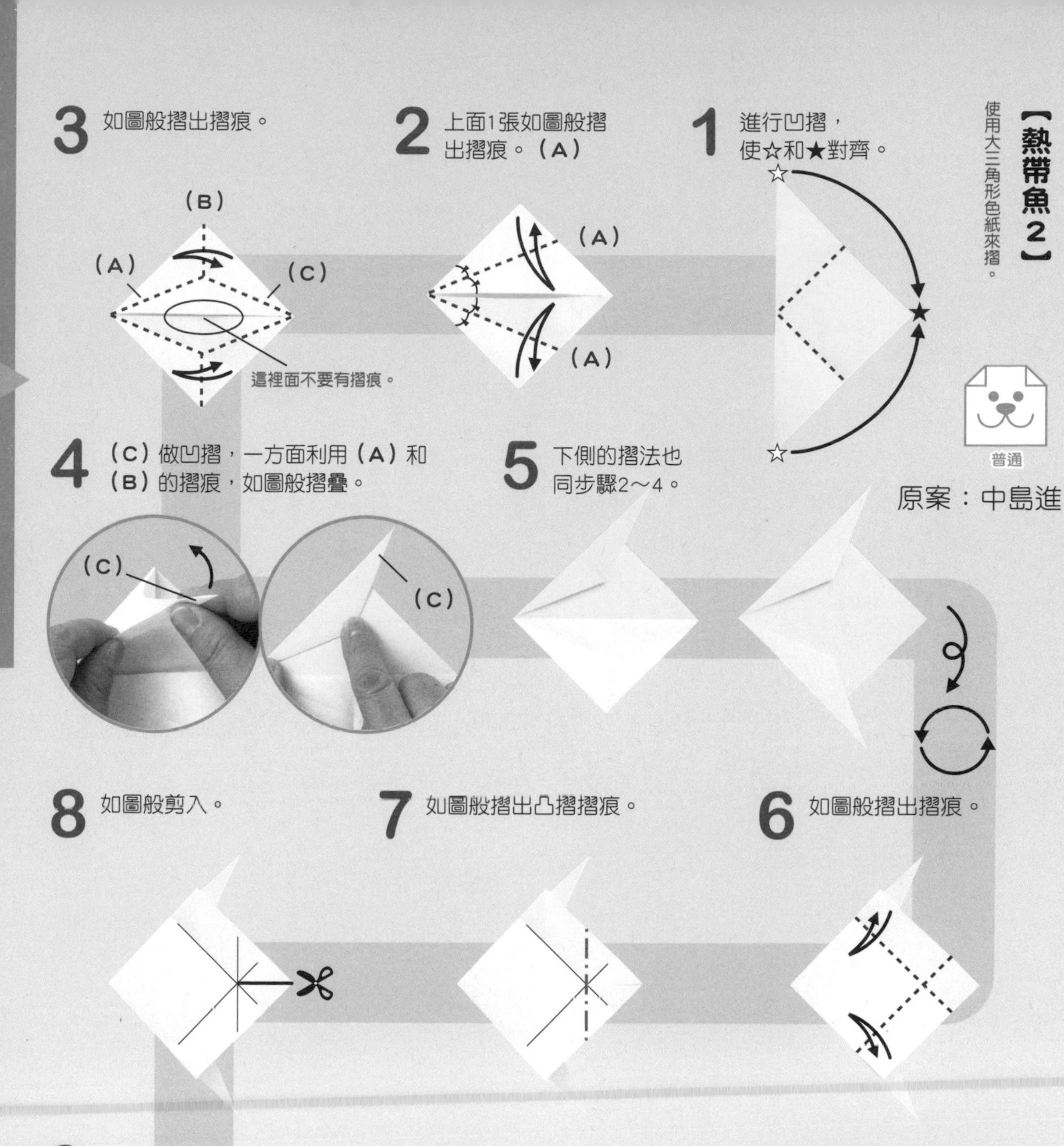

9 做階梯摺。

普通

山茶花

花朵使用 1 張色紙，葉片用其 4 分之 1 大小的色紙來製作。

【製作花朵】

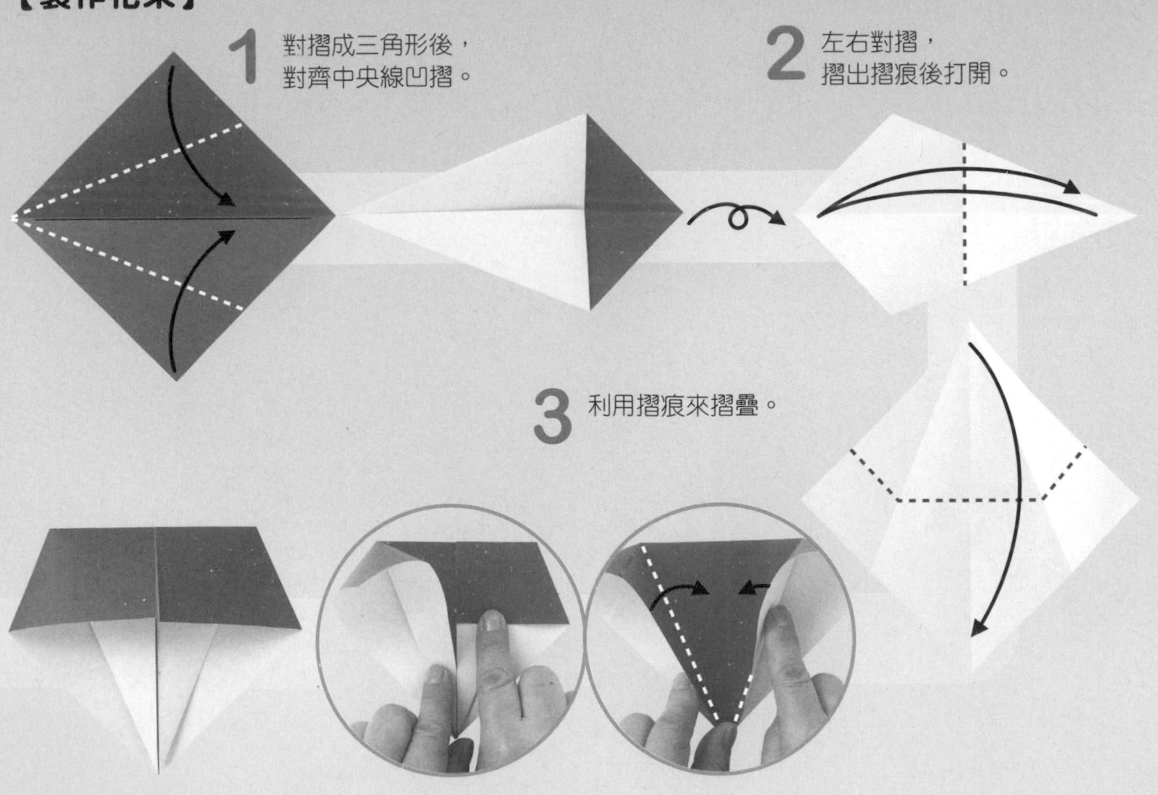

1 對摺成三角形後，對齊中央線凹摺。

2 左右對摺，摺出摺痕後打開。

3 利用摺痕來摺疊。

4 上面1張進行捲摺，做成花芯。

5 如圖般摺出摺痕。

6 對齊摺痕，凹摺後進行捲摺。

7 4個角往內凹摺。

摺好時

花朵完成！

【製作葉片】

8 對摺成三角形。

9 上面3分之1處往下凹摺。

10 背面摺法也相同。

11 往斜上方凹摺。

12 打開。

葉片完成！

13 將葉片插入花朵背面。

完成！

野貓的做法在67頁

身邊動物的摺紙

搖頭貓

★用2張色紙做成1隻貓。

【製作貓咪的頭部】

1 背面朝上，對摺成三角形。

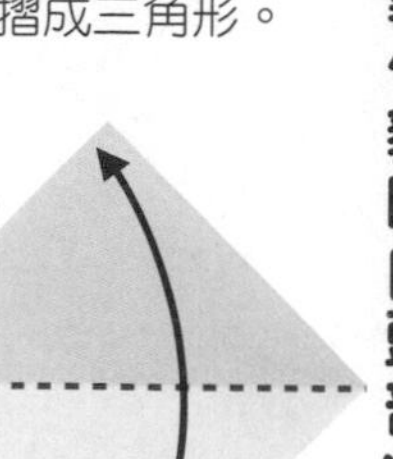

2 再次對摺，摺出摺痕。

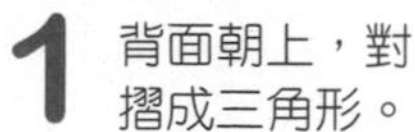

3 如圖般往上凹摺做成耳朵。

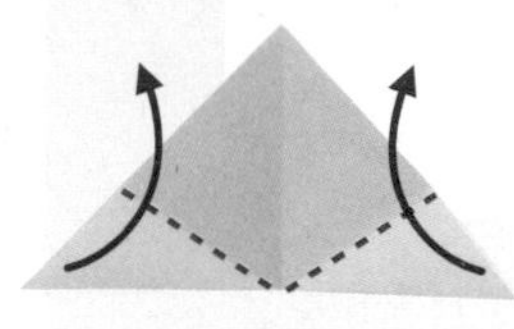

4 2張一起往下凹摺，做成頭部。

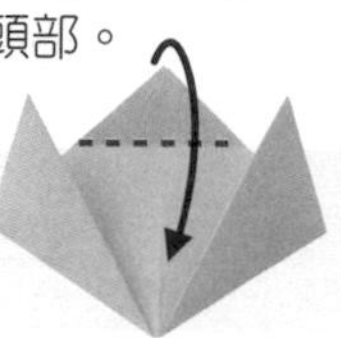

頭部完成！

【製作貓咪的身體】

5 另1張摺紙也是背面朝上對摺成三角形，摺出摺痕。

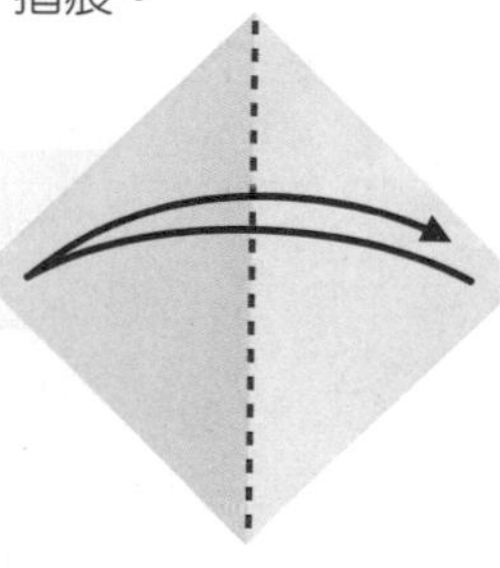

6 兩側對齊該摺痕摺疊。

7 對摺。

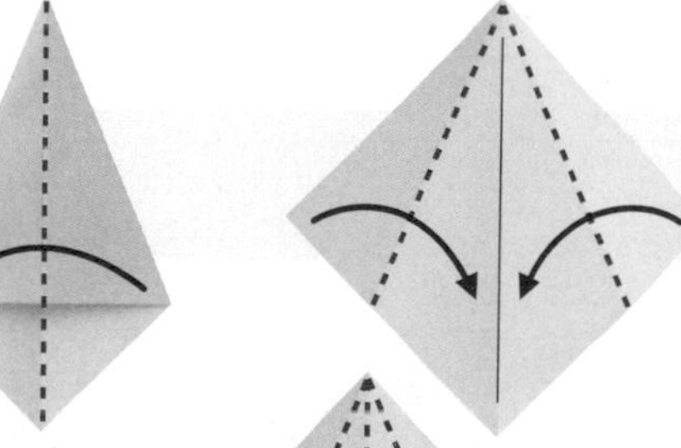

8 斜向凹摺讓★與☆重疊。

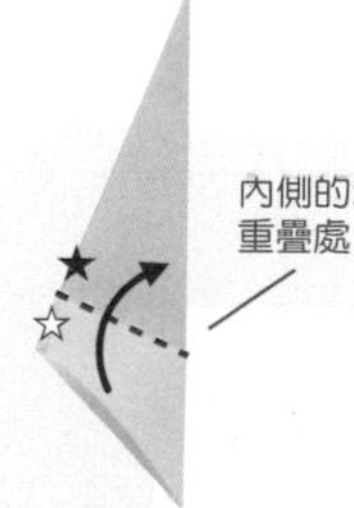

9 紙張全部打開，如圖所示重新摺線。圈起來的地方要從凹摺線改為凸摺線。

10 利用摺線，做成身體。

末端往後摺。

身體完成！

11 將頭部後面的三角形插在身體末端上。

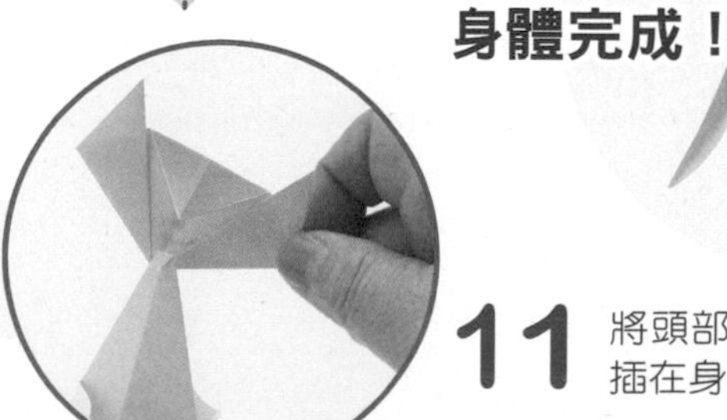

一摸貓咪的頭，就會搖來搖去地晃動喔！

完成！

12 畫上眼睛和鼻子就完成了。

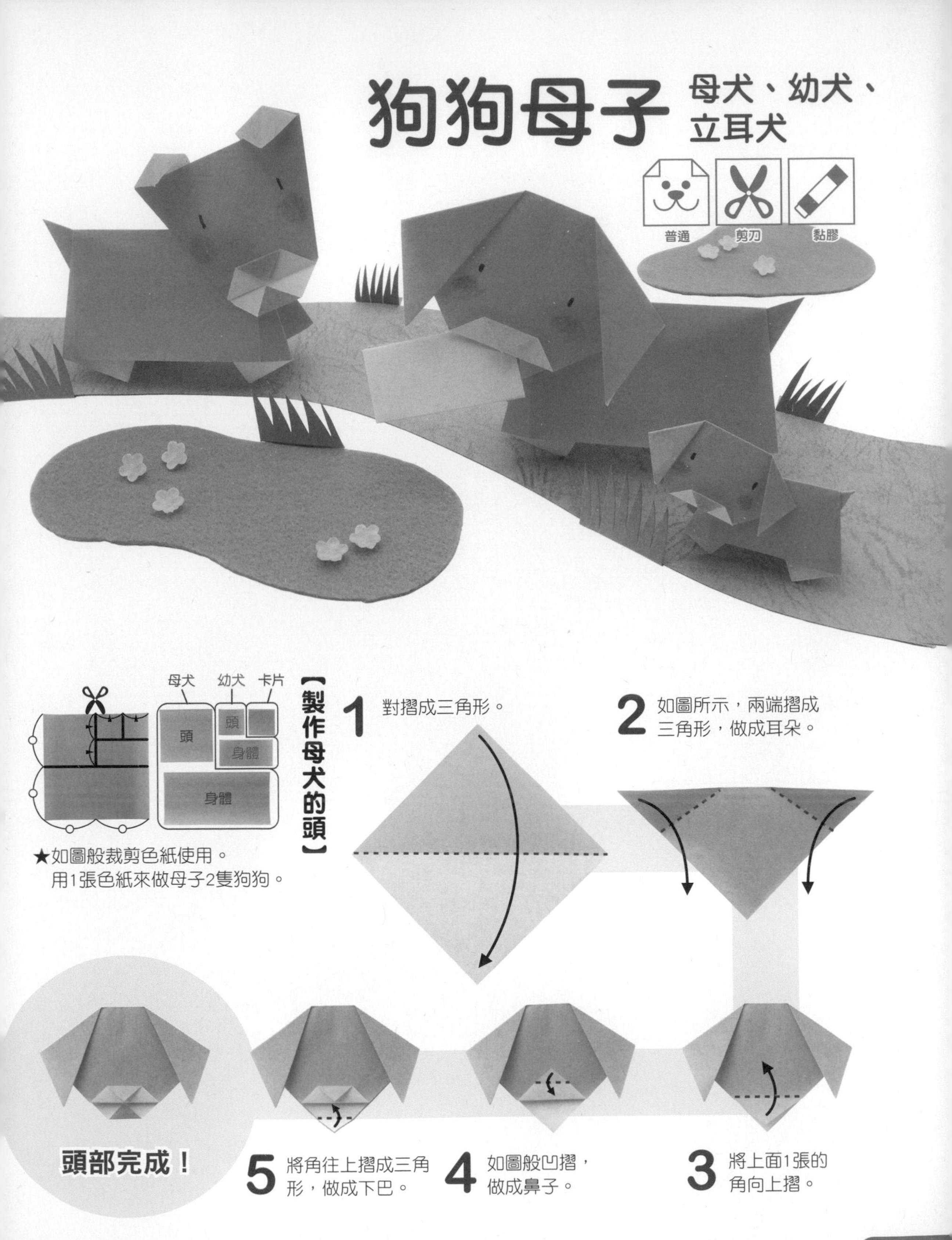
狗狗母子
母犬、幼犬、立耳犬
普通
剪刀
黏膠
母犬
幼犬
卡片
頭
頭
身體
身體
★如圖般裁剪色紙使用。
用1張色紙來做母子2隻狗狗。
【製作母犬的頭】
1 對摺成三角形。
2 如圖所示，兩端摺成三角形，做成耳朵。
3 將上面1張的角向上摺。
4 如圖般凹摺，做成鼻子。
5 將角往上摺成三角形，做成下巴。
頭部完成！

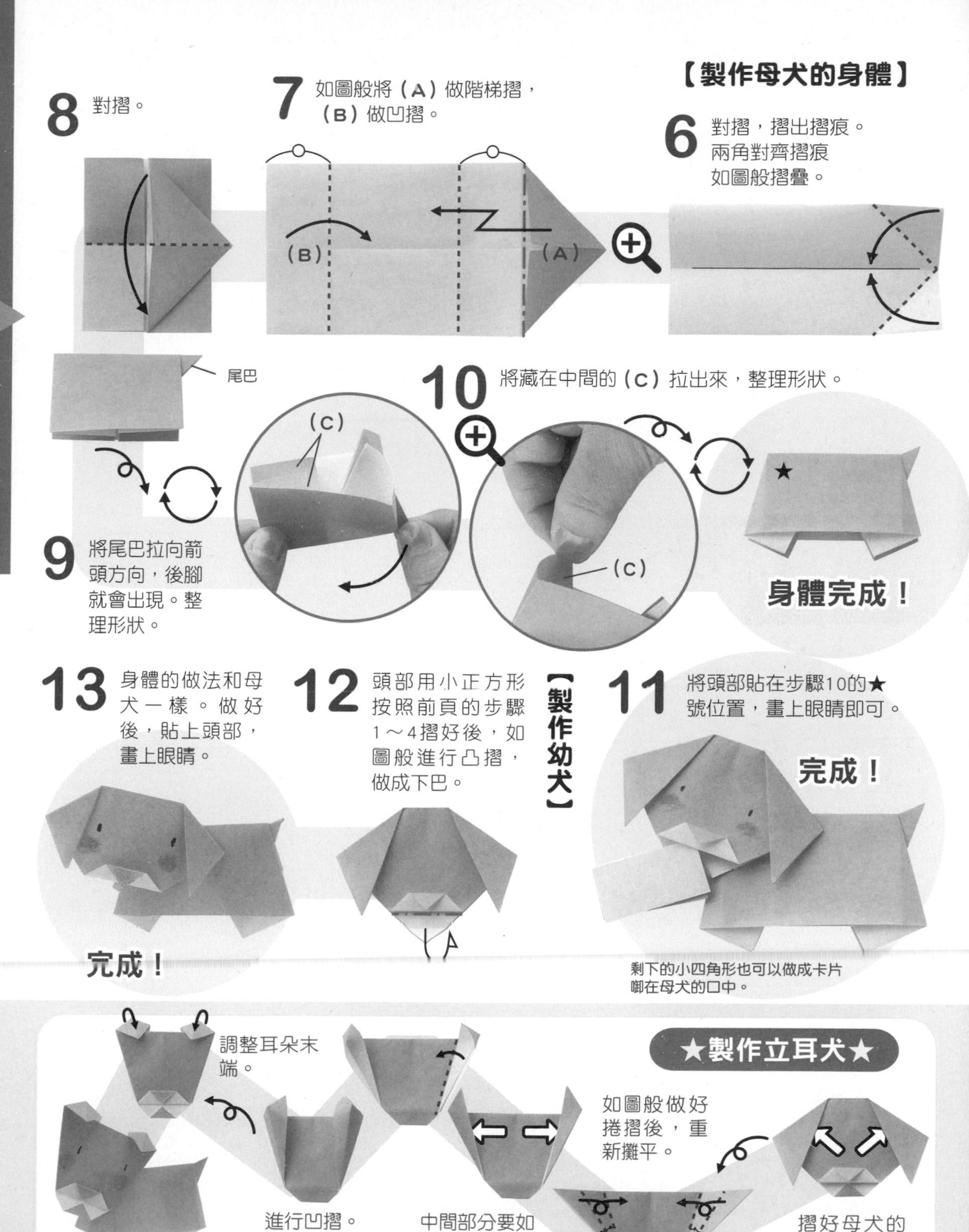
【製作母犬的身體】
6 對摺，摺出摺痕。兩角對齊摺痕如圖般摺疊。
7 如圖般將（A）做階梯摺，（B）做凹摺。
(A)
(B)
8 對摺。
尾巴
9 將尾巴拉向箭頭方向，後腳就會出現。整理形狀。
(C)
10 將藏在中間的（C）拉出來，整理形狀。
(C)
★
身體完成！
11 將頭部貼在步驟10的★號位置，畫上眼睛即可。
完成！
剩下的小四角形也可以做成卡片啣在母犬的口中。
【製作幼犬】
12 頭部用小正方形按照前頁的步驟1～4摺好後，如圖般進行凸摺，做成下巴。
13 身體的做法和母犬一樣。做好後，貼上頭部，畫上眼睛。
完成！
★製作立耳犬★
摺好母犬的頭部後，打開耳朵。
如圖般做好捲摺後，重新攤平。
中間部分要如圖般拉開。
進行凹摺。
調整耳朵末端。
畫上眼睛即可完成！

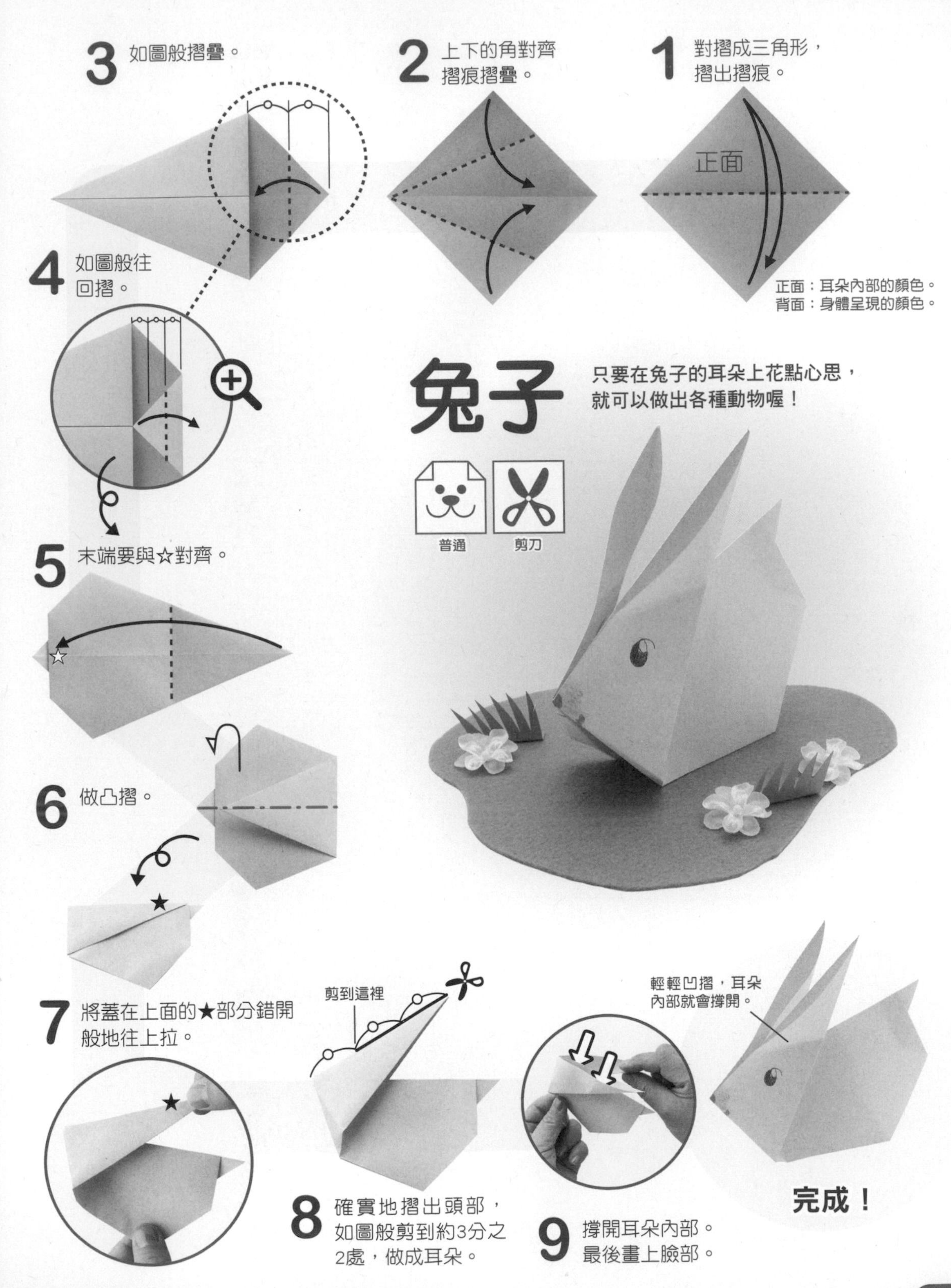
1 對摺成三角形，摺出摺痕。
正面
正面：耳朵內部的顏色。
背面：身體呈現的顏色。
2 上下的角對齊摺痕摺疊。
3 如圖般摺疊。
4 如圖般往回摺。
兔子
只要在兔子的耳朵上花點心思，
就可以做出各種動物喔！
普通
剪刀
5 末端要與☆對齊。
6 做凸摺。
7 將蓋在上面的★部分錯開般地往上拉。
剪到這裡
8 確實地摺出頭部，如圖般剪到約3分之2處，做成耳朵。
輕輕凹摺，耳朵內部就會撐開。
9 撐開耳朵內部。最後畫上臉部。
完成！

★只要改變耳朵部分就能做出的動物們★

牛（水牛）

1 抓住尾巴向下拉。

2 耳朵部分不撐開，使其捲曲起來。

使用筷子等來捲曲。

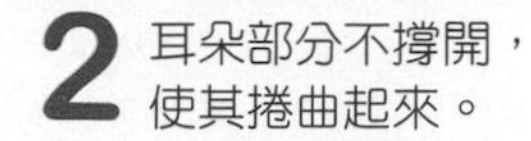

3 另一邊的耳朵也同樣捲曲，就變成牛角了。

完成！

※角不須捲得跟照片一樣，只要有弧度就OK。

綿羊

和牛一樣，從尾巴朝下的狀態開始。

1 耳朵末端如圖般做2次凸摺。

2 末端放在臉上，再次凸摺。

3 另一邊的耳朵也是相同摺法，就變成羊角了。

完成！

馴鹿

和牛一樣，從尾巴朝下的狀態開始。

1 如圖般做蛇腹摺。

2 另一邊的耳朵也是相同摺法。

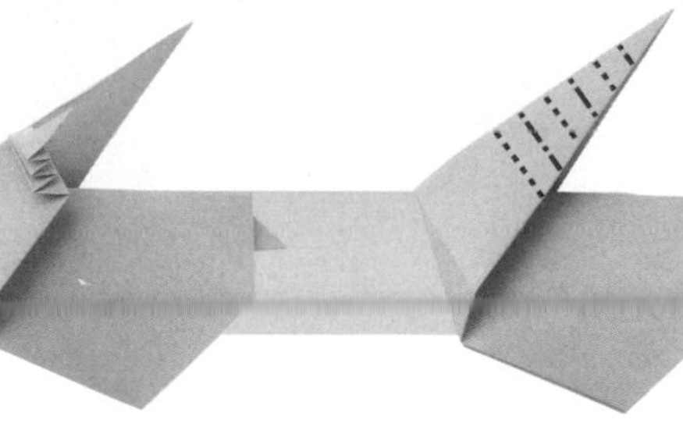

3 整理形狀。這樣就變成鹿角了。

完成！

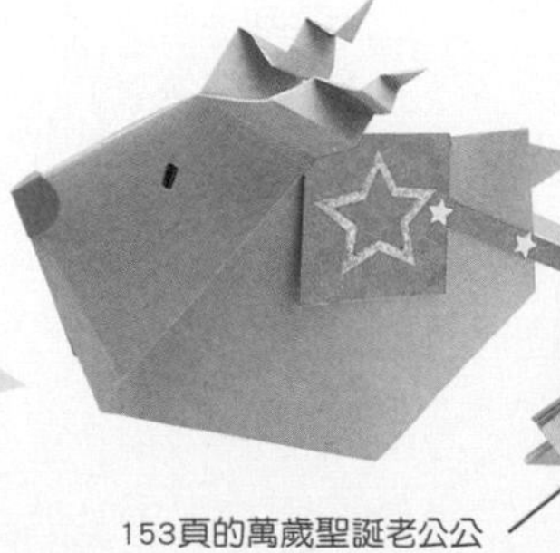

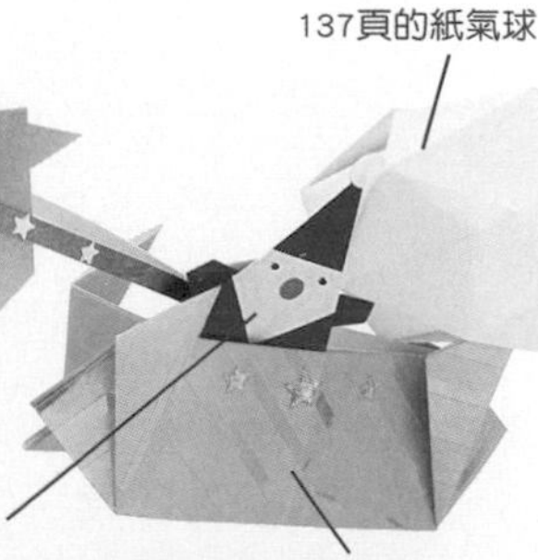

137頁的紙氣球

153頁的萬歲聖誕老公公

將75頁的豬倒過來放

小老鼠

★如圖般裁剪色紙使用。
1張色紙可以做出4隻小老鼠。

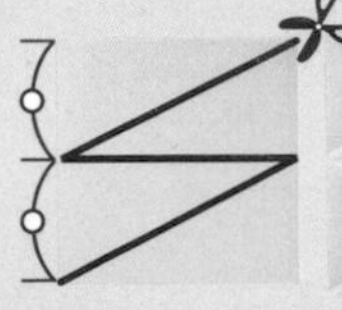

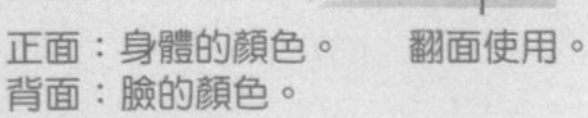

1 如圖般對摺。

2 摺疊突出的部分。

3 如圖般將重疊的部分連同下面一起剪掉。

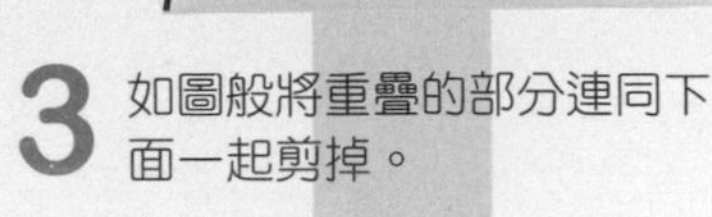

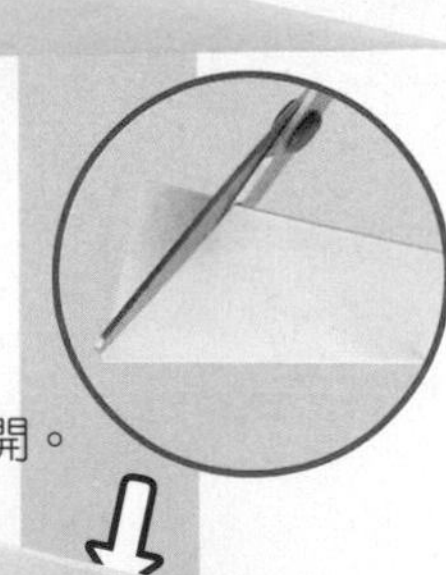

4 紙張打開。

5 正面朝上，如圖般摺疊。

6 上下角對齊中央線摺疊。

7 如圖般摺疊，做成前腳。

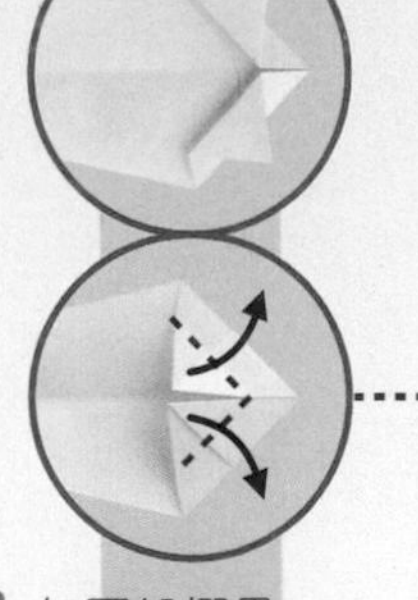

8 摺出摺痕。

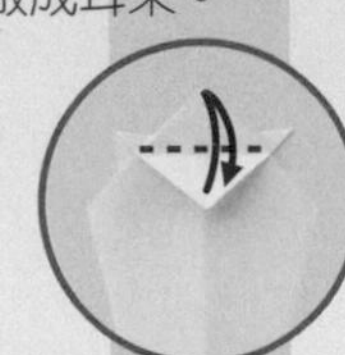

9 剪入到摺痕的位置，做成耳朵。

10 中央線做凸摺。

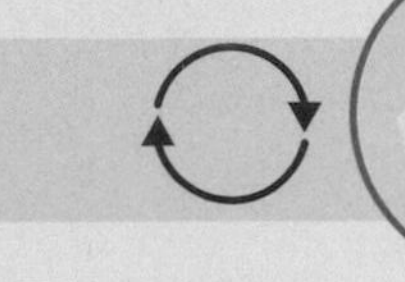

11 如圖般向內壓摺2次，做成後腳和尾巴。

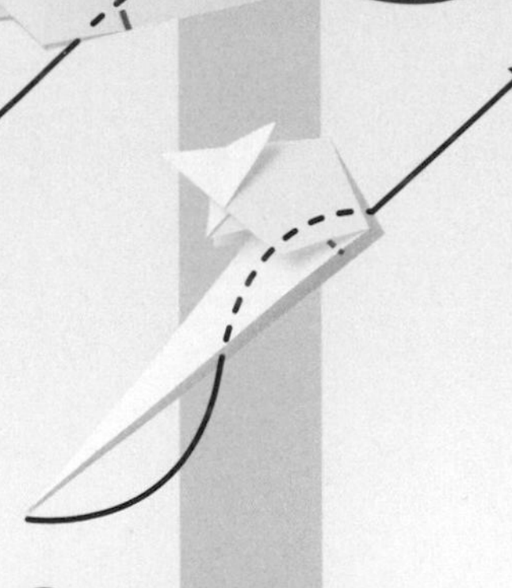

12 將耳朵稍微立起。

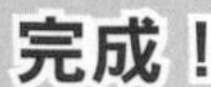

完成！

蝙蝠

普通

剪刀

1 如圖般摺出摺痕後，讓3個☆和★重疊，摺成三角形。

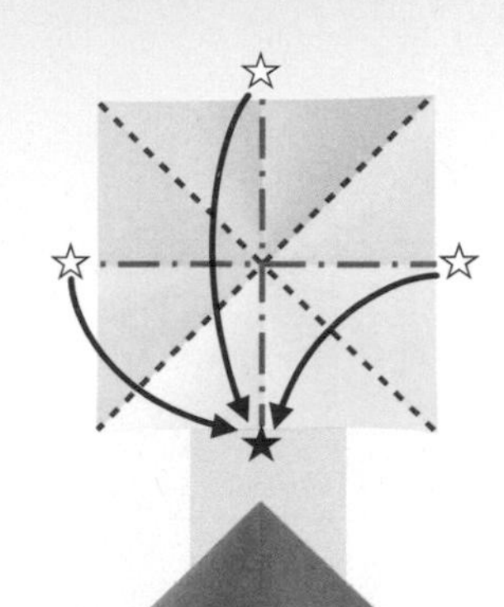

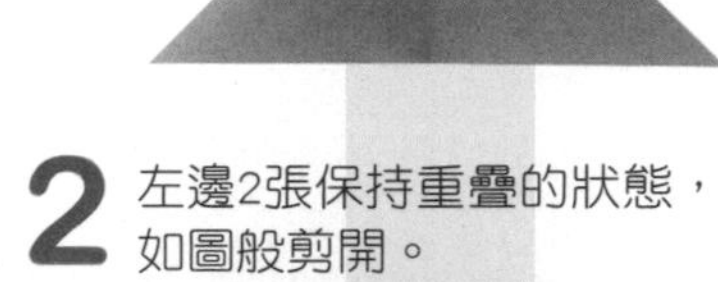

2 左邊2張保持重疊的狀態，如圖般剪開。

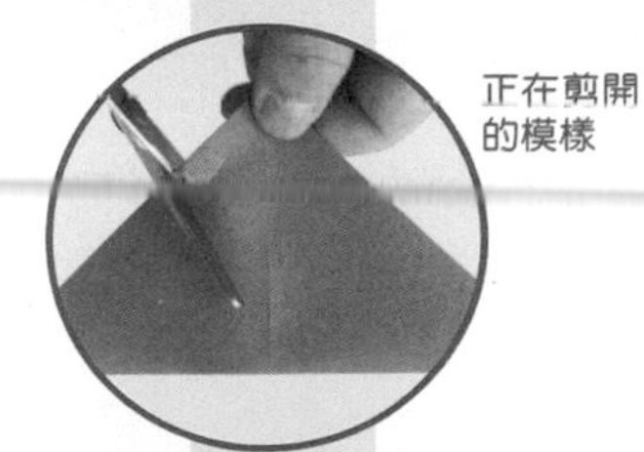

正在剪開的模樣

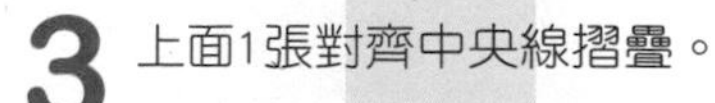

3 上面1張對齊中央線摺疊。

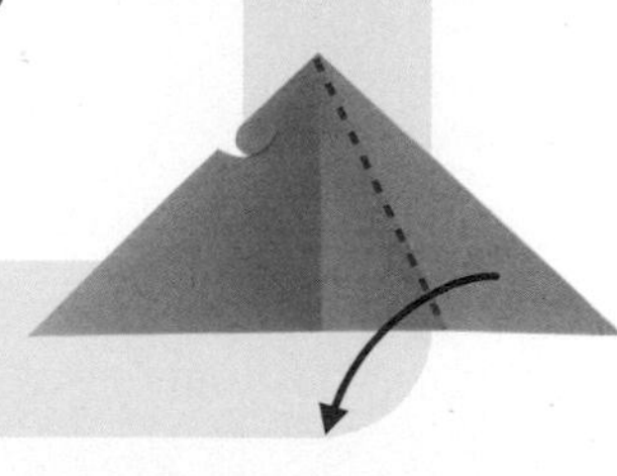

4 將上面1張向右摺。

5 對齊中央線摺疊。

6 上面1張向右摺。

7 凹摺，做成臉部。

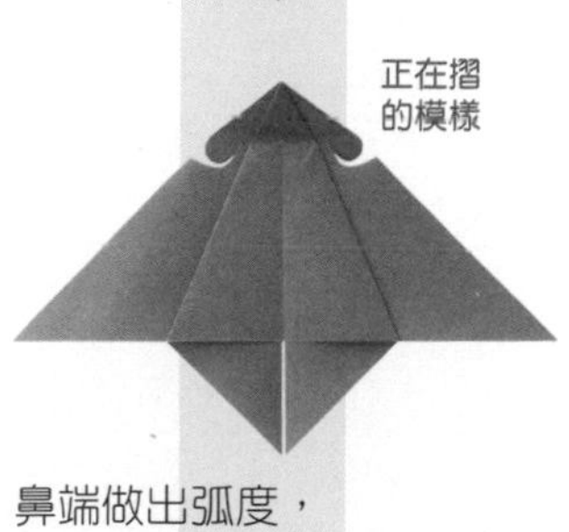

正在摺的模樣

8 鼻端做出弧度，腳尖做凸摺。

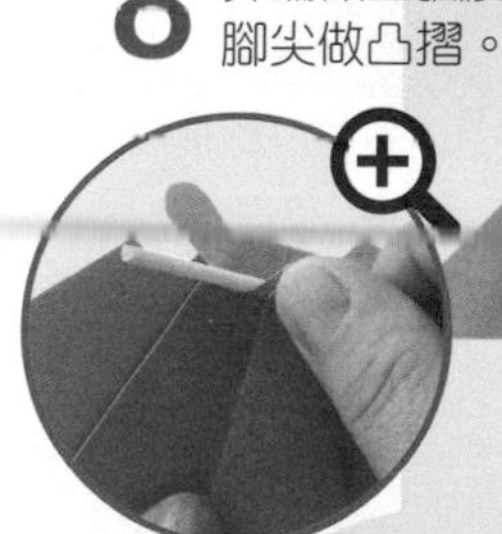

完成！

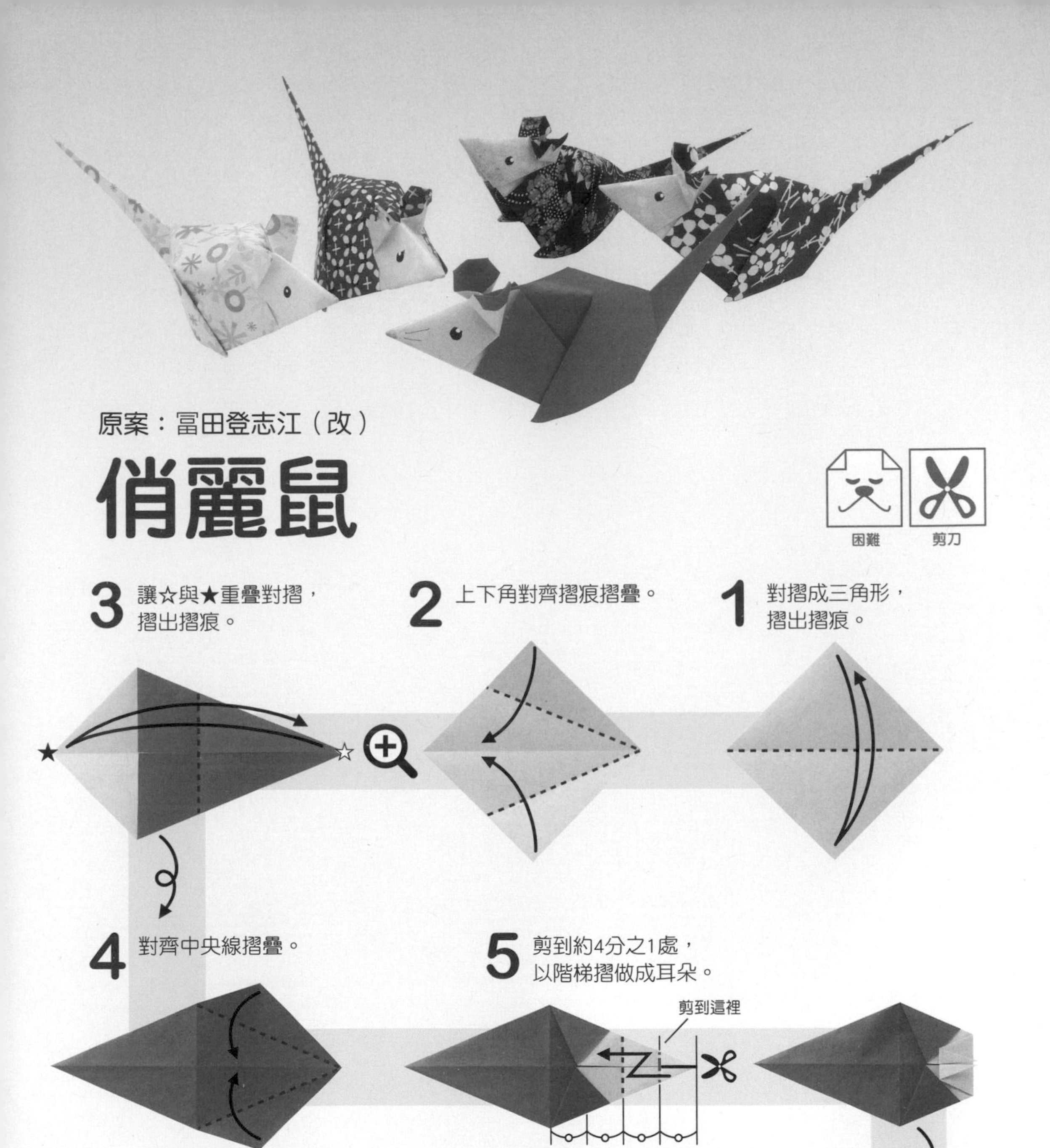

原案：冨田登志江（改）

俏麗鼠

困難　剪刀

1 對摺成三角形，摺出摺痕。

2 上下角對齊摺痕摺疊。

3 讓☆與★重疊對摺，摺出摺痕。

4 對齊中央線摺疊。

5 剪到約4分之1處，以階梯摺做成耳朵。

6 對齊中央線摺疊。

7 在中央線凹摺。

摺好時

9 耳朵末端做3次捲摺。另一側的耳朵也同樣打開壓平後做捲摺。

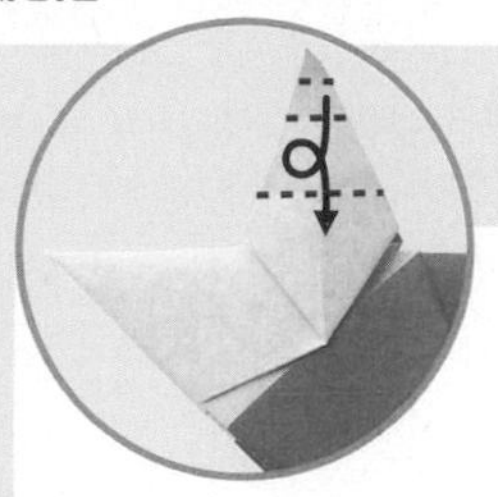

8 打開耳朵內部，如圖般壓平。

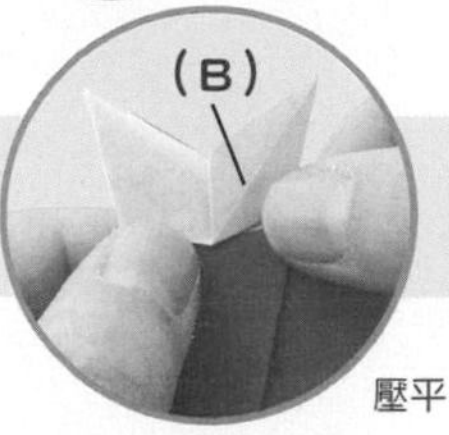

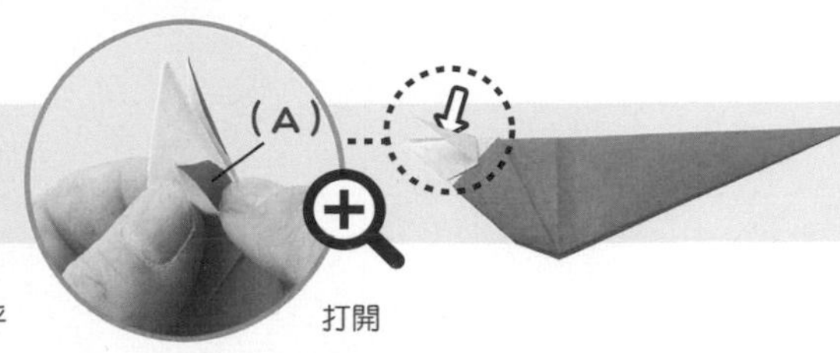

(B) 用拇指從耳朵下面慢慢壓平。

(A) 使用鉛筆等尖銳的東西插入中間，比較容易打開。

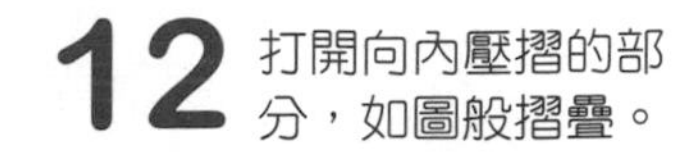

10 將耳朵拉到側邊，讓中間鼓起。

11 讓★與☆對齊般地摺出摺痕後，向內壓摺，做成尾巴。

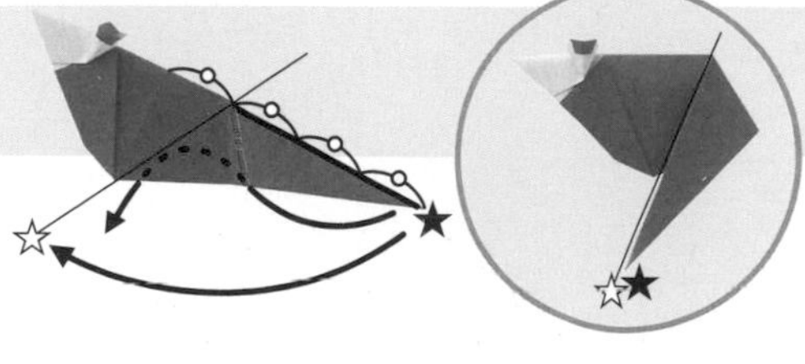

12 打開向內壓摺的部分，如圖般摺疊。

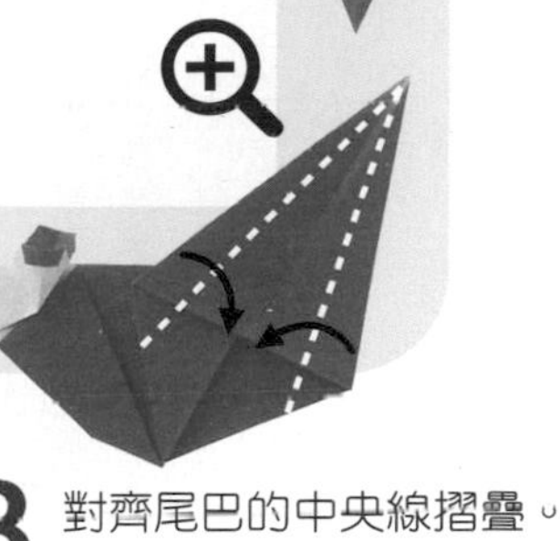

15 打開中間，只有上面1張在中央摺痕下方處做凸摺；接著再做凹摺讓腳向前伸出。

14 將張開的尾巴閉合起來（A）。上面1張做凸摺。背側同樣做凸摺後，插入中間（B）。

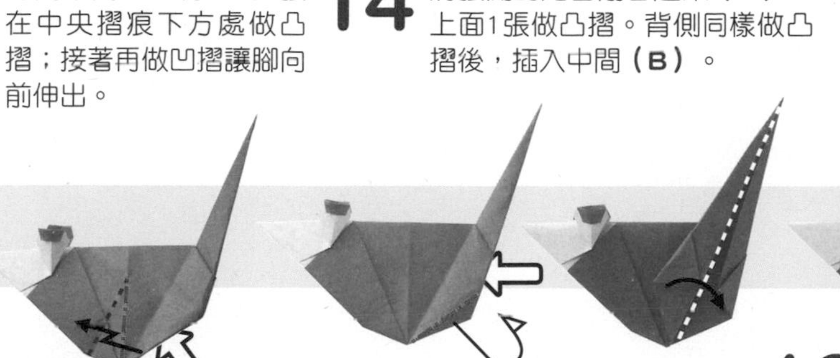

13 對齊尾巴的中央線摺疊。

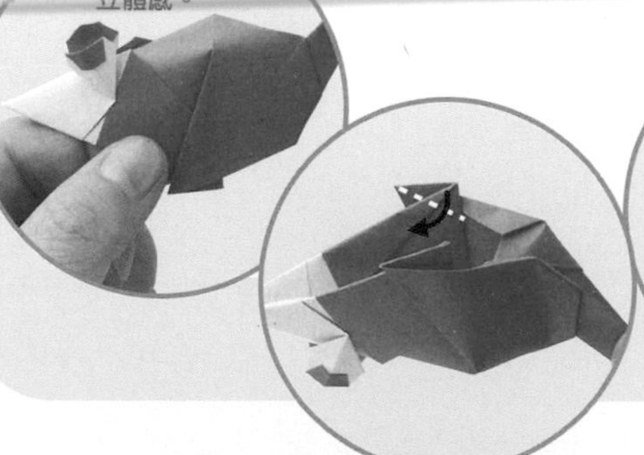

完成！

看起來就好像白色老鼠穿著衣服一樣，非常可愛。最後再幫牠畫上眼睛和鬍鬚吧！

16 翻到下面，腳部做凹摺。另一邊的腳也同樣進行。

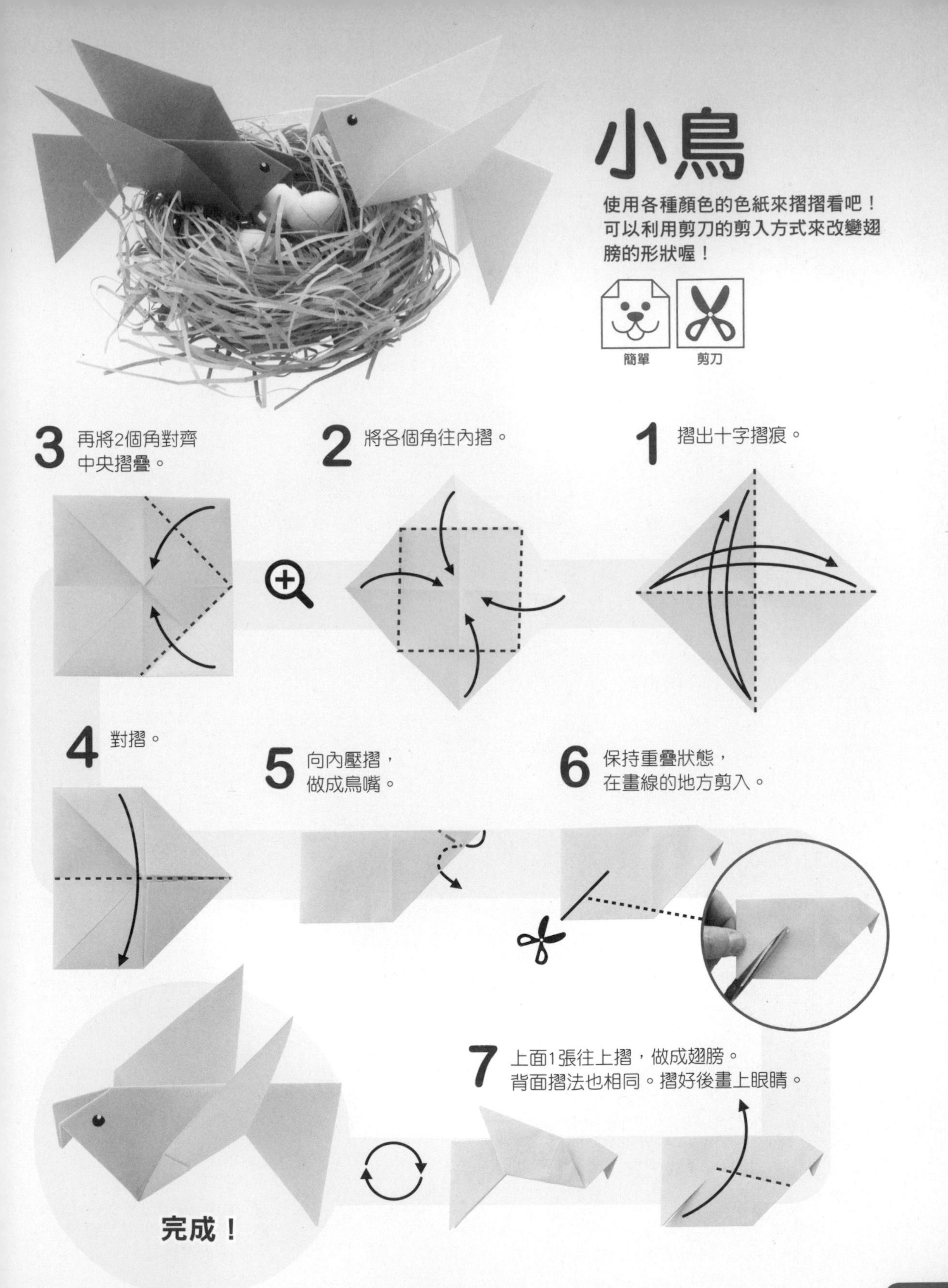

小鳥

使用各種顏色的色紙來摺摺看吧！
可以利用剪刀的剪入方式來改變翅膀的形狀喔！

簡單　剪刀

1 摺出十字摺痕。

2 將各個角往內摺。

3 再將2個角對齊中央摺疊。

4 對摺。

5 向內壓摺，做成鳥嘴。

6 保持重疊狀態，在畫線的地方剪入。

7 上面1張往上摺，做成翅膀。背面摺法也相同。摺好後畫上眼睛。

完成！

鸚哥

藉摺法來改變翅膀的形狀。

1 上下對摺摺出摺痕後，接著左右對摺。

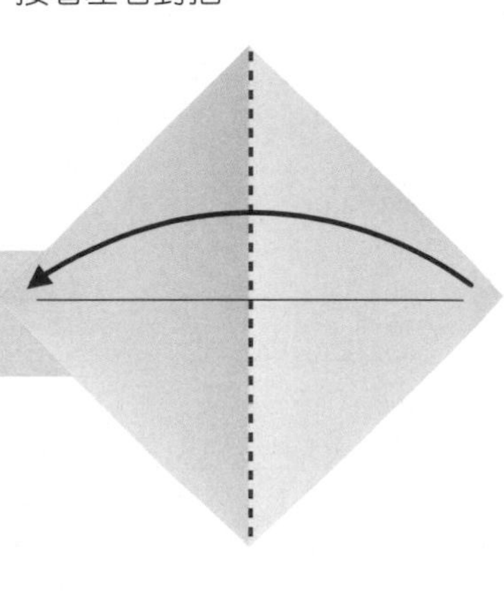

2 如圖般在3分之2的位置，2張一起向右摺。

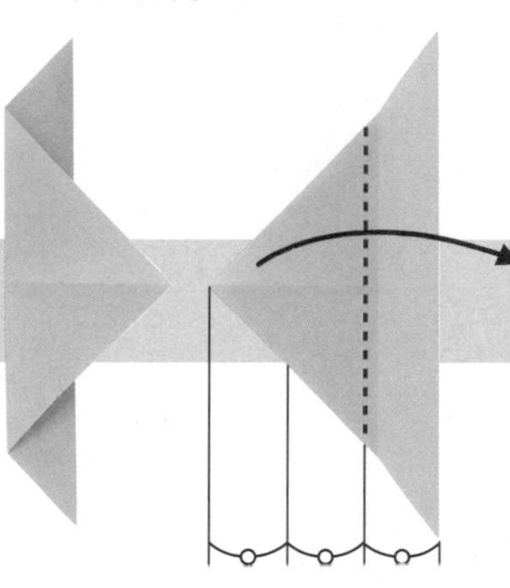

3 以中央位置上，只有上面1張向左摺。

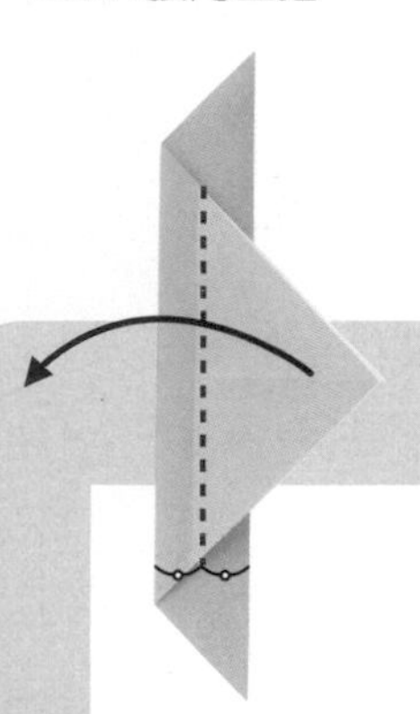

4 上下對摺。

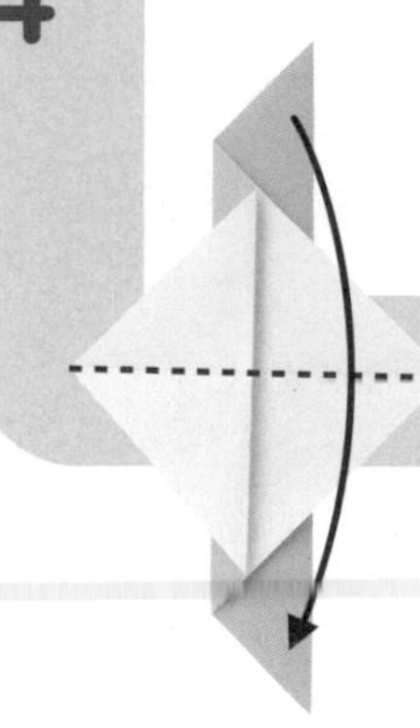

5 如圖所示，往上凹摺做成翅膀。背面摺法也相同。

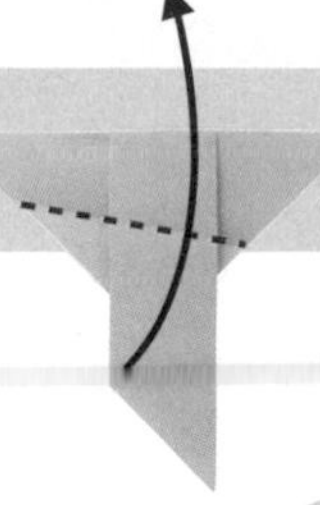

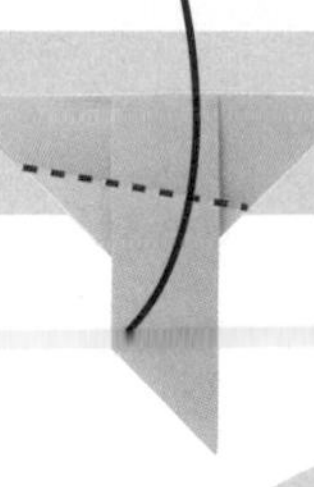

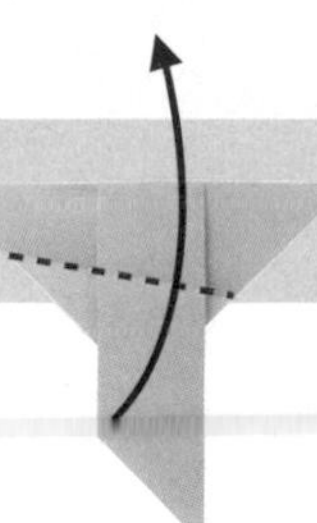

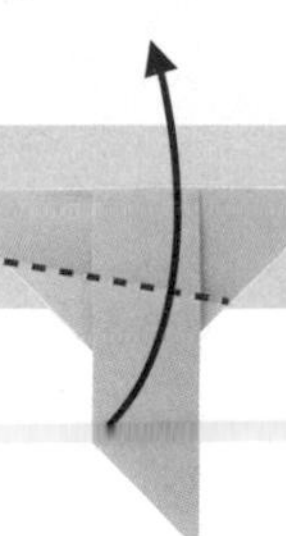

6 向內壓摺做成鳥嘴。

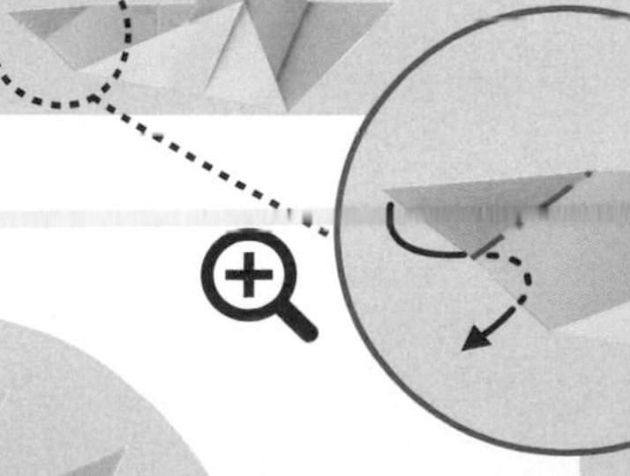

7 如圖般將翅膀往下摺。背面摺法也相同。摺好後畫上眼睛。

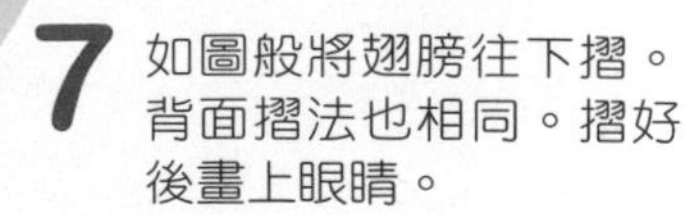

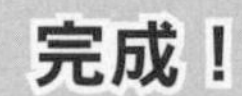

鴿子

將鳥嘴的向內壓摺加在另一邊，就變成展翅飛翔的鴿子了。

燕子

普通　剪刀　黏膠

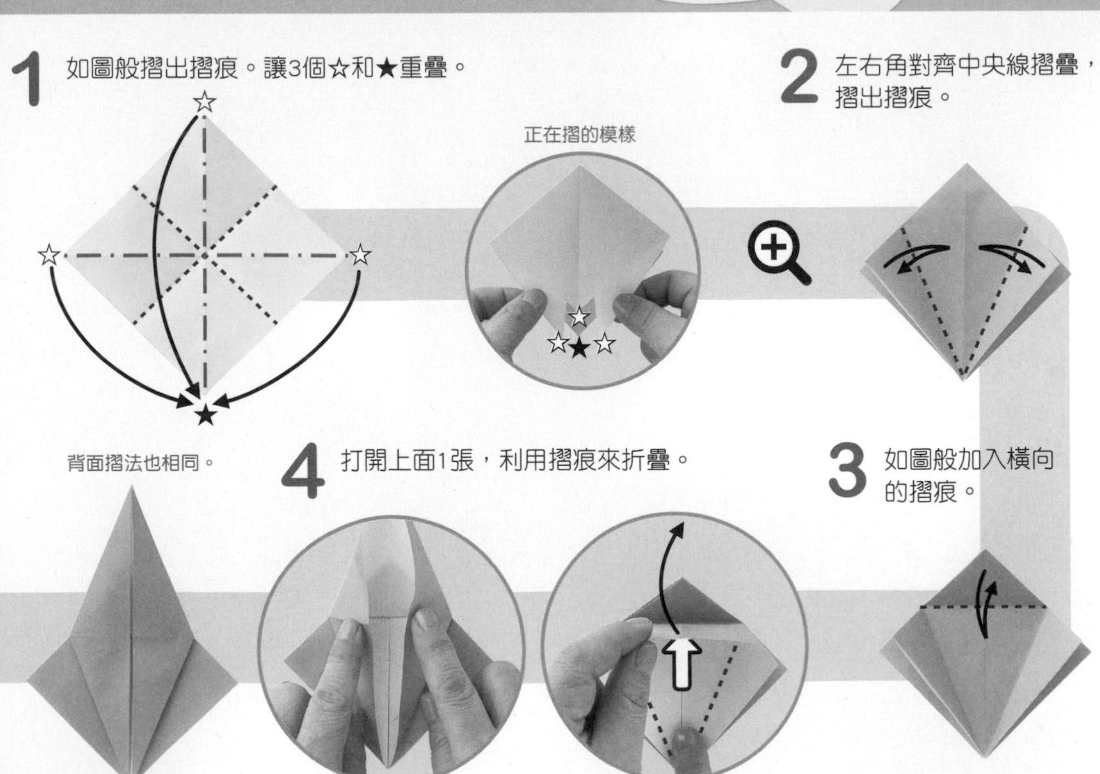

1 如圖般摺出摺痕。讓3個☆和★重疊。

正在摺的模樣

2 左右角對齊中央線摺疊，摺出摺痕。

3 如圖般加入橫向的摺痕。

4 打開上面1張，利用摺痕來折疊。

背面摺法也相同。

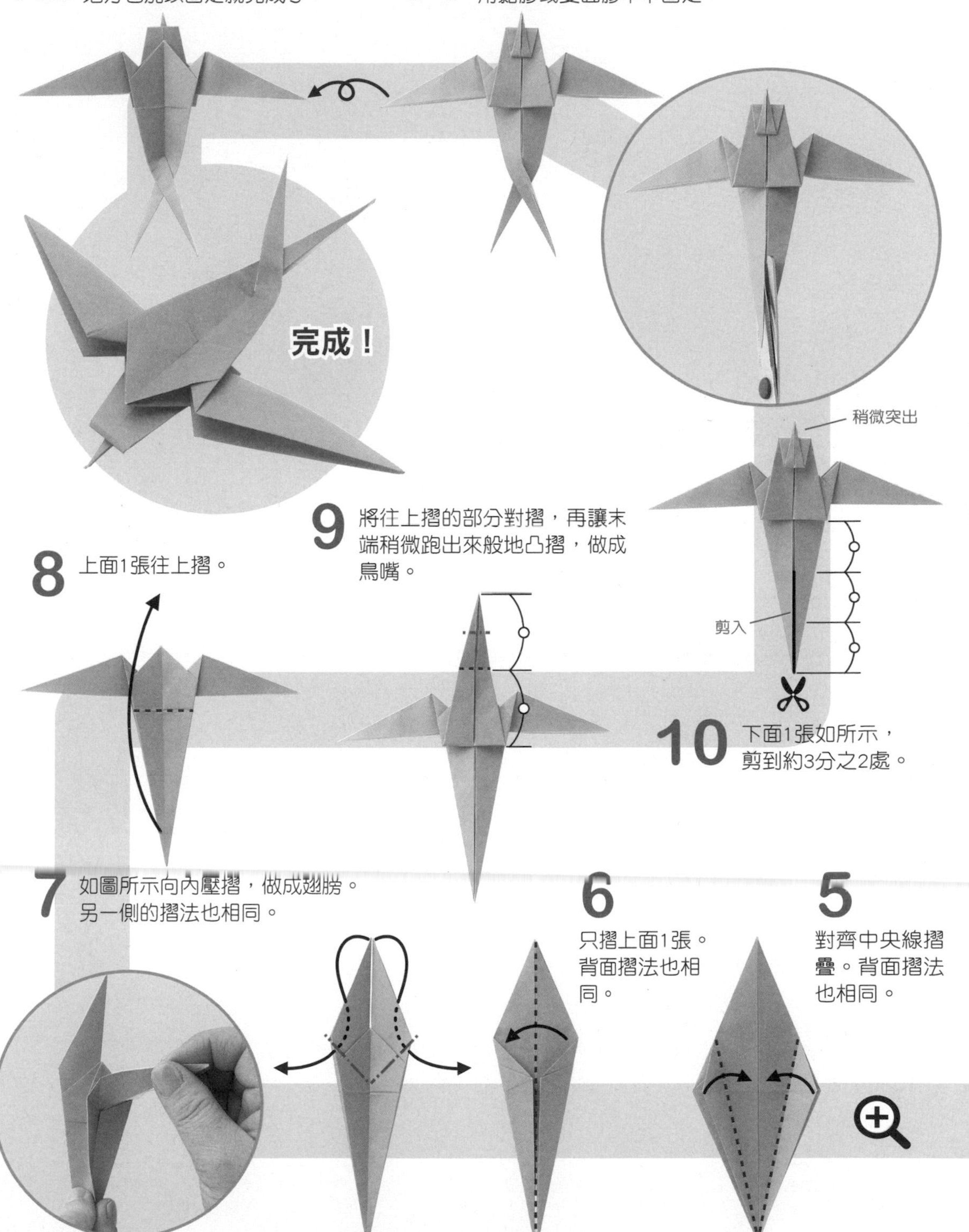
12 由於頭和鳥嘴會浮起，這些地方也加以固定就完成了。
11 讓尾巴末端交叉，用黏膠或雙面膠牢牢固定。
完成！
稍微突出
9 將往上摺的部分對摺，再讓末端稍微跑出來般地凸摺，做成鳥嘴。
8 上面1張往上摺。
剪入
10 下面1張如所示，剪到約3分之2處。
7 如圖所示向內壓摺，做成翅膀。另一側的摺法也相同。
6 只摺上面1張。背面摺法也相同。
5 對齊中央線摺疊。背面摺法也相同。

公雞・母雞（雞）

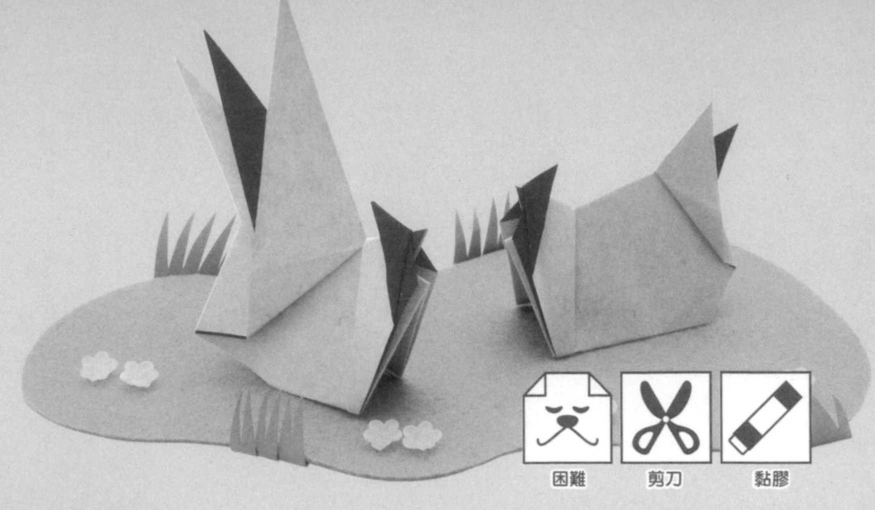

困難　剪刀　黏膠

【公雞】

1 對摺。

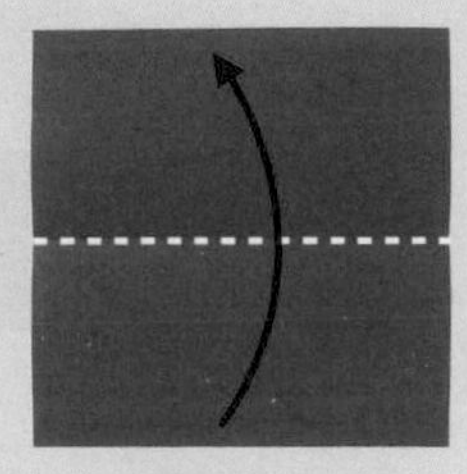

2 再對摺。

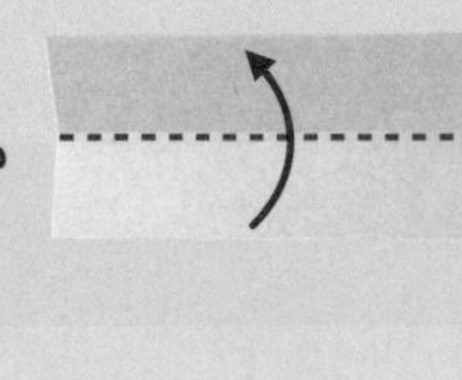

3 剪開畫線的部分。

4 將（B）有凸摺摺痕的面朝上，打開後如圖般摺疊。

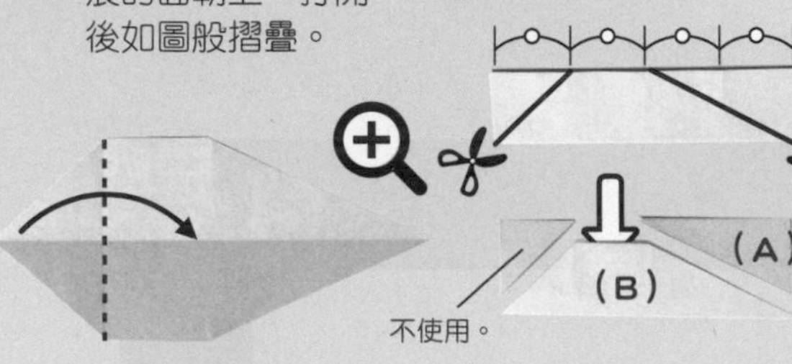

5 如圖般加入摺痕。從後面抓住★號部分地摺紙，摺疊末端使其如圖般立起。

6 以階梯摺做成尾巴。

7 背部做凸摺。

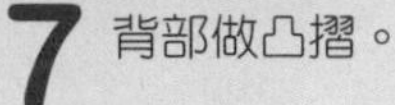

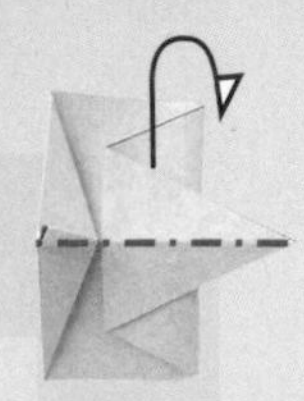

8 尾巴末端往斜上方拉。如圖般確實摺疊。

9 如圖般拿著，將頭部的上面1張往背部方向做凹摺。

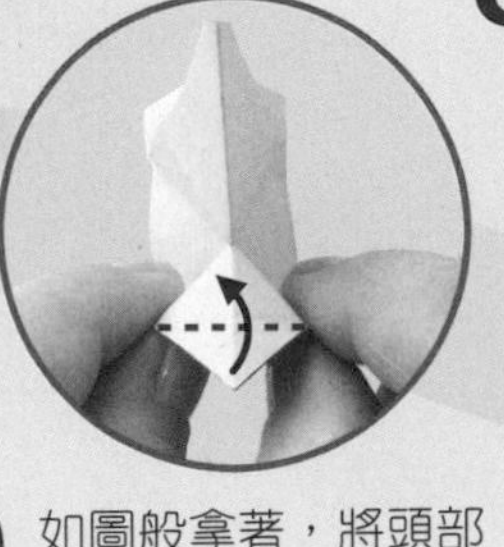

10 前面的部分做階梯摺。

11 抓住☆往上拉，如圖般摺疊。

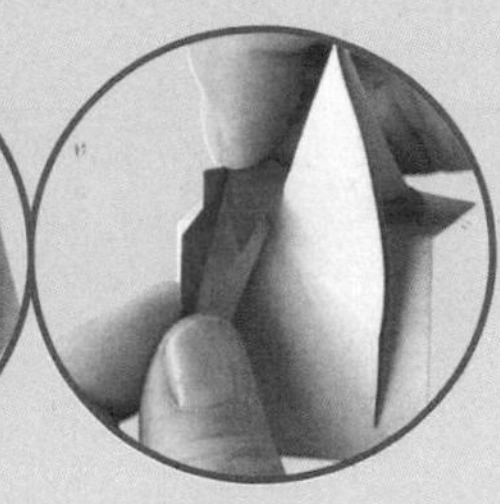

12 拉出尾巴中間的1張，稍微往下錯開後用左手確實壓摺。

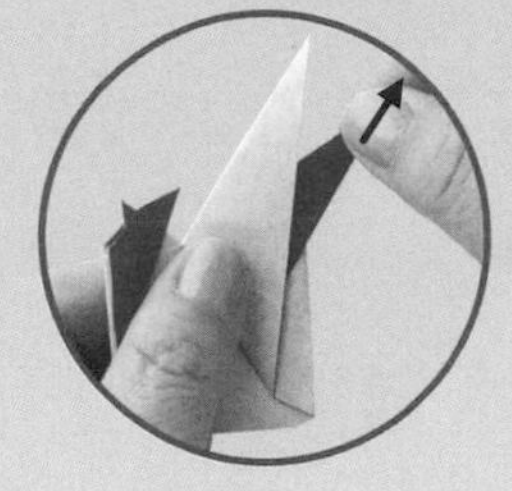

13 將（A）如圖般裁剪，再做1片尾巴。

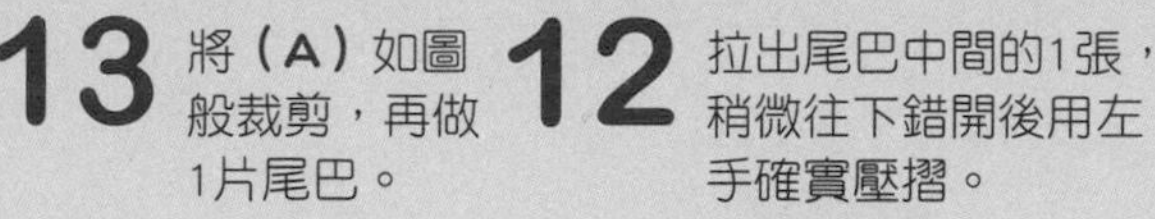

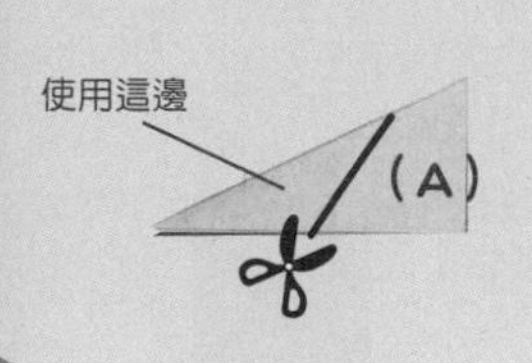

14 夾在尾巴下方黏貼起來，做成3片尾巴。

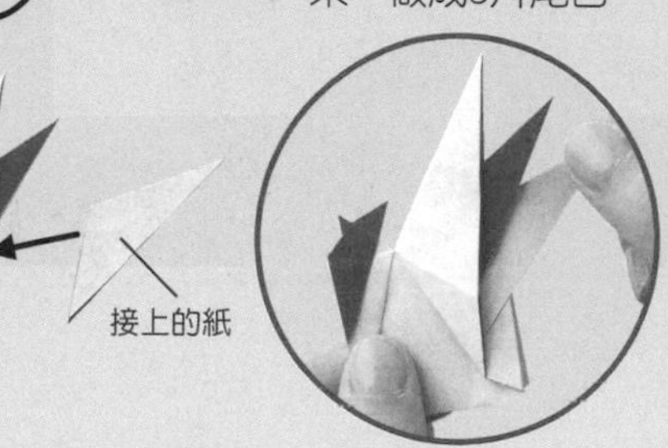

15 如圖般向內側凸摺。背面摺法也相同。

完成！

【母雞】

步驟1～2同公雞的摺法

1 如圖般，紙片要裁剪得比公雞更短。

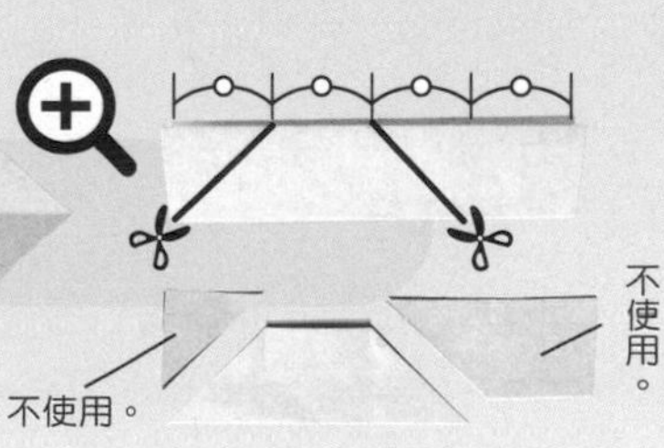

2 頭的部分和公雞的摺法相同。

3 尾巴做階梯摺。

4 背部做凸摺。

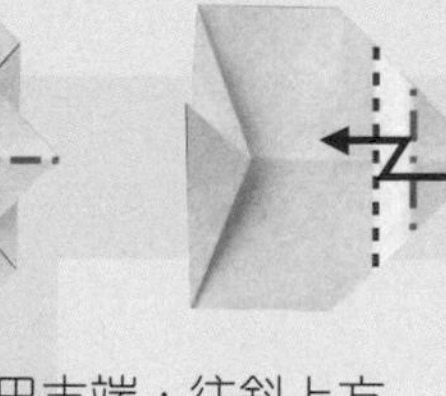

5 拿著尾巴末端，往斜上方拉開後確實地壓摺。

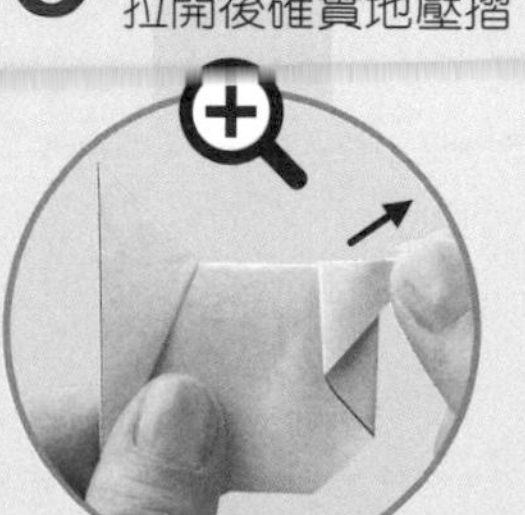

6 拉出尾巴中間的1張，稍微往下錯開。

7 頭部的雞冠和嘴巴要做得比公雞小。

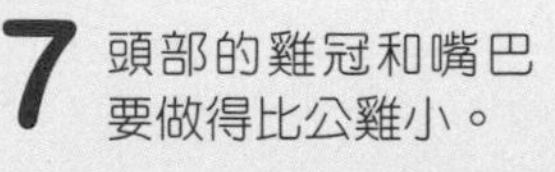

8 如圖般向內側凸摺。背面摺法也相同。

完成！

動物園・水族館中生物的摺紙

章魚的做法在 33 頁，綿羊的做法在 49 頁，水牛的做法在 49 頁，馴鹿的做法在 49 頁，馬的做法在 134 頁

1 對摺成三角形。

2 上面1張對齊（A）線凹摺。背面摺法也相同。

(A)

3 如圖般摺出摺痕後，向外反摺。成為頭部。

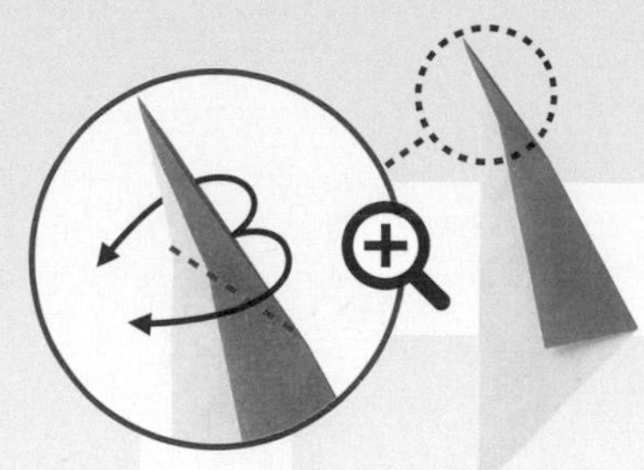

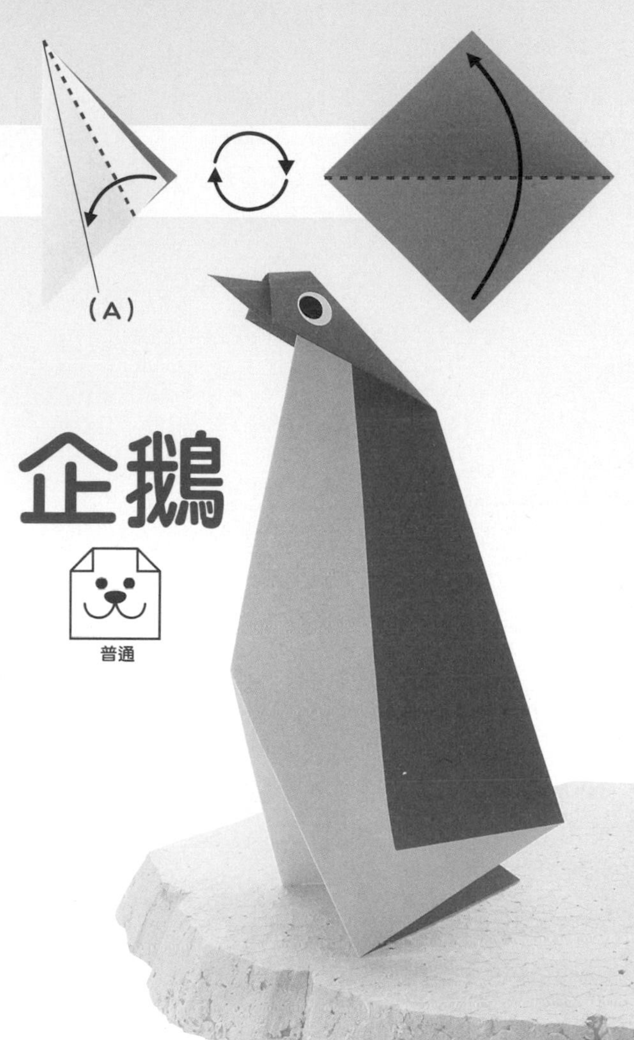

企鵝

普通

4 打開身體，展開嘴巴末端，如圖般做階梯摺。

5 將頭部的向外反摺回復原狀。

6 嘴巴末端稍微往下拉。

7 讓尾巴末端超出背部的（B）線，做出摺痕後向內壓摺。

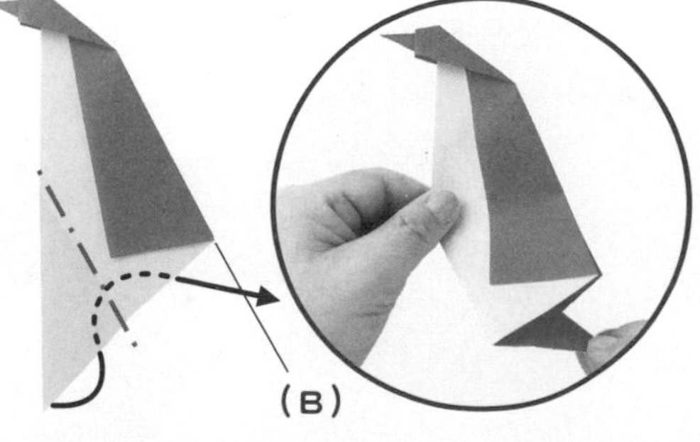

完成！

海豚

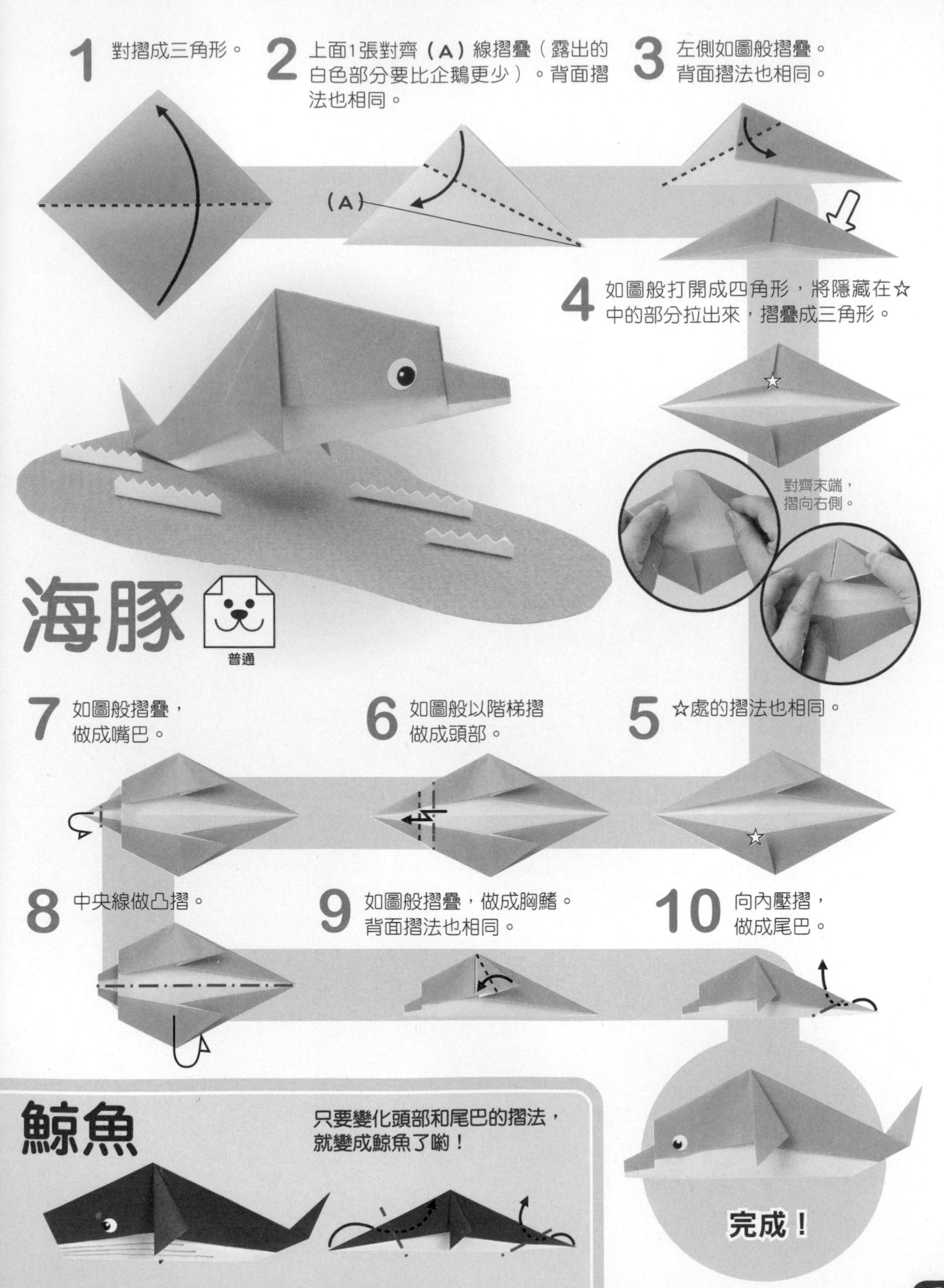

鯨魚

只要變化頭部和尾巴的摺法，就變成鯨魚了喲！

海豹

1 對摺成三角形。

2 上面1張往下摺。背面摺法也相同。

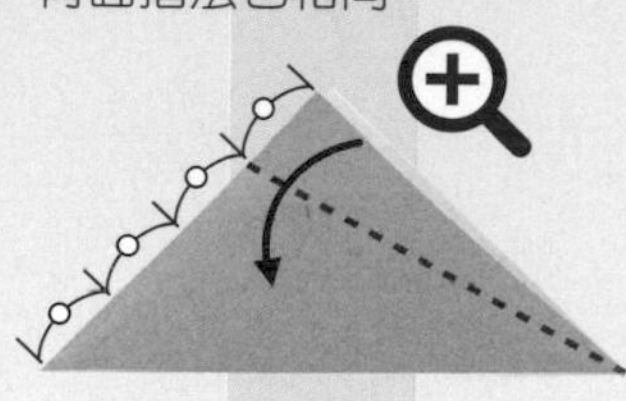

3 左側如圖般摺疊。背面摺法也相同。

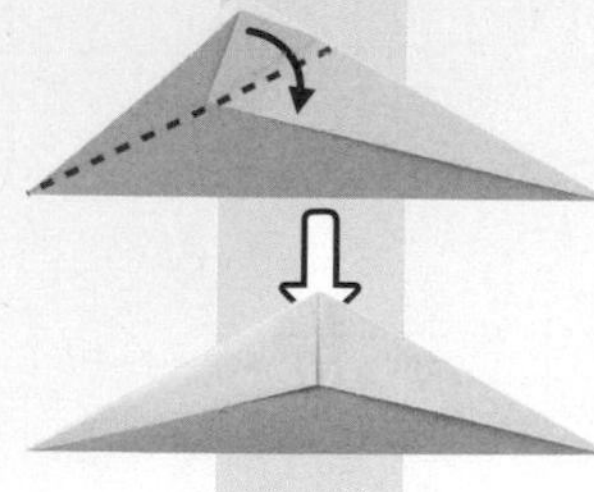

4 如圖般打開成四角形，將隱藏在☆中的部分拉出來，摺疊成三角形。

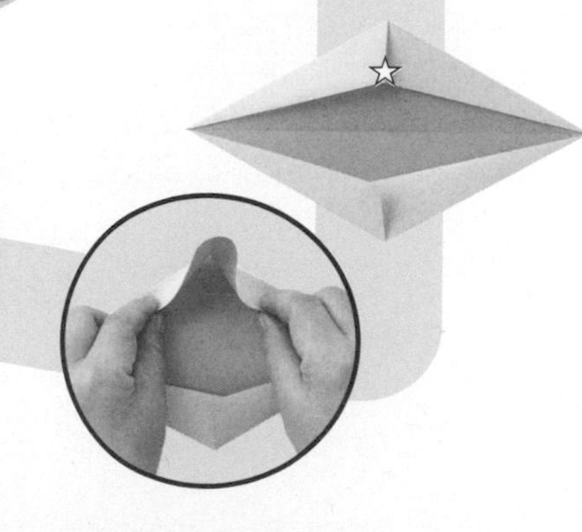

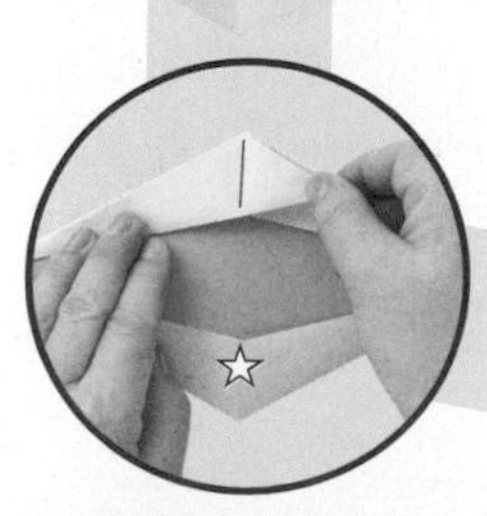

末端對齊，摺向右側。☆處也同樣進行。

5 頭的部分和尾巴做階梯摺。

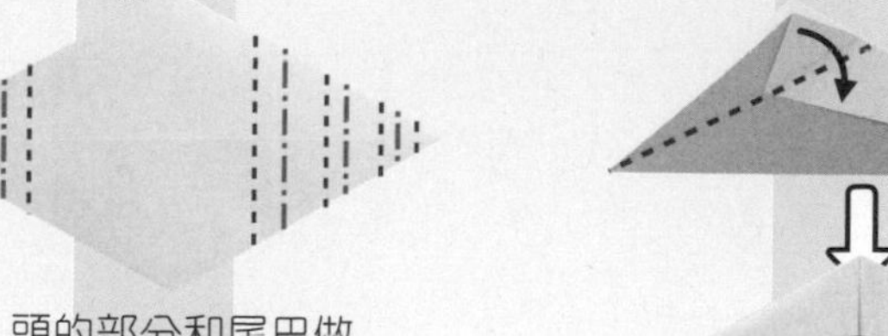

6 往內側凸摺後，倒向左邊。

7 末端做小小的凸摺。

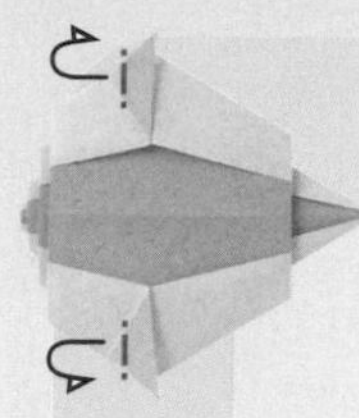

8 中央線做凸摺。

9 拉開頭部的階梯摺，稍微錯開一些，尾巴部分稍微拉向斜上方。

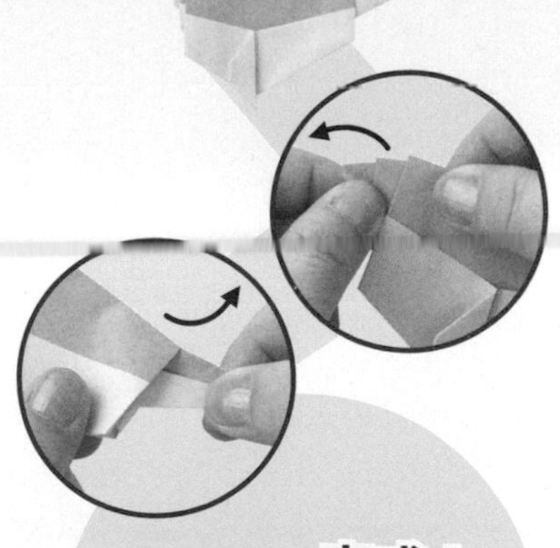

完成！

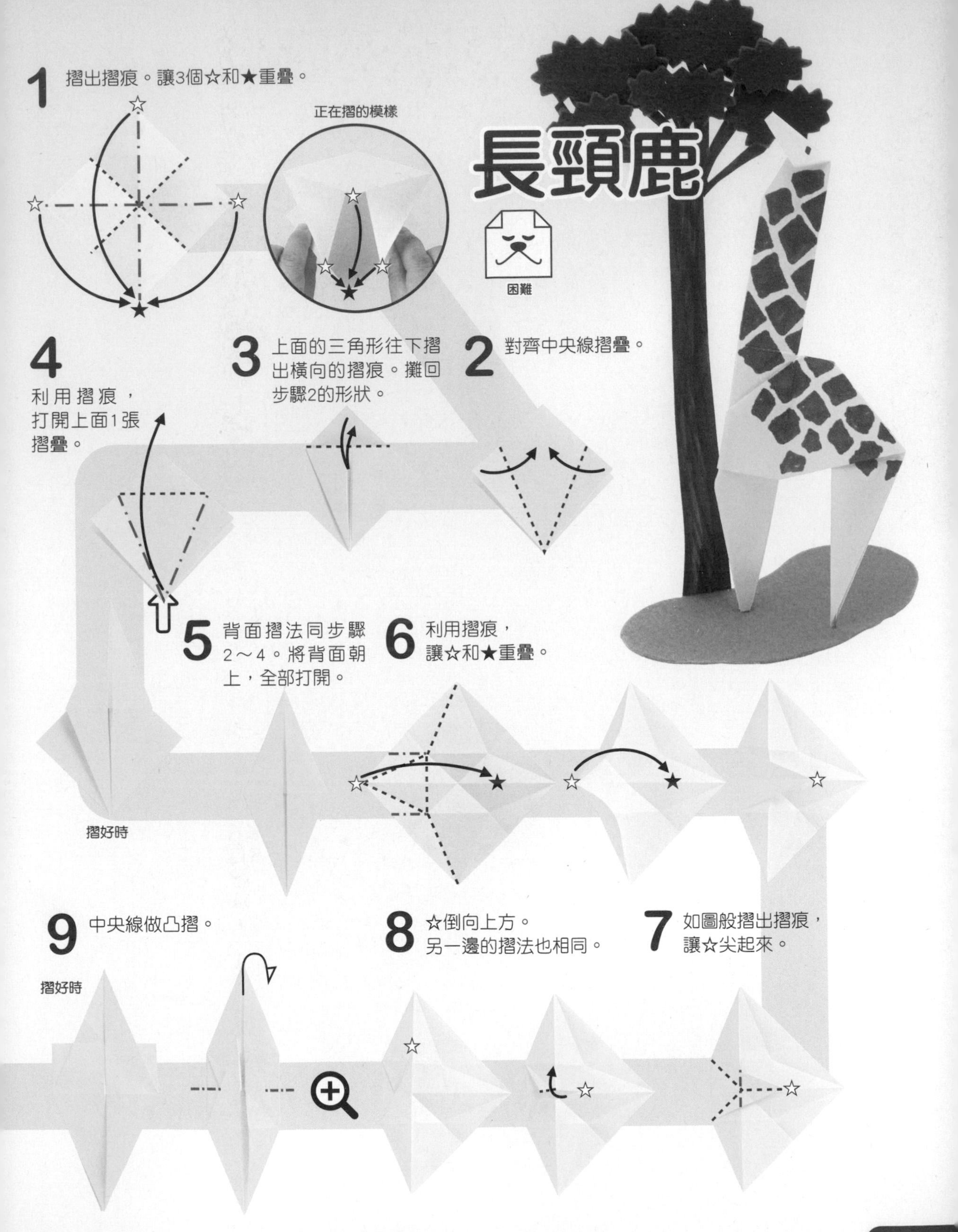
長頸鹿
困難
1 摺出摺痕。讓3個☆和★重疊。
正在摺的模樣
2 對齊中央線摺疊。
3 上面的三角形往下摺出橫向的摺痕。攤回步驟2的形狀。
4 利用摺痕，打開上面1張摺疊。
摺好時
5 背面摺法同步驟2～4。將背面朝上，全部打開。
6 利用摺痕，讓☆和★重疊。
7 如圖般摺出摺痕，讓☆尖起來。
8 ☆倒向上方。另一邊的摺法也相同。
9 中央線做凸摺。
摺好時

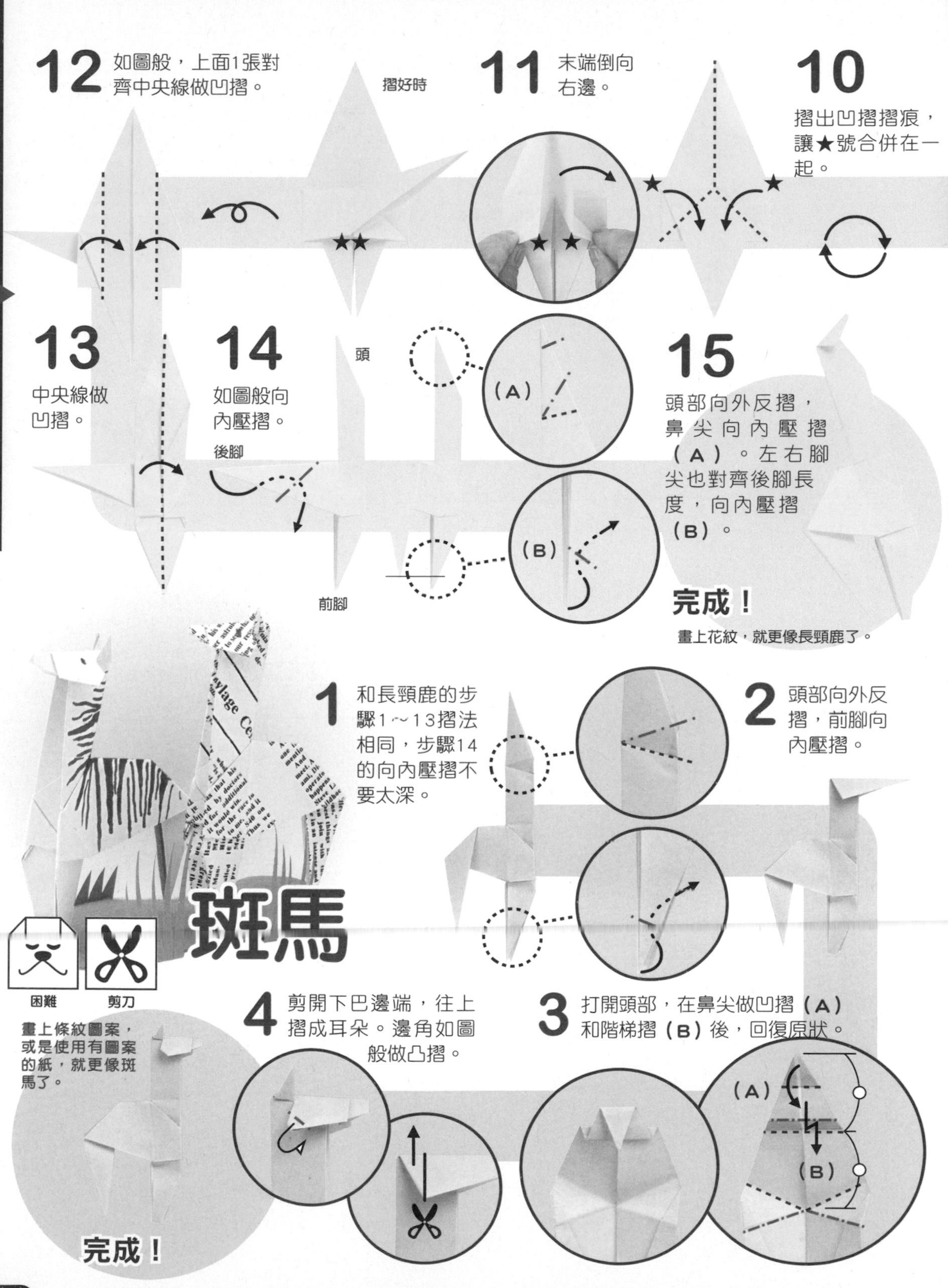

10 摺出凹摺摺痕，讓★號合併在一起。

11 末端倒向右邊。

12 如圖般，上面1張對齊中央線做凹摺。

13 中央線做凹摺。

14 如圖般向內壓摺。

15 頭部向外反摺，鼻尖向內壓摺（A）。左右腳尖也對齊後腳長度，向內壓摺（B）。

完成！

畫上花紋，就更像長頸鹿了。

斑馬

1 和長頸鹿的步驟1～13摺法相同，步驟14的向內壓摺不要太深。

2 頭部向外反摺，前腳向內壓摺。

3 打開頭部，在鼻尖做凹摺（A）和階梯摺（B）後，回復原狀。

4 剪開下巴邊端，往上摺成耳朵。邊角如圖般做凸摺。

畫上條紋圖案，或是使用有圖案的紙，就更像斑馬了。

完成！

鱷魚

困難 剪刀

1 摺出十字摺痕後，右邊上下角對齊中央線摺出摺痕。

2 左邊也同樣，對齊中央線摺出摺痕。

3 如圖般，利用摺痕從左右兩端摺疊，做成三角形的突出。上側的摺法也相同。

4 將（A）、（B）對摺。末端重疊。

5 如圖般摺出摺痕。

6 如圖般摺疊，做成尾巴。

7 如圖般摺疊，做成頭部。

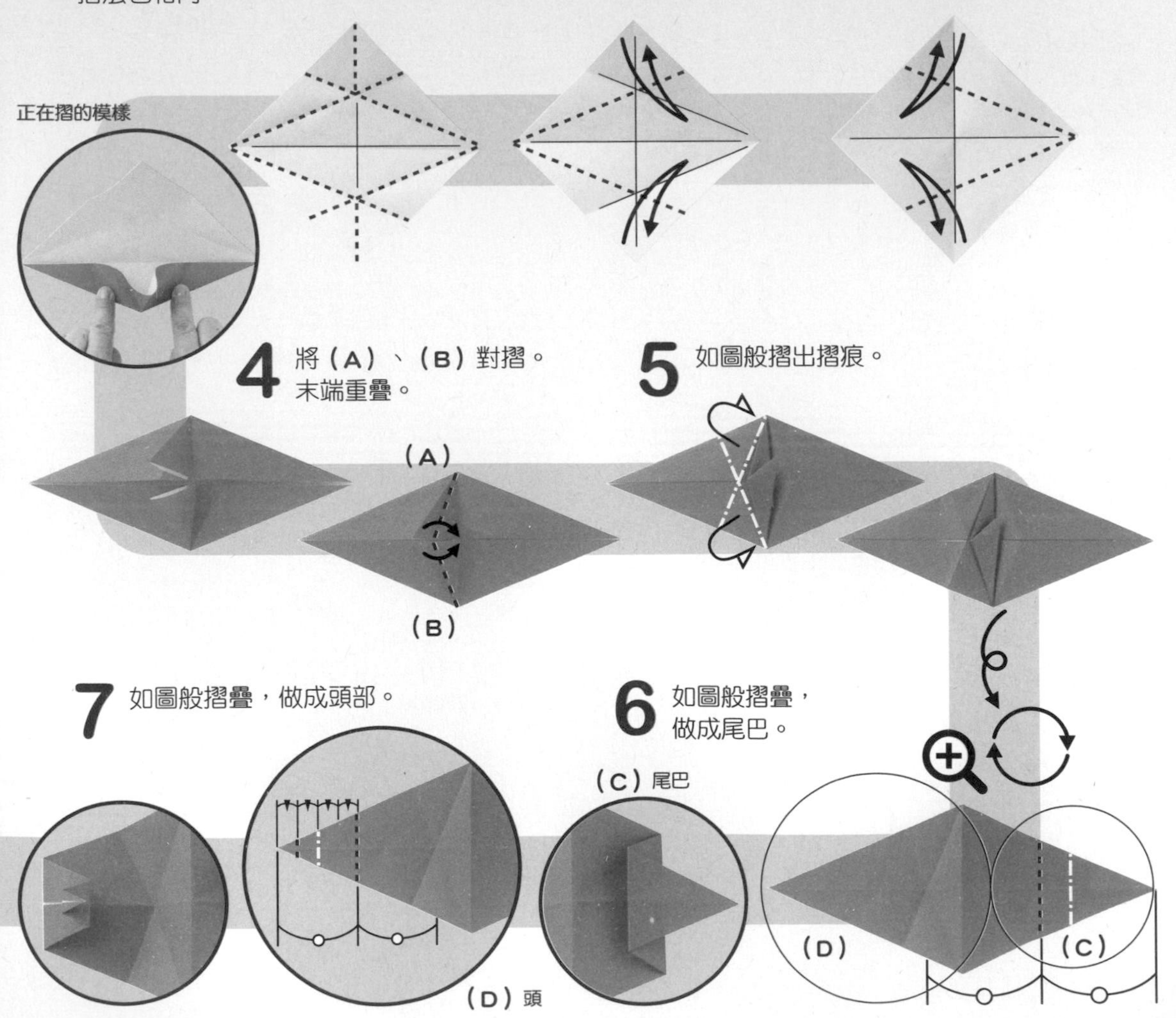

野貓

不摺鱷魚的眼睛，就變成「野貓」了。

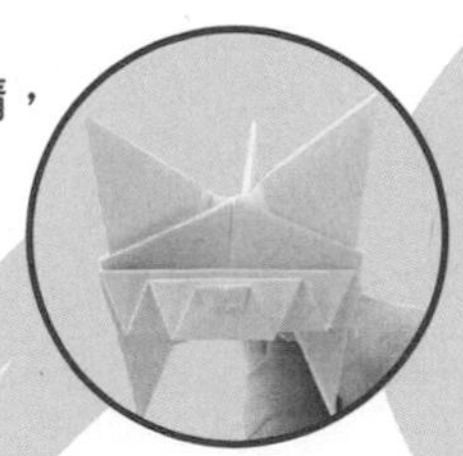

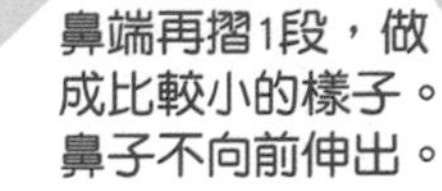
鼻端再摺1段，做成比較小的樣子。鼻子不向前伸出。

15 如圖般剪入，將剪入的部分摺向內側。背面摺法也相同。

14 只在上面1張凹摺，做成眼睛。另一邊的眼睛摺法也相同。

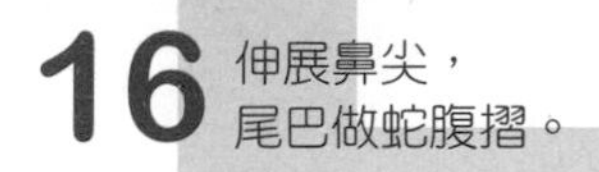

16 伸展鼻尖，尾巴做蛇腹摺。

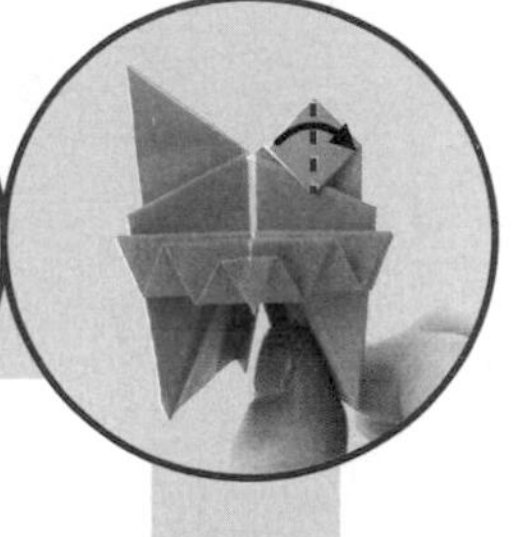

11 如圖般將☆處凸摺。另一側也同樣進行。

12 將尾巴往上拉，做成後腳。

13 如圖般摺出摺痕，打開壓扁成四角形。

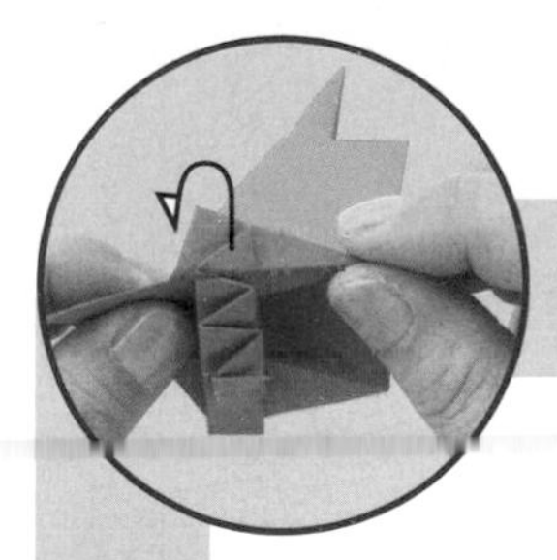

拿住根部，尾巴往上拉，等稍微拉出腳後，再重新確實地壓摺尾巴。

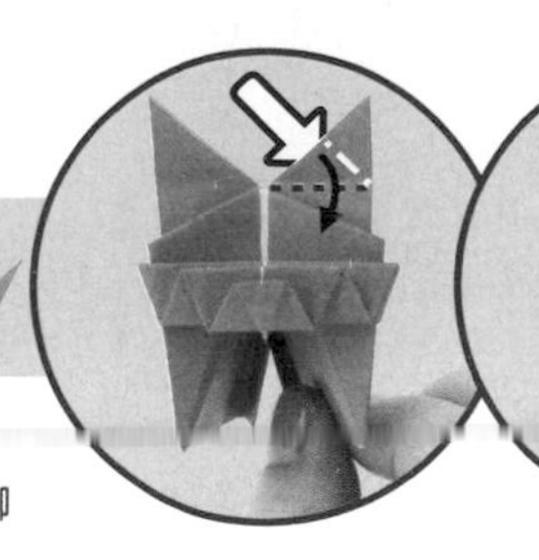

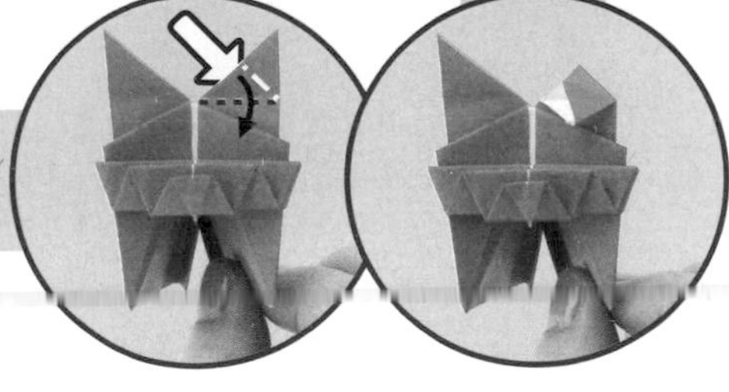

10 改變拿法，如圖般部分重新做成凸摺線。像要包入般地在中央線做凸摺。

9 打開，以蛇腹摺做成鼻尖。

8 如圖般做凸摺。

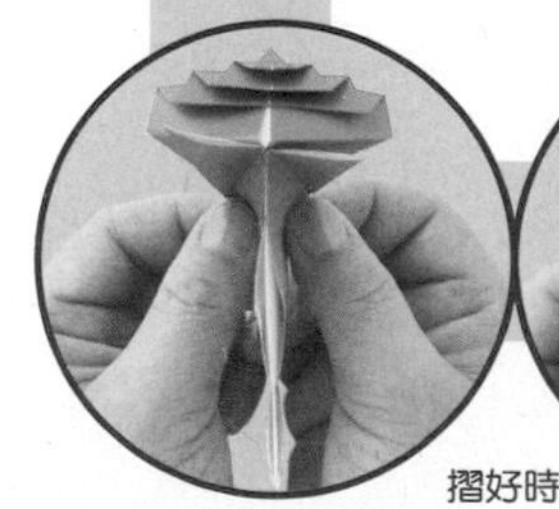

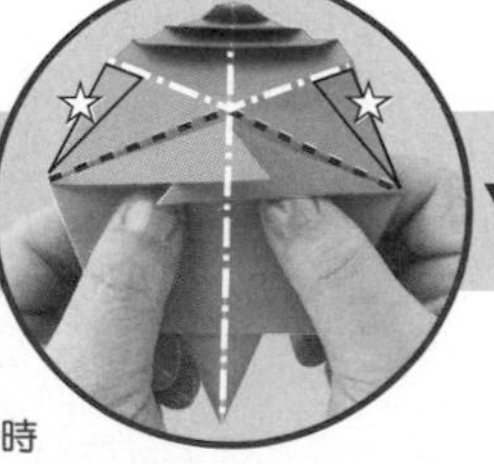
摺好時

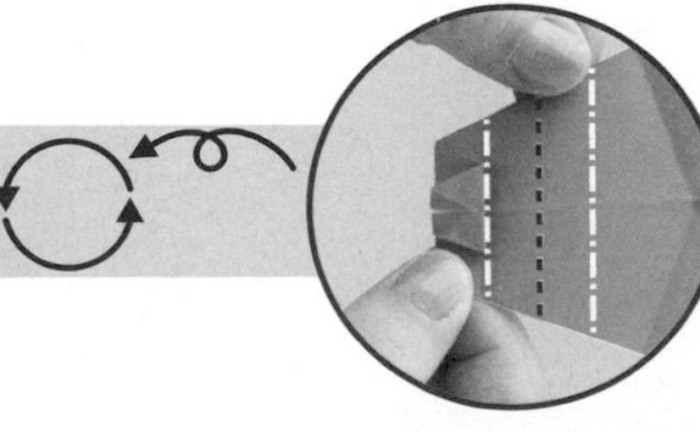

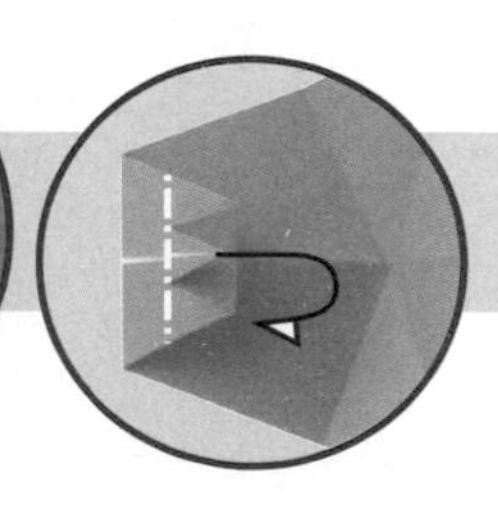

鶴

普通

1 如圖般摺出摺痕。
讓3個☆和★重疊。

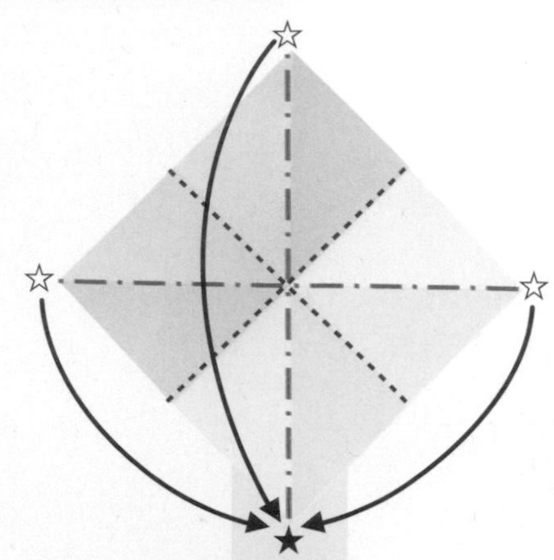

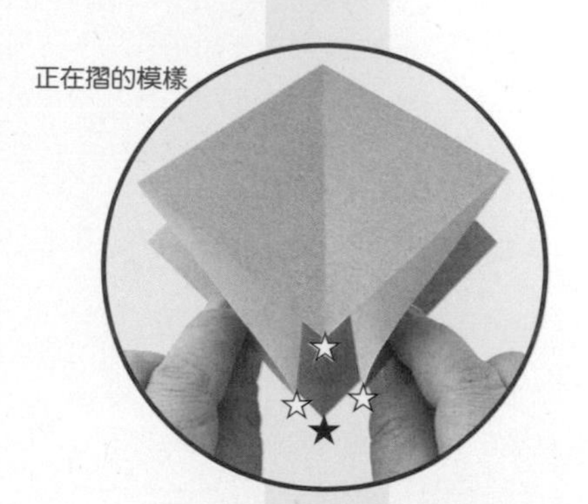

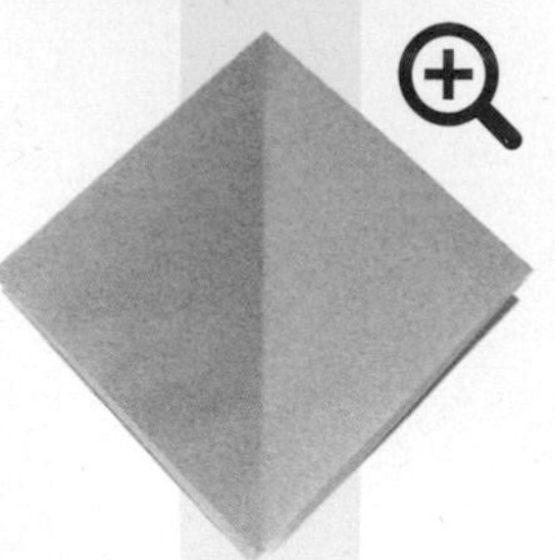

2 開口的一邊朝下，
左右角對齊中央線摺出摺痕。

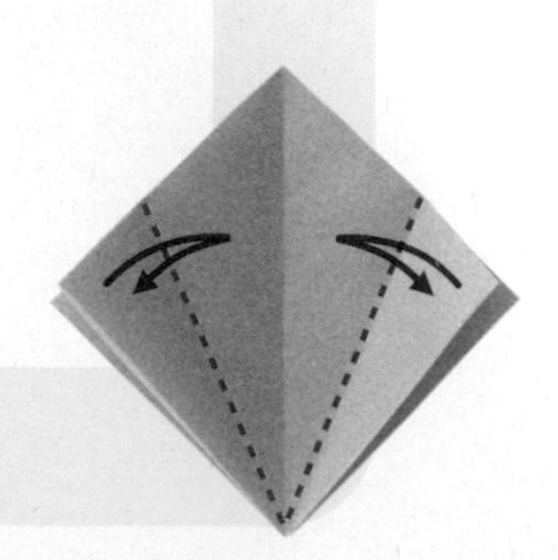

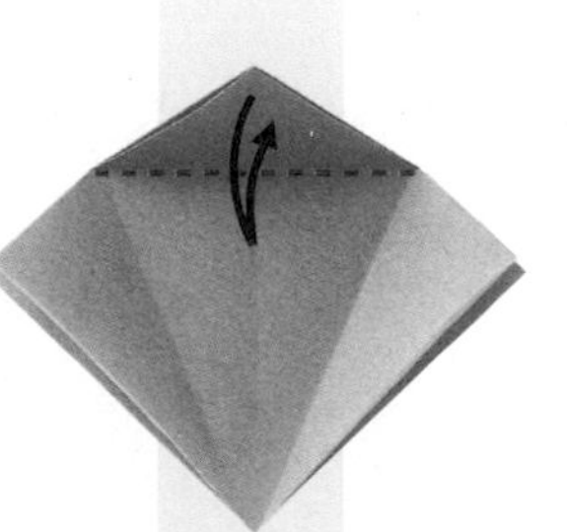

3 如圖般加入橫向摺痕。

4 打開上面1張，
利用摺痕摺疊。

5 背面摺法也相同。

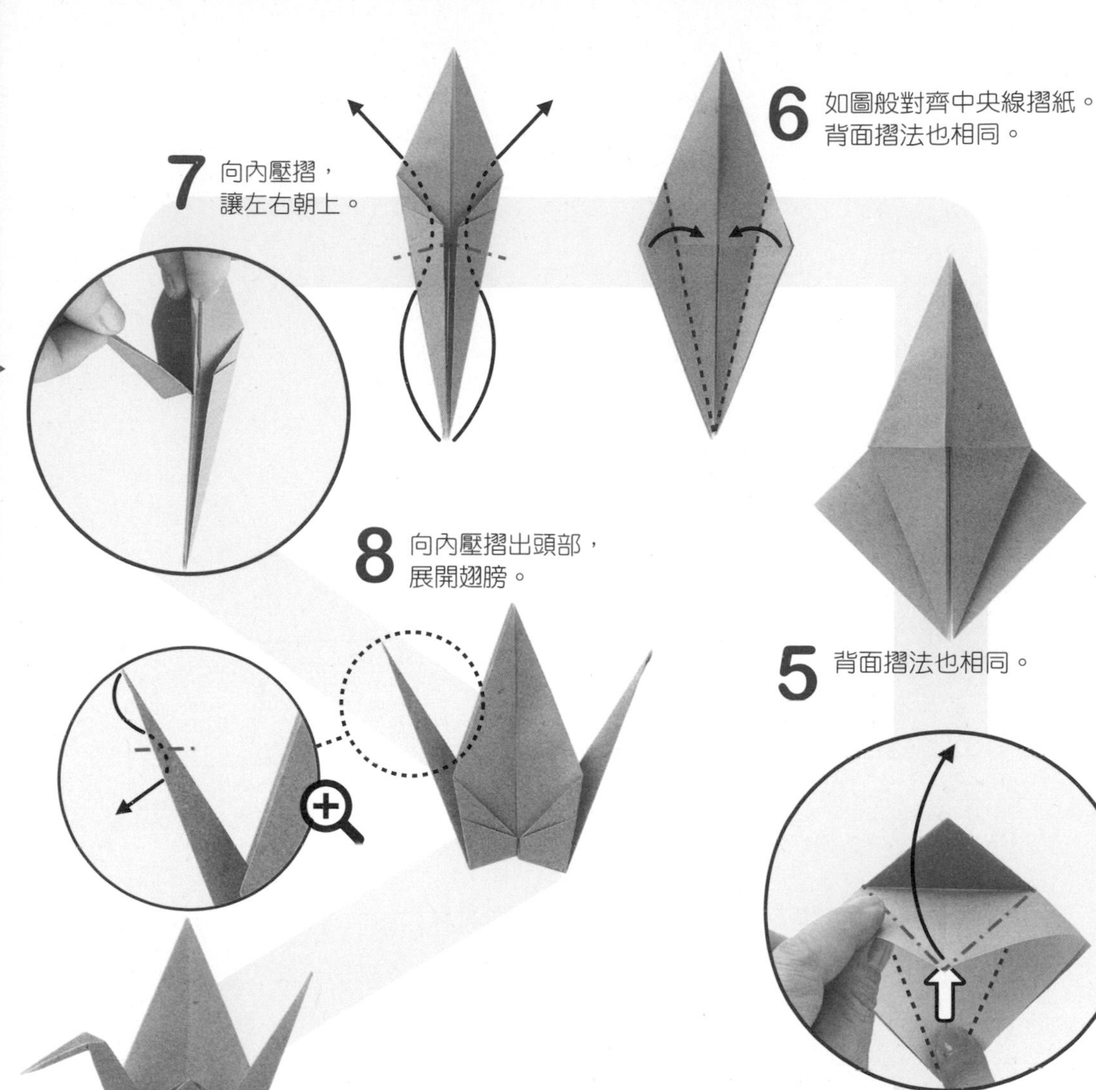

6 如圖般對齊中央線摺紙。
背面摺法也相同。

7 向內壓摺，
讓左右朝上。

8 向內壓摺出頭部，
展開翅膀。

拿住左右翅膀慢慢向側邊拉開，鶴的身體就會鼓起來。

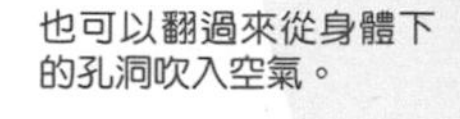

也可以翻過來從身體下的孔洞吹入空氣。

完成！

紅鶴

困難

剪刀

1 如圖般摺出摺痕。

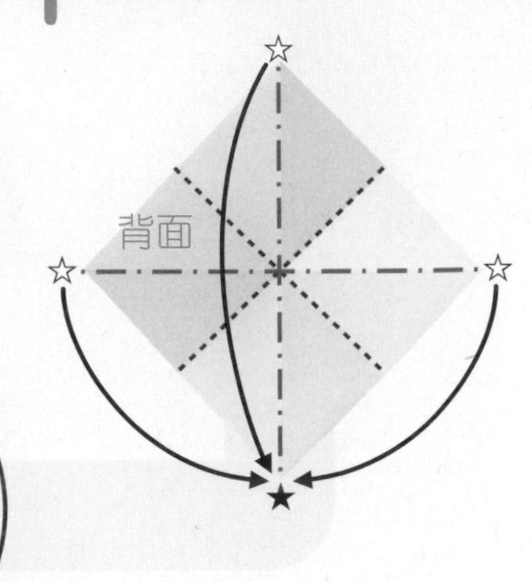

2 3個☆和★重疊。

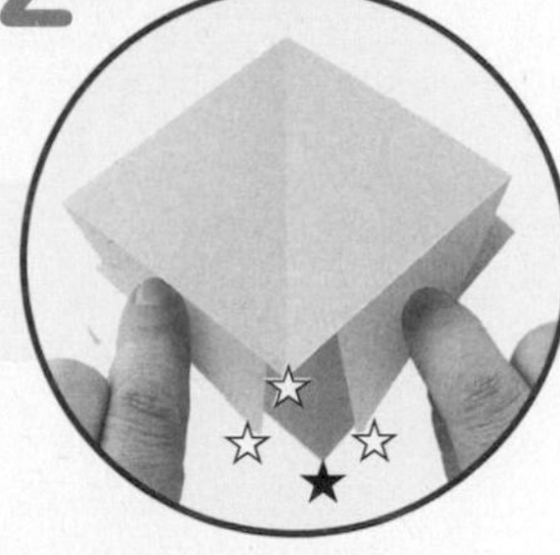

正在摺的模樣

3 左右角如圖般對齊中央線做出摺痕。

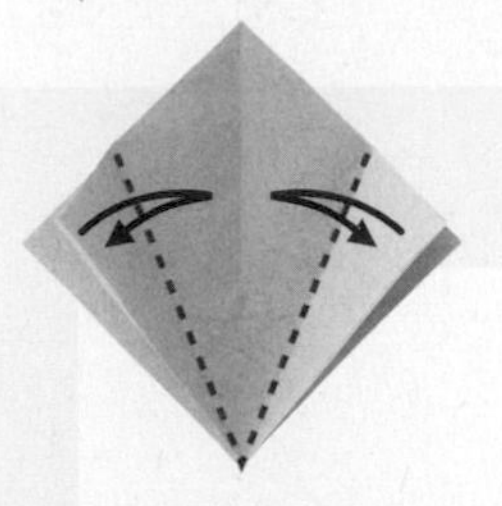

4 如圖般加入橫向摺痕。

5 打開上面1張，利用摺痕摺疊。

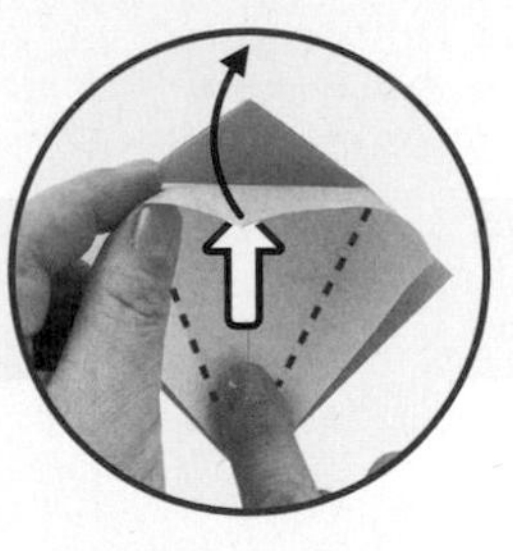

6 背面摺法也相同。

7 如圖般對齊中央線摺疊。背面摺法也相同。

8 上面1張如圖般斜摺，做成翅膀。背面摺法也相同。

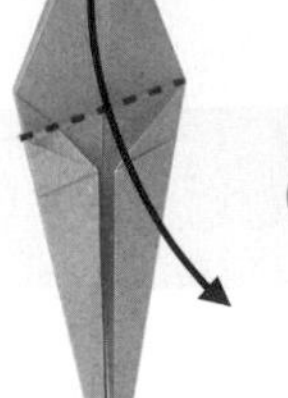

摺好時

9 如圖般，從腳的根部向內壓摺，往上拉高做成脖子。

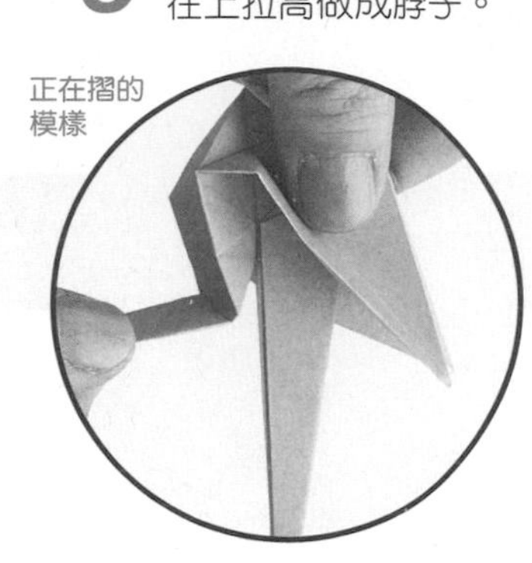

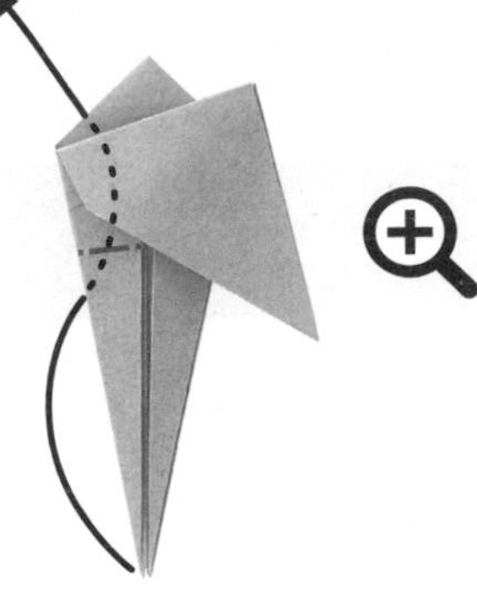

10 做凸摺。背面摺法也相同。

11 打開，做好階梯摺後覆蓋脖子末端，做成頭部。

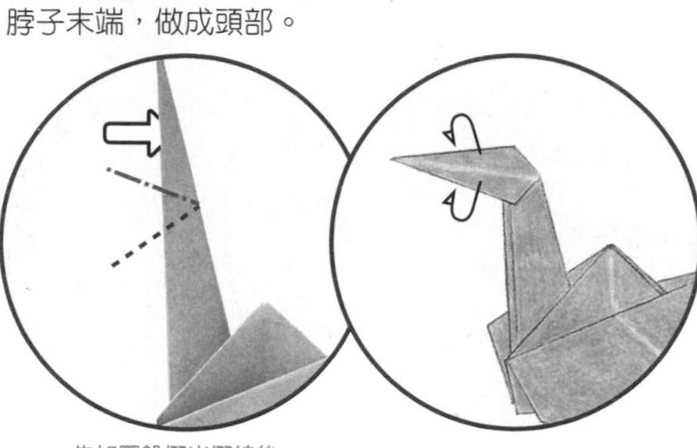

先如圖般摺出摺線後再摺會比較容易。

12 同樣做好階梯摺後蓋住，做成嘴巴。

13 腳部中央剪開。

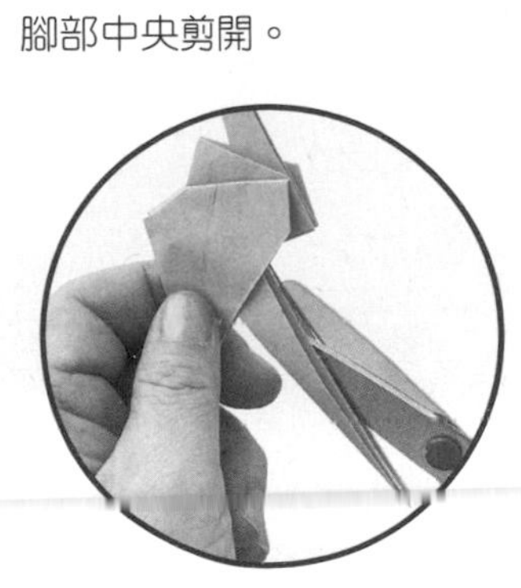

14 上面1張向內壓摺。

15 末端再向內壓摺。下面的腳部末端也向內壓摺。

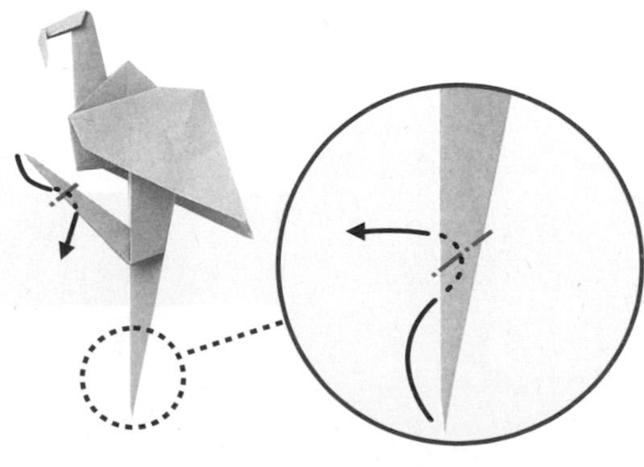

完成！

點頭紅牛（牛）

普通

使用 2 張色紙和 1 張
對半裁剪的色紙。

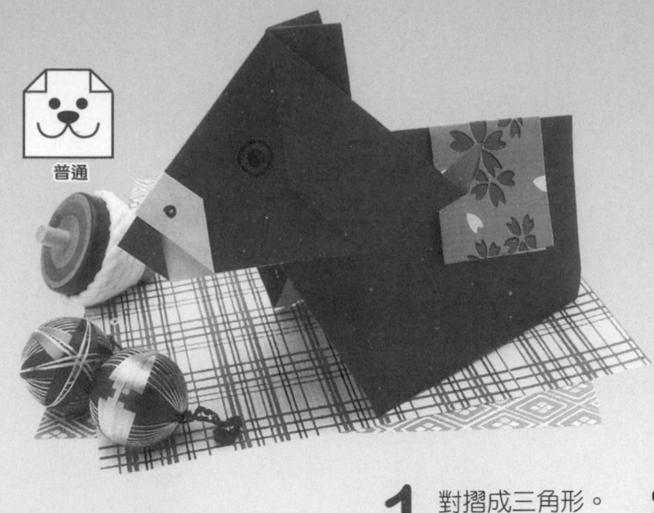

【點頭紅牛的頭】

1 對摺成三角形。

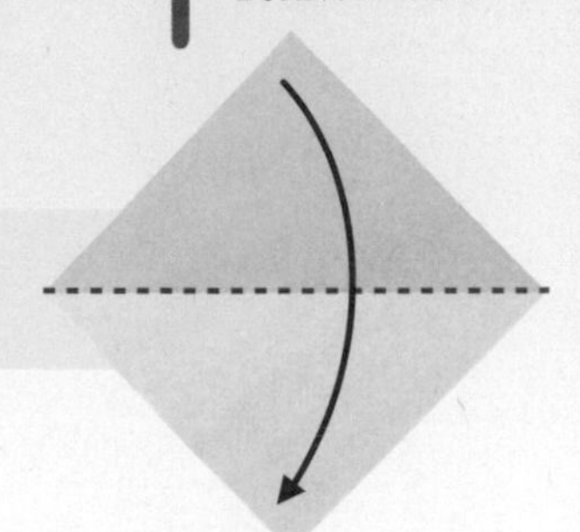

2 再對摺成三角形。

3 上面1張對摺。
背面摺法也相同。

4 上面1張如圖在4等分處摺疊。
背面摺法也相同。打開中間。

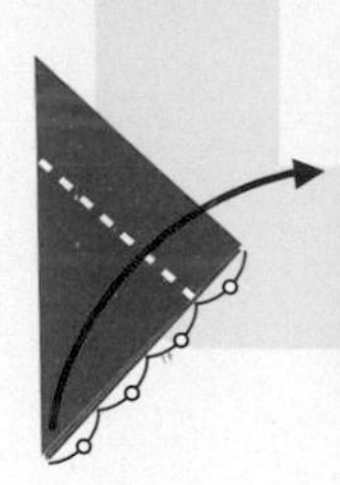

5 凸摺後摺向內側。

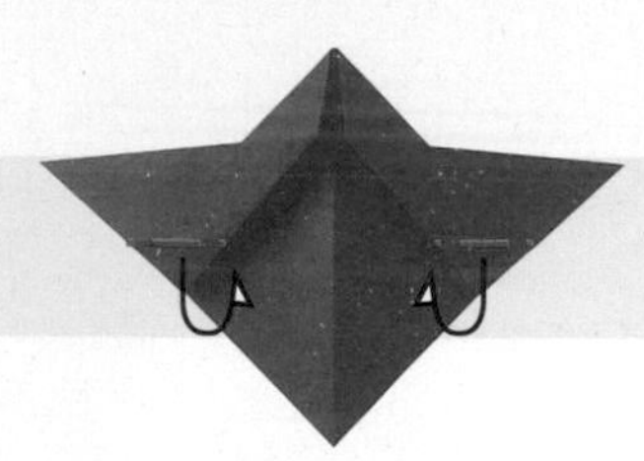

6 上面1張在4等分
處摺疊。

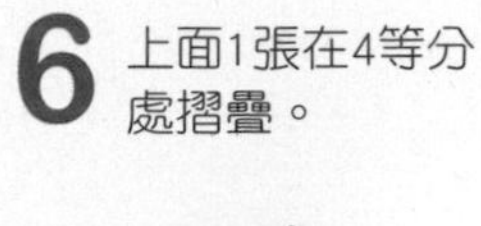

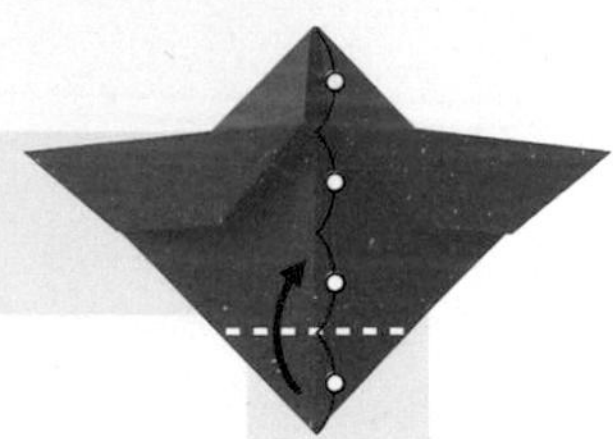

7 對半凸摺。

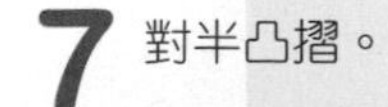

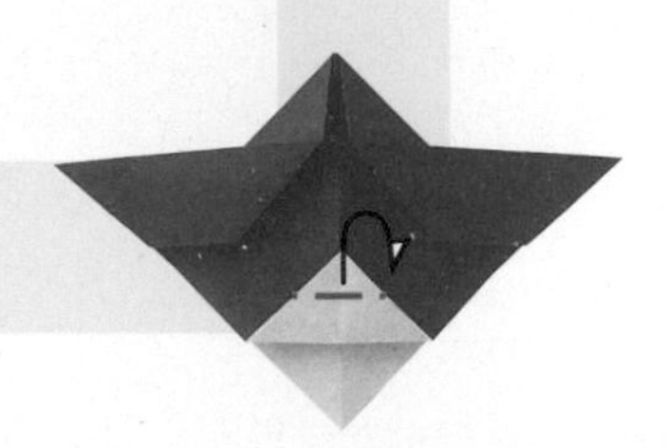

8 如圖般摺疊，
讓☆稍微摺入★的下方。

9 對半凸摺。

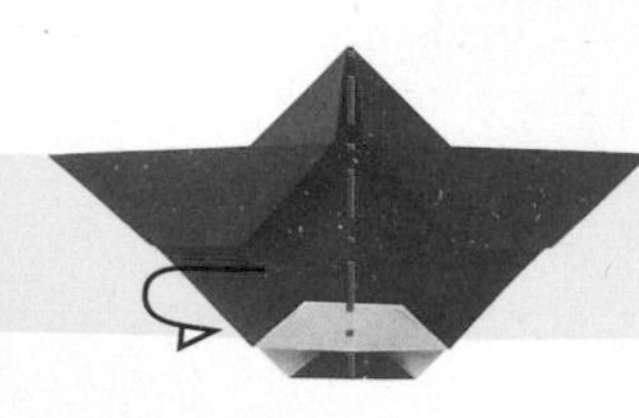

10 對摺做出摺痕，向內壓摺後，打開頭部。

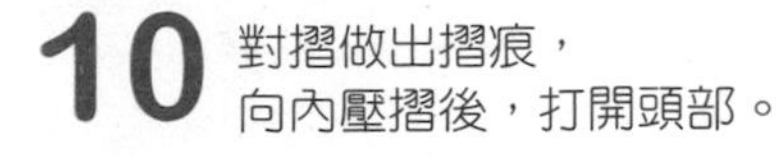

11 如圖般摺疊末端，做成牛角。

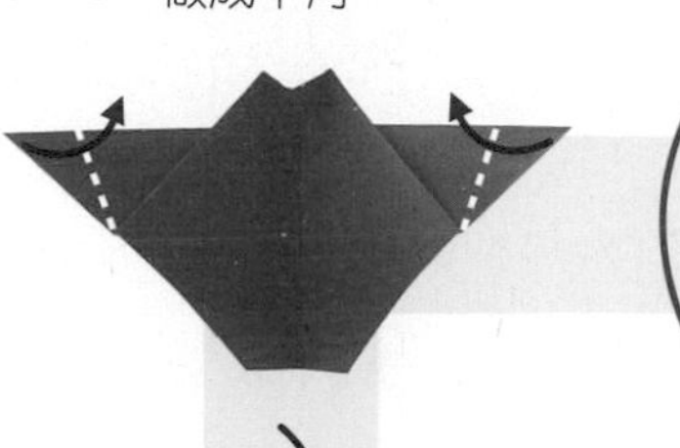

頭部完成！

【點頭紅牛的身體】

1 左右角對齊中間的中央線。

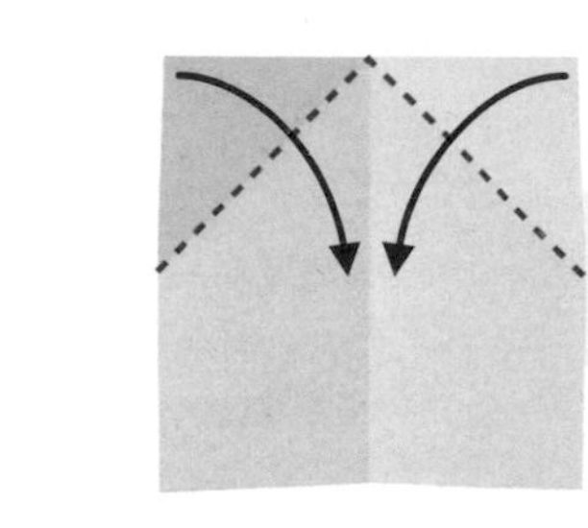

2 在★和☆（如圖般將單側分成4等分）的連結線做凹摺。

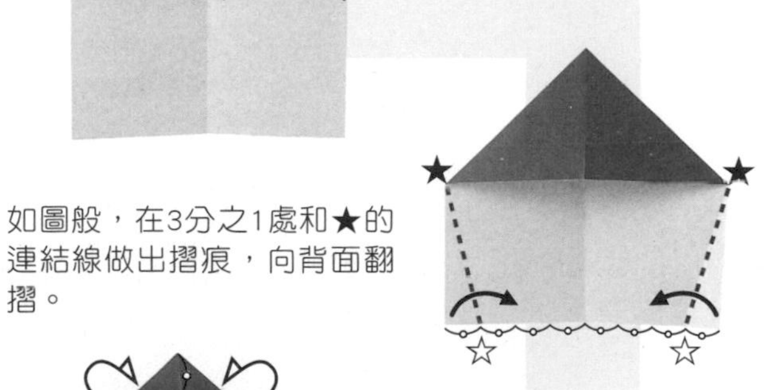

3 如圖般，在3分之1處和★的連結線做出摺痕，向背面翻摺。

身體完成！

身體的裝飾

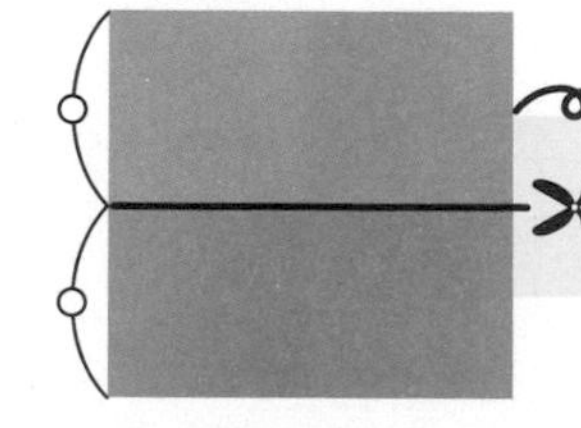

對半裁剪。

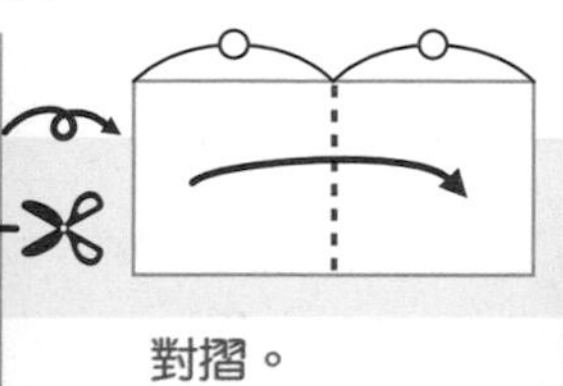

對摺。

一起對摺。

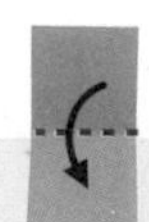

再次對摺，夾在身體上。夾的時候要考慮到平衡。

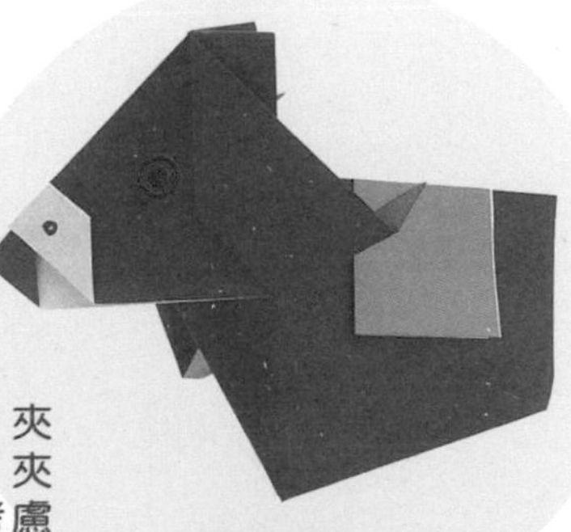

完成！

坐姿大象

普通　黏膠

使用 2 張色紙來製作。

【大象的頭部】

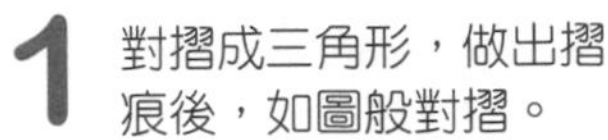

1 對摺成三角形，做出摺痕後，如圖般對摺。

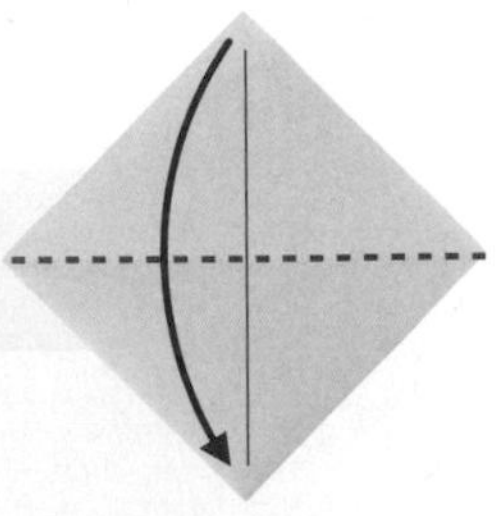

2 對齊中央線摺疊。

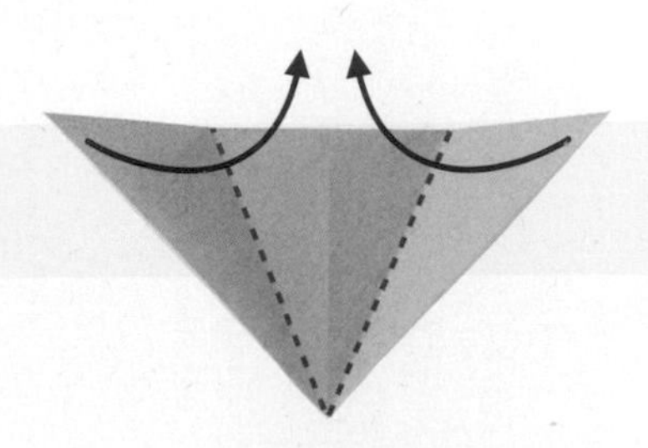

3 在中央線中心與左右角的連結線上摺疊。

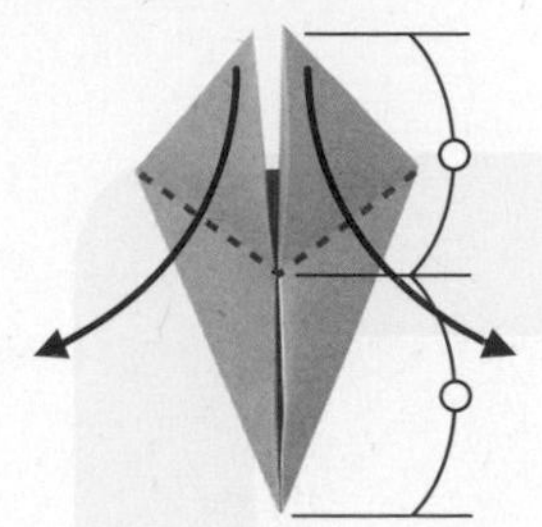

4 在☆處小小地凹摺。

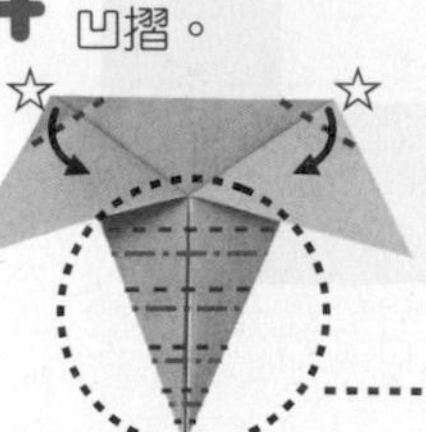

5 如圖般做4次階梯摺。最後在末端做凹摺。

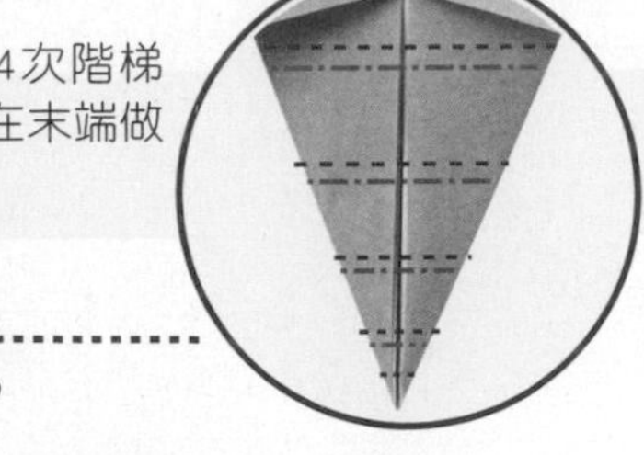

頭部完成！

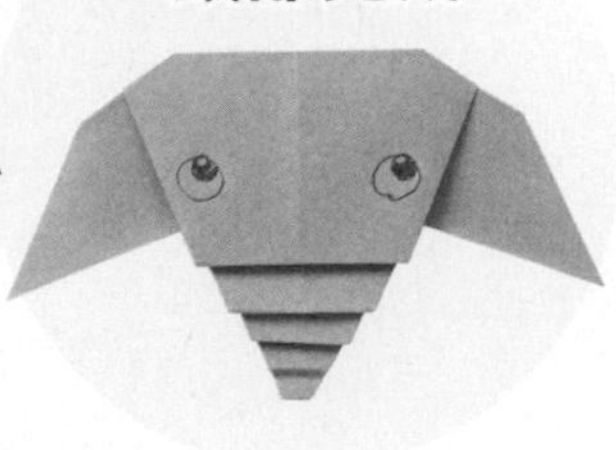

【大象的身體】

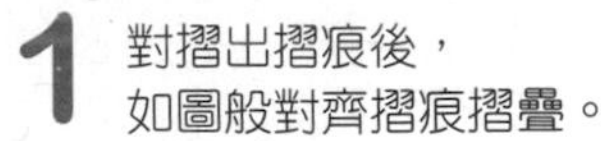

1 對摺出摺痕後，如圖般對齊摺痕摺疊。

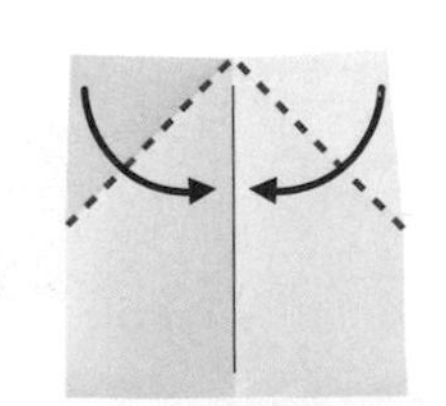

2 下面的部分對摺出摺痕後，在中央線左右對摺。

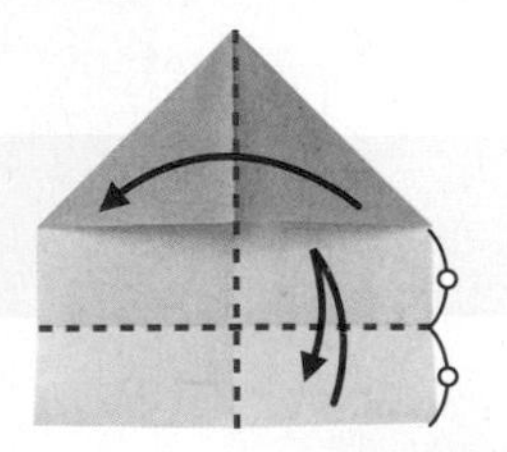

3 如圖般摺出摺痕。

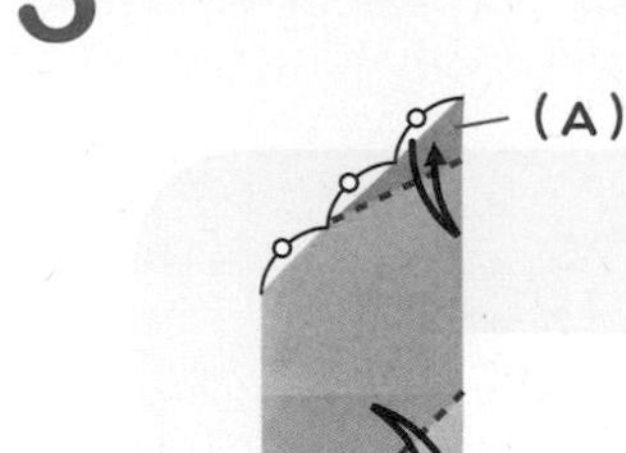

4 將（A）向外反摺。重新做出摺痕，讓下面的★和☆貼附在一起。

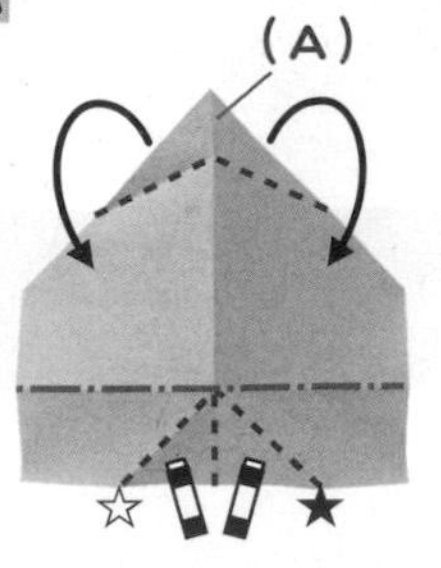

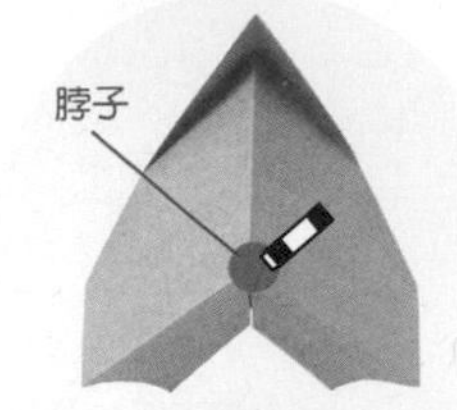

身體完成！

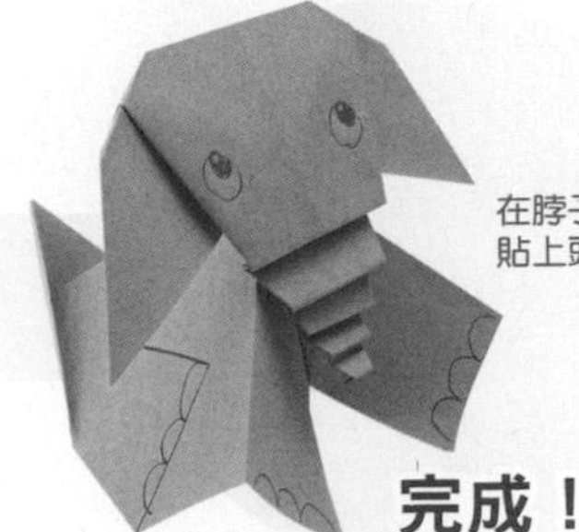

在脖子的地方貼上頭部。

完成！

豬

普通

1 上下對齊中央線的摺痕來摺紙。

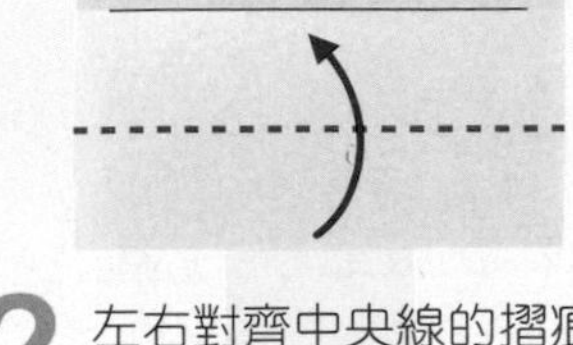

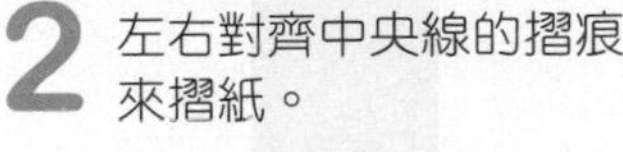

2 左右對齊中央線的摺痕來摺紙。

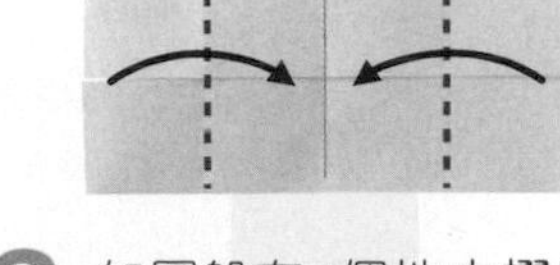

3 如圖般在4個地方摺出摺痕。

4 重新做出凸摺線，只有上面1張打開摺疊。另一邊的摺法也相同。

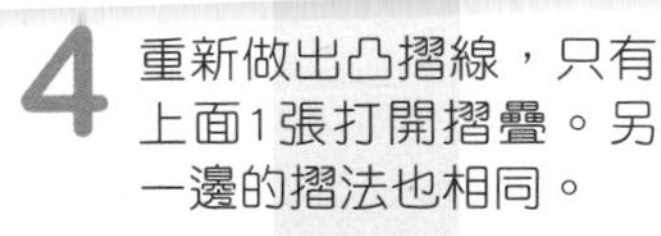

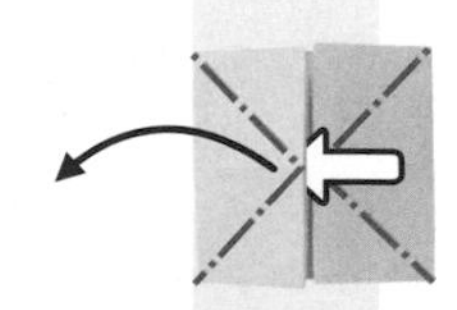

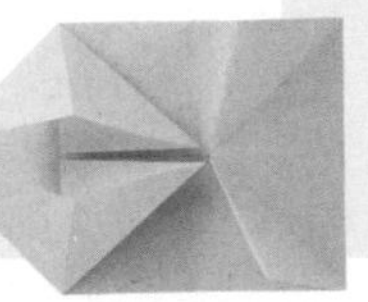

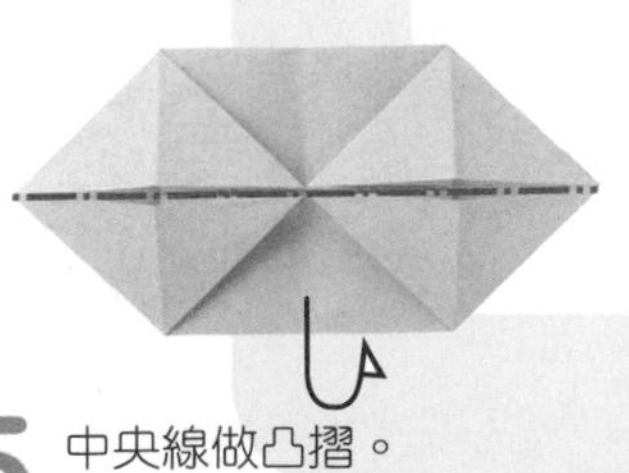

5 中央線做凸摺。

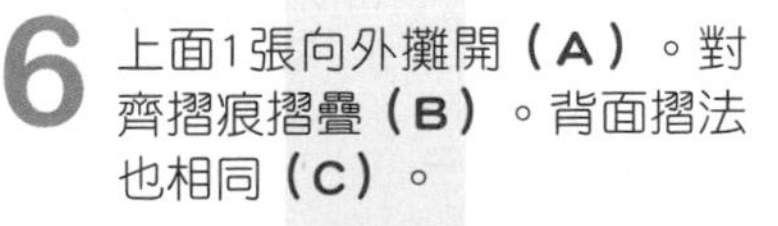

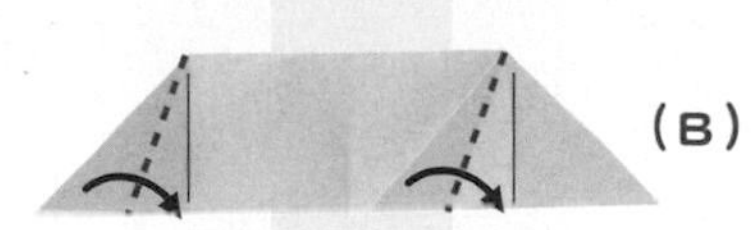

6 上面1張向外攤開（A）。對齊摺痕摺疊（B）。背面摺法也相同（C）。

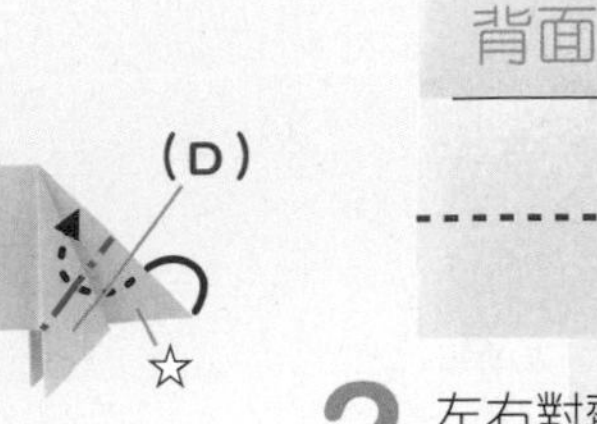

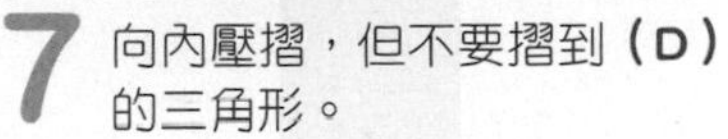

7 向內壓摺，但不要摺到（D）的三角形。

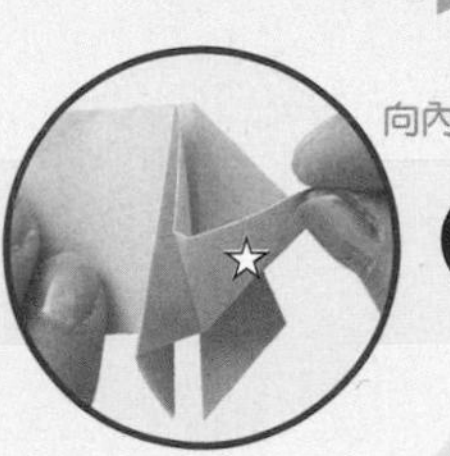

8 只有☆的中間向內壓摺，做成尾巴。

9 如圖般向內壓摺，做成鼻頭。

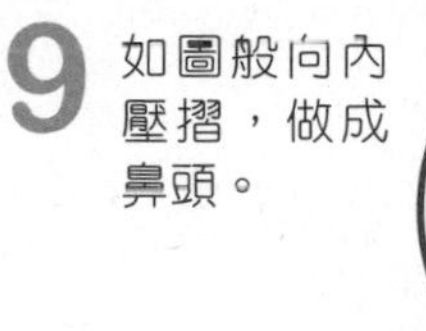

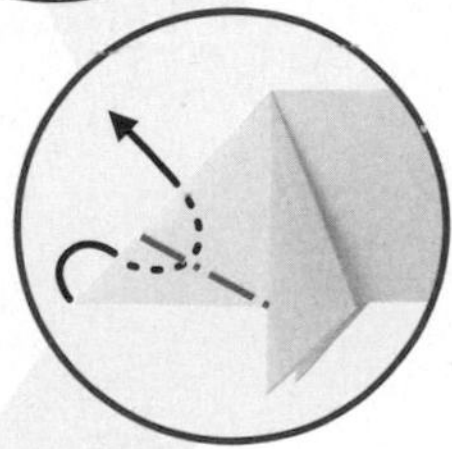

10 和前面一樣，再做一次向內壓摺。

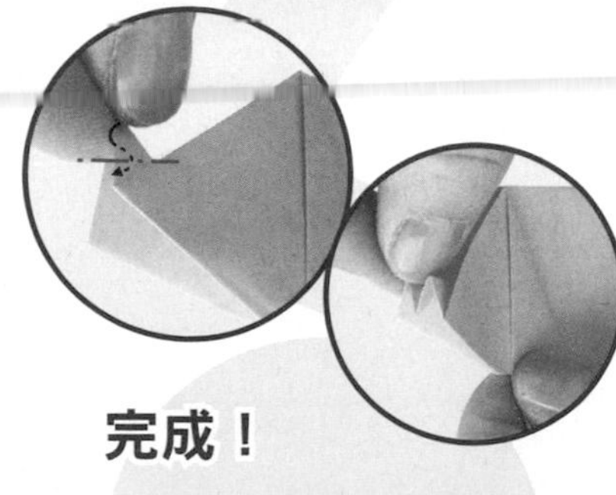

完成！

河馬

普通

剪刀

黏膠

使用 2 張色紙來製作。

【河馬的頭部】

1 對摺成三角形。

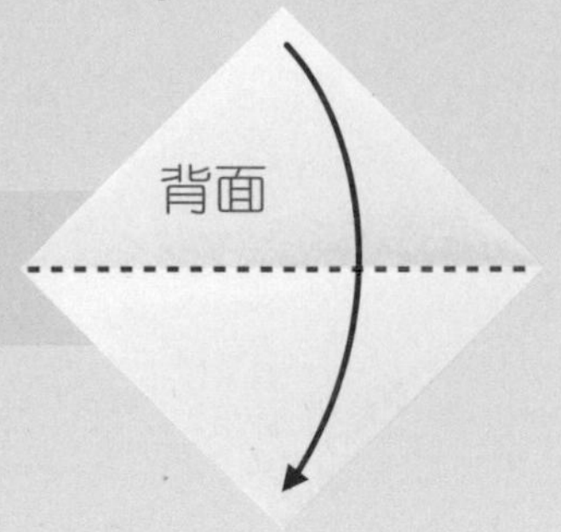

2 2張重疊地在下面4分之1處做凹摺。

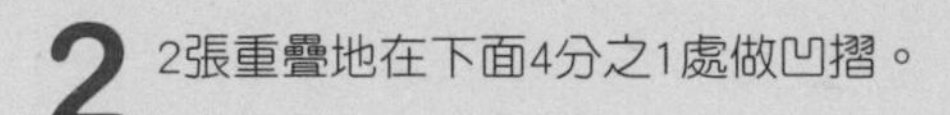

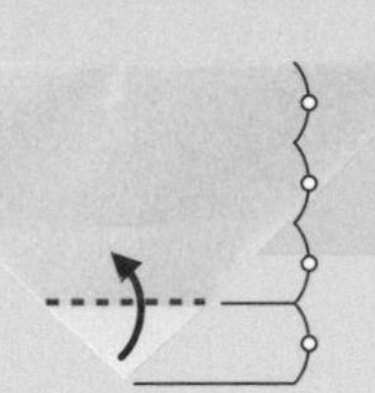

3 2張分開，將上面1張剛剛摺好的角往下摺；
下面1張保持不變，上下重疊。

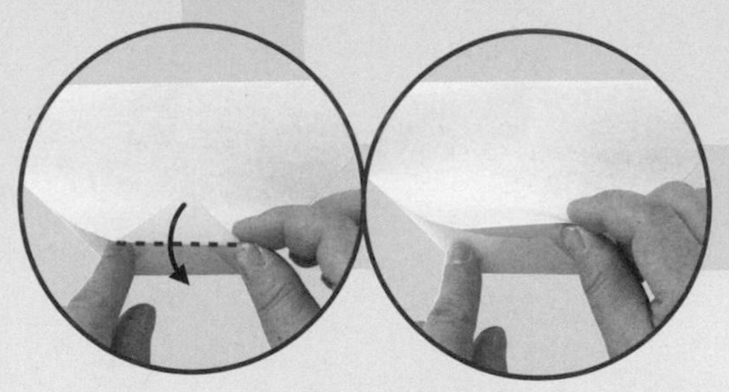

4 讓有☆記號的邊和下面有★記號的
邊平行地摺出摺痕。

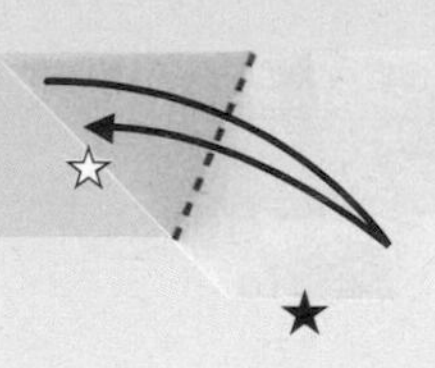

5 對齊步驟4的摺痕，
直接做捲摺。

6 另一邊同樣做捲摺。

7 翻面，下面的左右2處只在上
面1張做凹摺。相當於耳朵的
上面也在2處做凹摺。

8 如圖般摺出摺痕後，利用摺痕，打開耳朵壓平根部。另一邊的耳朵也同樣進行。

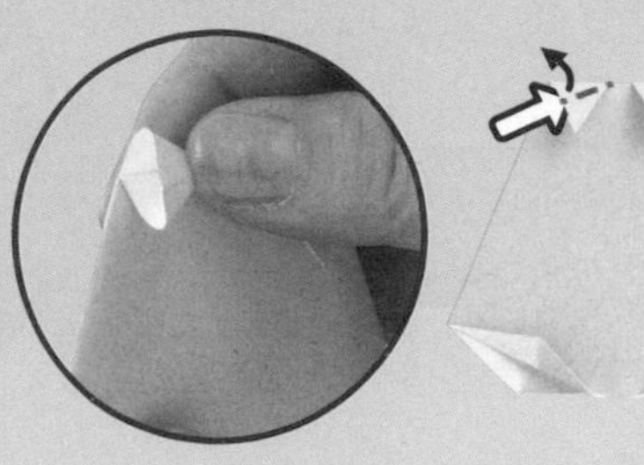

頭部完成！

【河馬的身體】

9 對摺成三角形，摺出摺痕後，如圖般再摺成三角形。

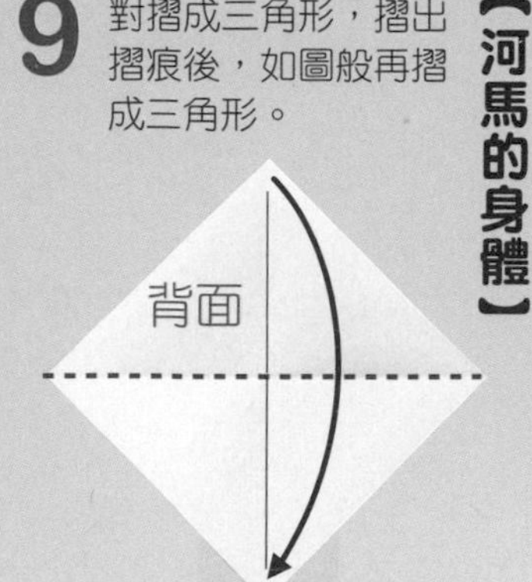

10 對齊中央線，左右做凹摺。

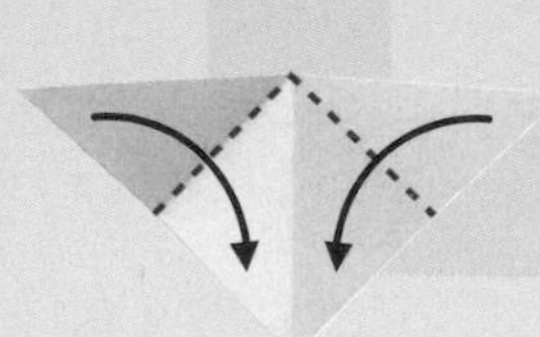

11 將2個角向上摺成三角形。

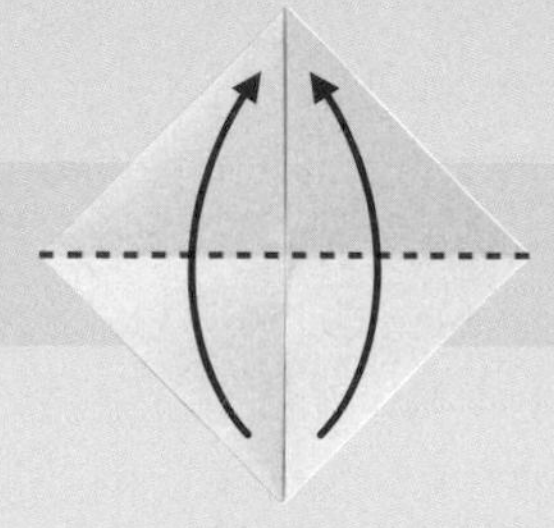

12 將2個角如圖般做凹摺。

13 將上面1張如圖般在中央線剪開。

14 剪開的地方以凹摺打開，做成後腳，兩側的角也對齊中央線做凹摺。

15 如圖般做階梯摺，摺成尾巴。

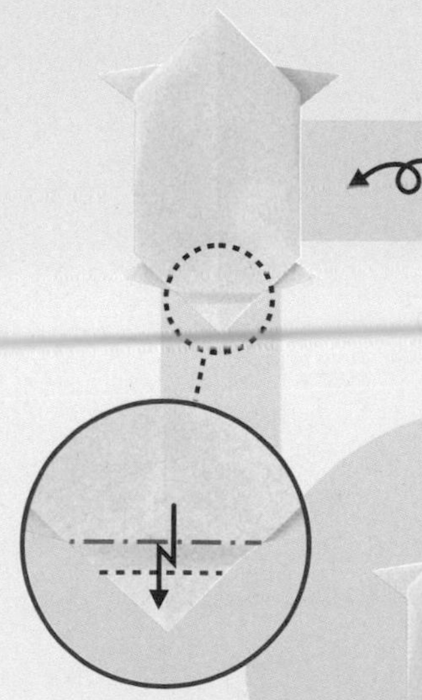

脖子

尾巴

身體完成！

16 裝上頭部。

完成！

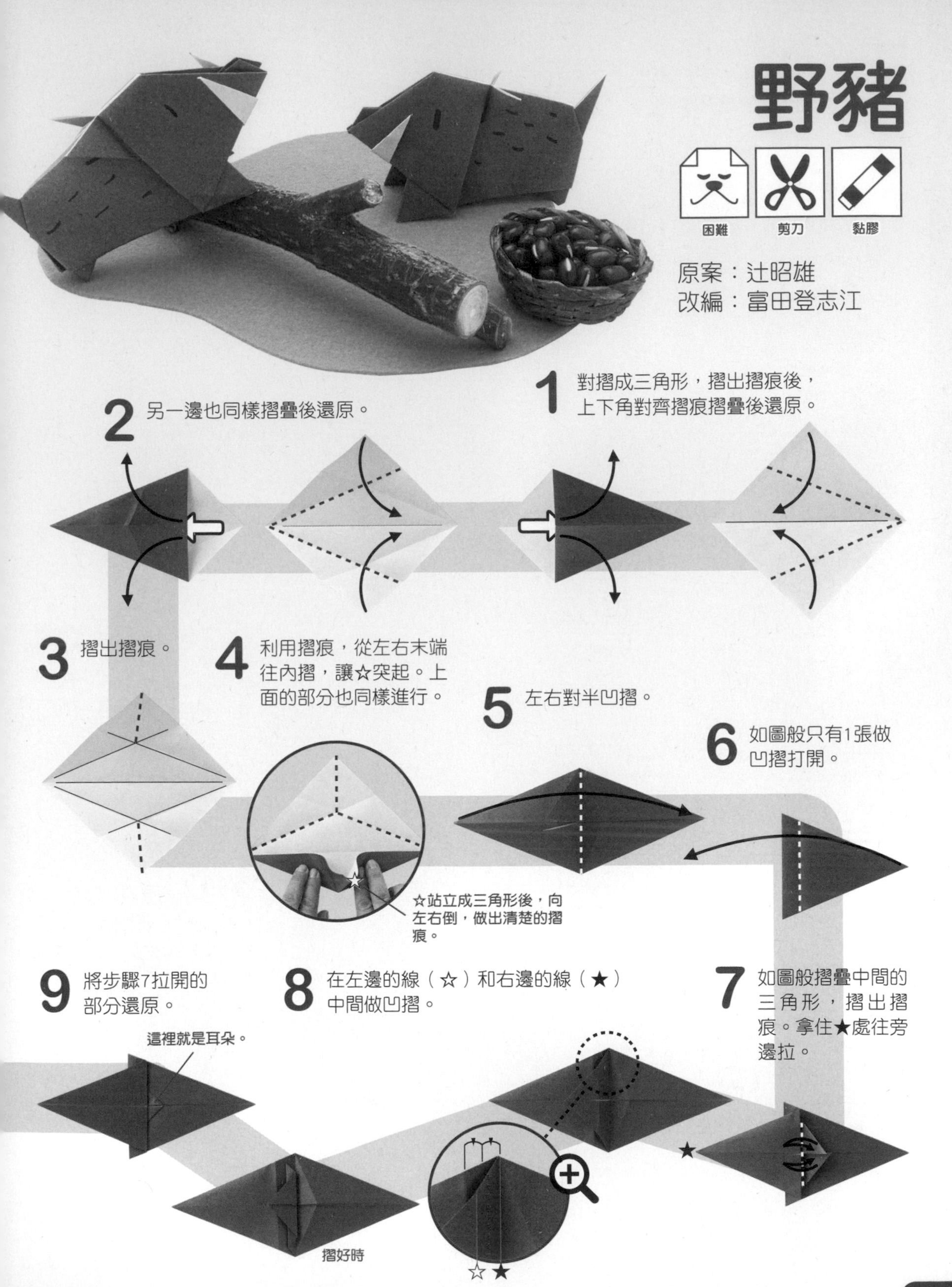

野豬
困難
剪刀
黏膠
原案：辻昭雄
改編：富田登志江
1 對摺成三角形，摺出摺痕後，上下角對齊摺痕摺疊後還原。
2 另一邊也同樣摺疊後還原。
3 摺出摺痕。
4 利用摺痕，從左右末端往內摺，讓☆突起。上面的部分也同樣進行。
☆站立成三角形後，向左右倒，做出清楚的摺痕。
5 左右對半凹摺。
6 如圖般只有1張做凹摺打開。
7 如圖般摺疊中間的三角形，摺出摺痕。拿住★處往旁邊拉。
8 在左邊的線（☆）和右邊的線（★）中間做凹摺。
摺好時
9 將步驟7拉開的部分還原。
這裡就是耳朵。

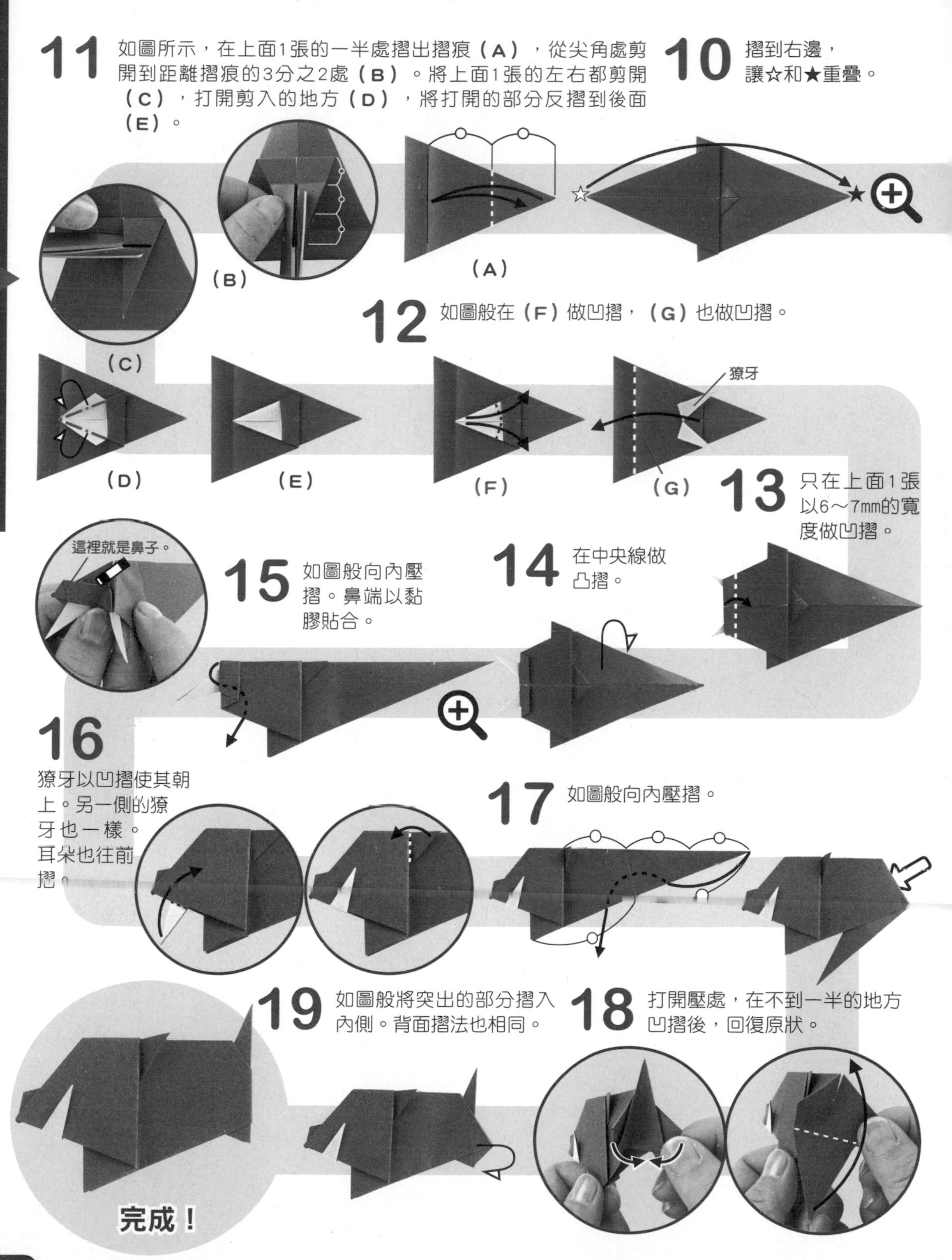
11 如圖所示，在上面1張的一半處摺出摺痕（A），從尖角處剪開到距離摺痕的3分之2處（B）。將上面1張的左右都剪開（C），打開剪入的地方（D），將打開的部分反摺到後面（E）。
10 摺到右邊，讓☆和★重疊。
(A)
(B)
(C)
12 如圖般在（F）做凹摺，（G）也做凹摺。
(D)
(E)
(F)
獠牙
(G)
13 只在上面1張以6～7mm的寬度做凹摺。
這裡就是鼻子。
15 如圖般向內壓摺。鼻端以黏膠貼合。
14 在中央線做凸摺。
16 獠牙以凹摺使其朝上。另一側的獠牙也一樣。耳朵也往前摺。
17 如圖般向內壓摺。
19 如圖般將突出的部分摺入內側。背面摺法也相同。
18 打開壓處，在不到一半的地方凹摺後，回復原狀。
完成！

貓熊

普通

剪刀

1 如圖般摺出摺痕。
讓3個☆和★重疊。

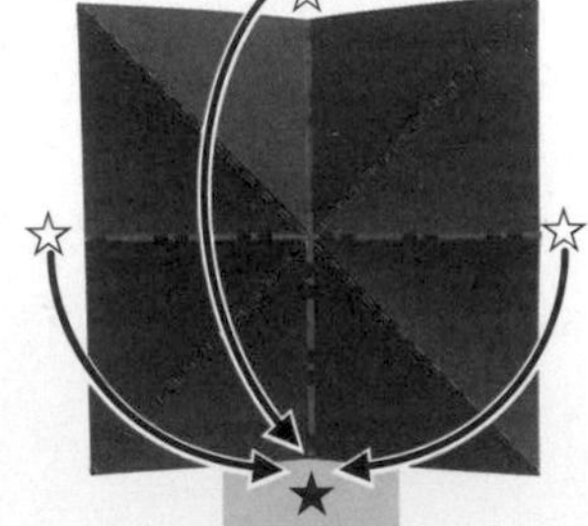

正在摺的模樣

2 對齊中央線，
上面1張如圖般摺疊，
摺出摺痕。

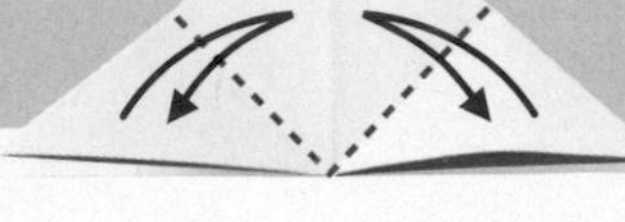

3 如圖般剪入到摺痕處。

4 剪開處（左右角）的上
面1張如圖般摺疊。

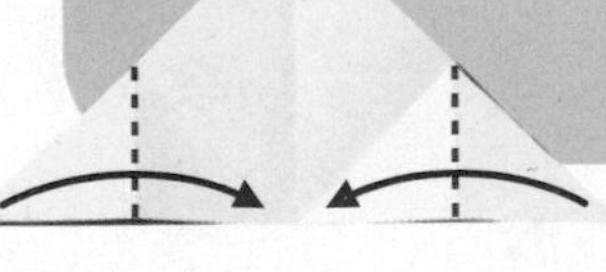

5 上面1張在3等分
處往上摺。

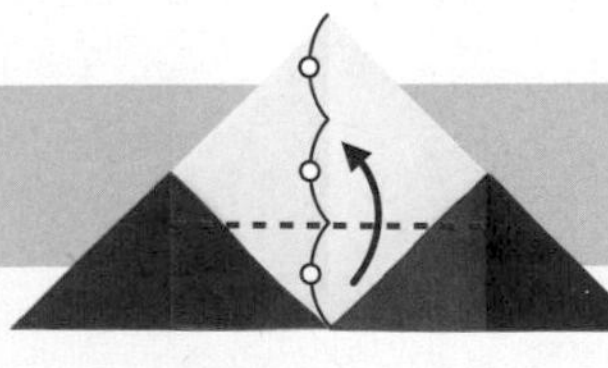

6 上面的三角形往下凹
摺。中間稍微留些間
隔。

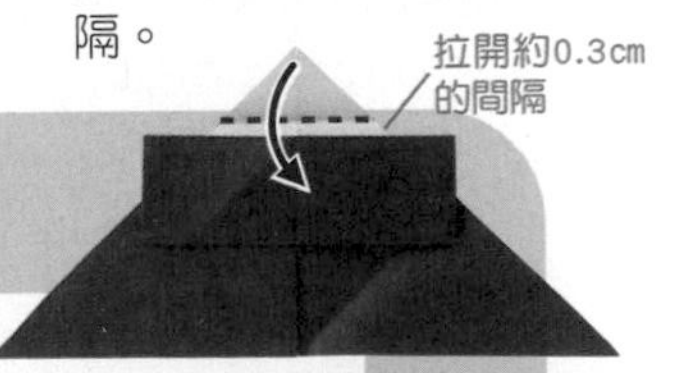

7 左右各離中央線0.5～0.6cm，
如圖般平行地摺疊。

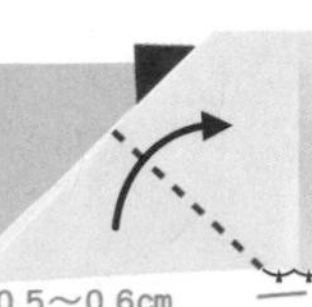

8 如圖般往下摺成
三角形。

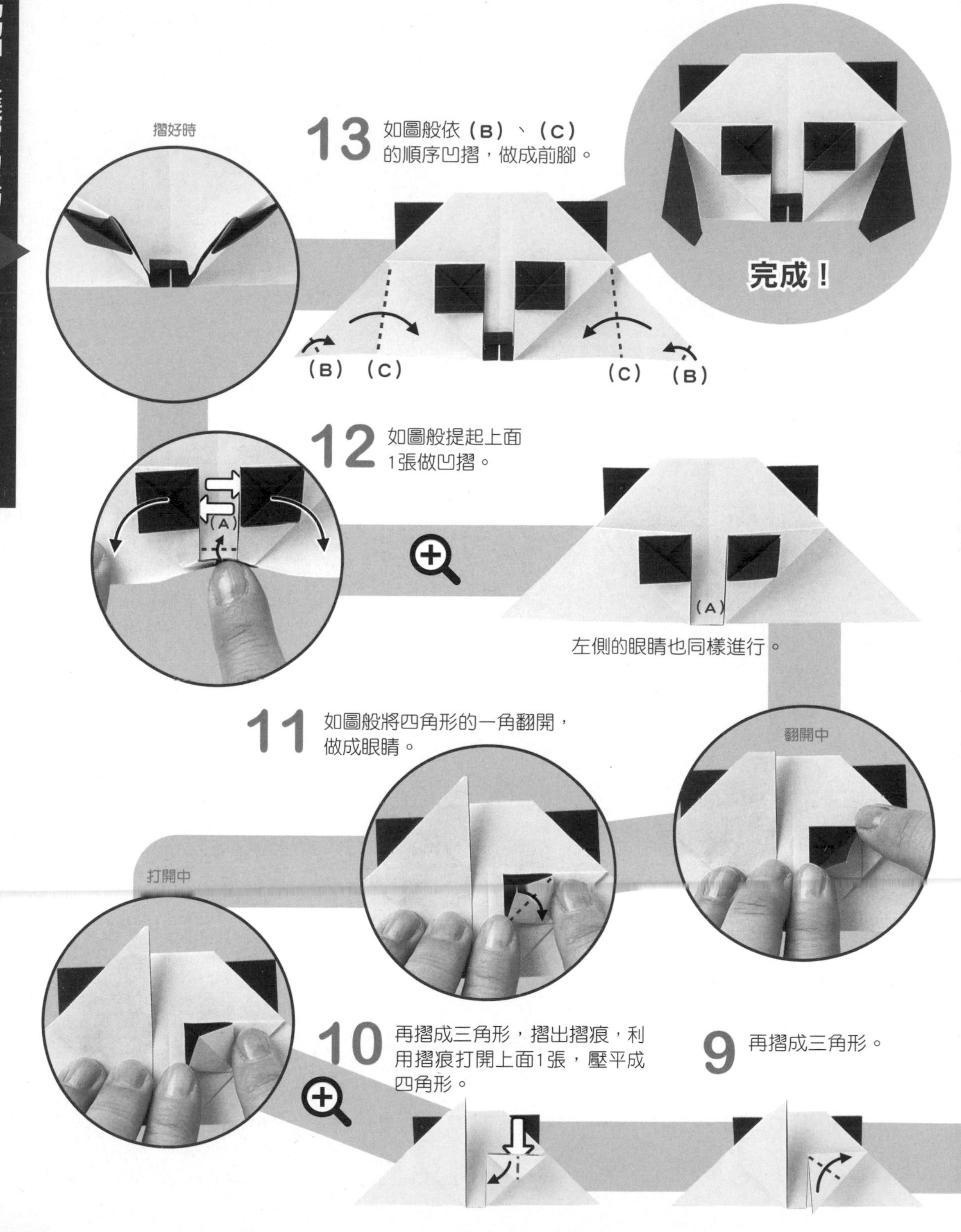
摺好時
13 如圖般依（B）、（C）的順序凹摺，做成前腳。
(B) (C) (C) (B)
完成！
12 如圖般提起上面1張做凹摺。
(A)
(A)
左側的眼睛也同樣進行。
11 如圖般將四角形的一角翻開，做成眼睛。
翻開中
打開中
10 再摺成三角形，摺出摺痕，利用摺痕打開上面1張，壓平成四角形。
9 再摺成三角形。

原案：中島進

老虎

1 對摺成三角形，摺出摺痕後，上下角對齊摺痕摺疊後還原。

2 另一邊也同樣摺好後還原。

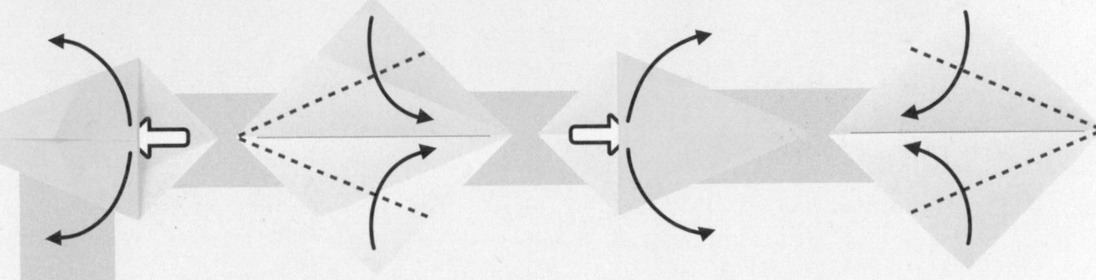

3 摺出摺痕。

4 利用摺痕，從左右末端往內摺，讓☆突起。上面的部分也同樣進行。

5 中央線做凸摺，讓（A）、（B）立起。

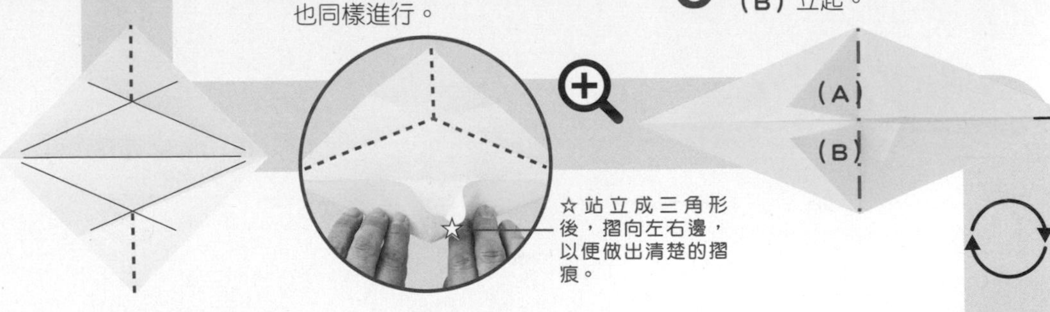

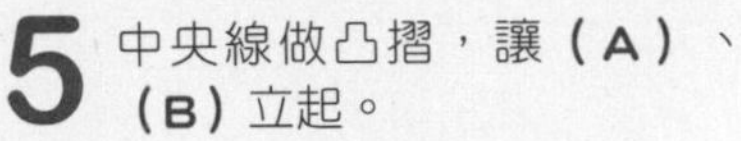

6 換個方向，如圖般將三角形往下凹摺。

7 再次凹摺，讓末端朝上。另一邊的摺法也同步驟6～7。

8 上面1張向上摺到和耳朵高度相同的位置。

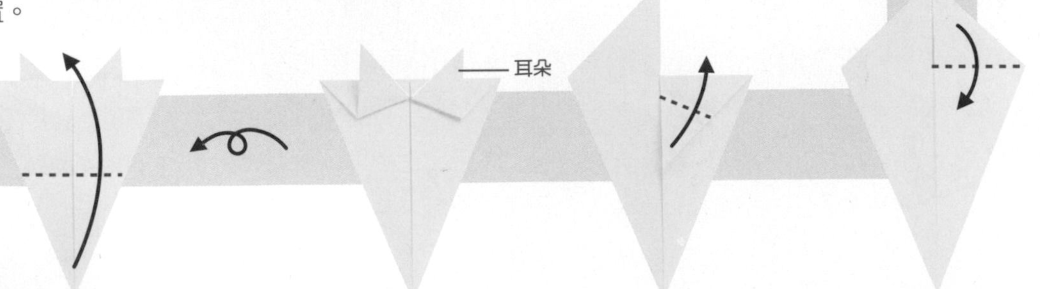

17

如圖般做階梯摺，將末端隱藏在裡面。

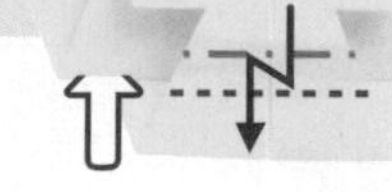

完成！

16

如圖般向上摺疊。

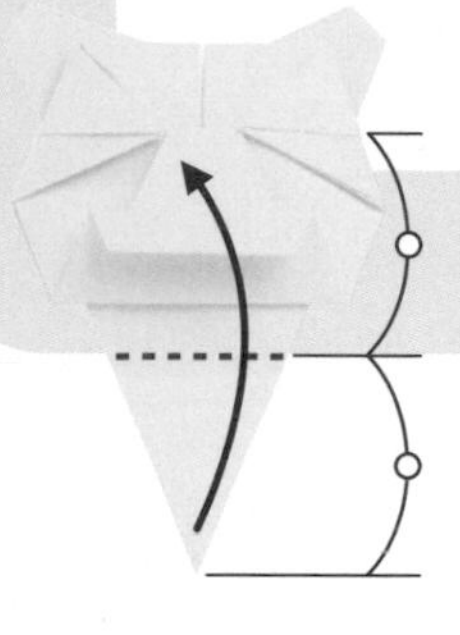

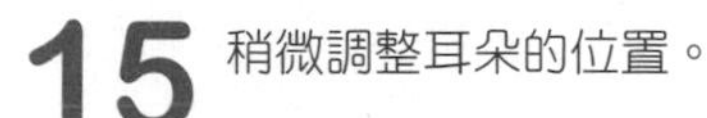

15

稍微調整耳朵的位置。

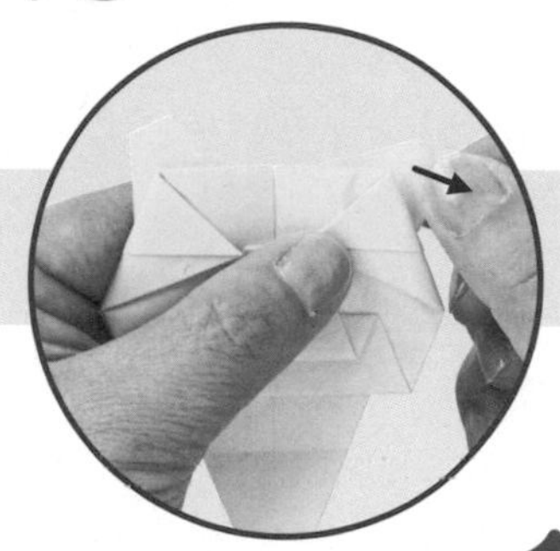

14

插入中間處。

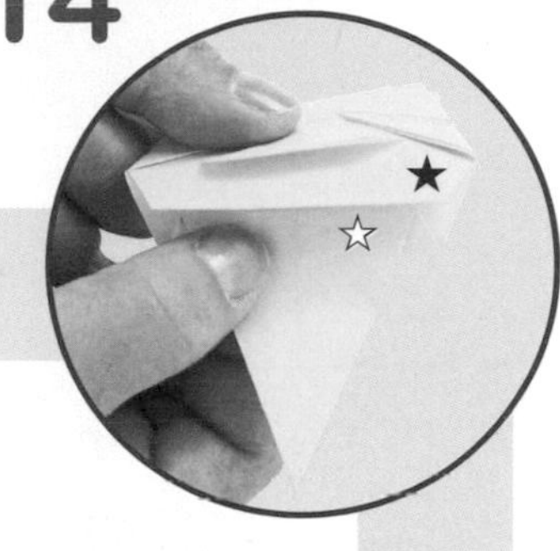

13

如圖般重新做出摺痕。將☆插入★的下面。

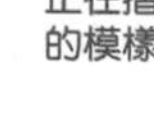

12

對齊下面的摺痕，2張一起摺，回復到步驟11的形狀。

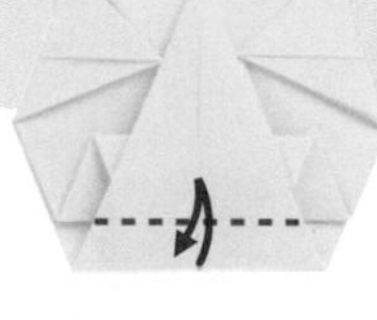

11

以凹摺讓★與☆重疊。耳朵稍微做凸摺。

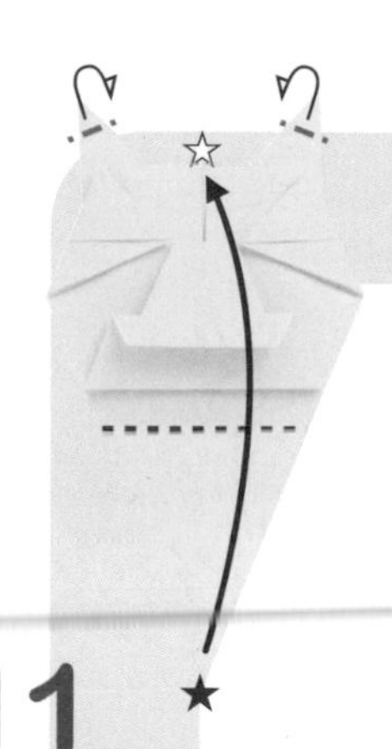

10

依（C）、（D）的順序摺疊，做成鼻子。左右角凹摺，好像附在鼻子上方一樣，做成眼睛。

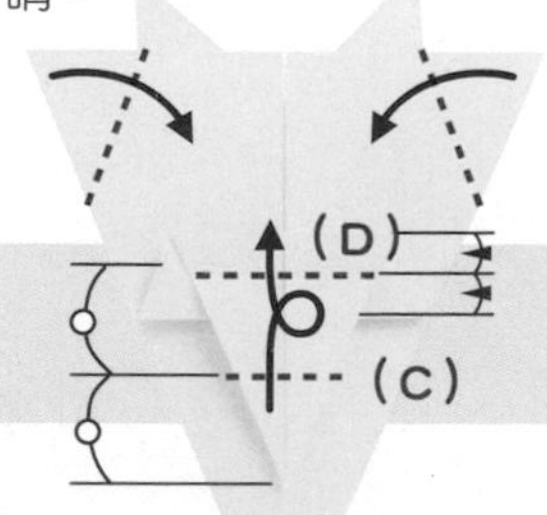

9

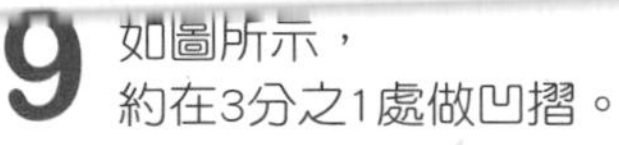

如圖所示，約在3分之1處做凹摺。

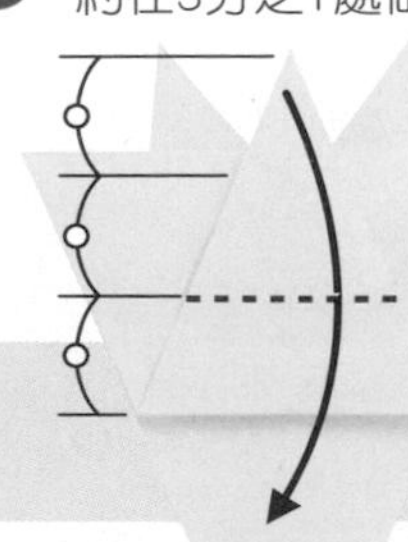

相親相愛的猴子（猴子）

困難

剪刀

原案：中島進

★使用橫向對半裁剪的色紙。

1 對摺，摺出摺痕。

2 剪開中央線到約4分之3處，如圖般摺疊。

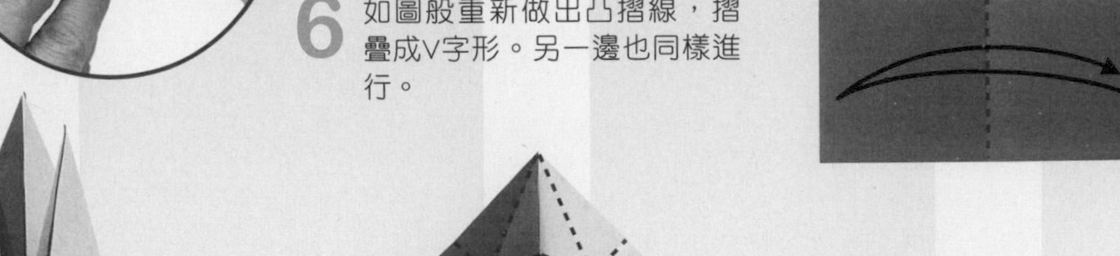

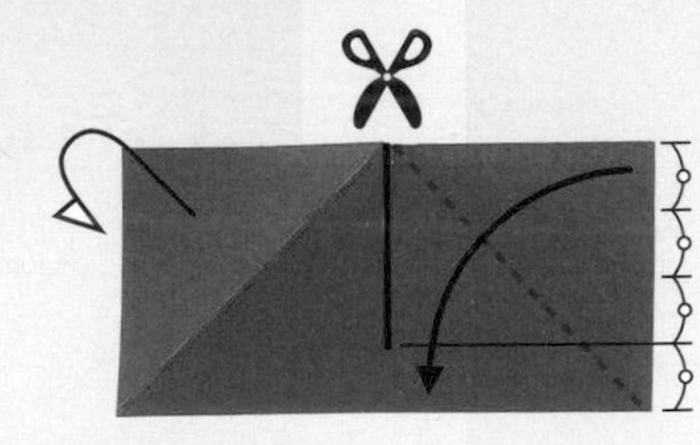

3 2張一起對摺，摺出摺痕。

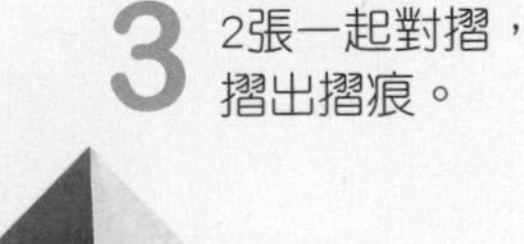

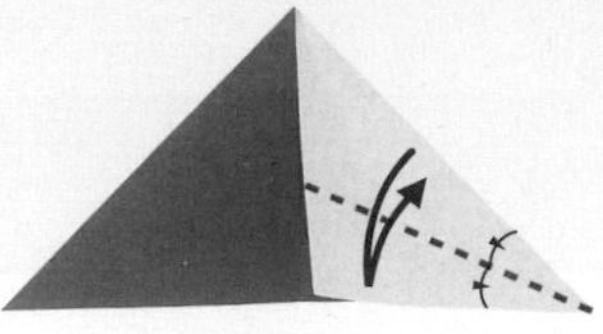

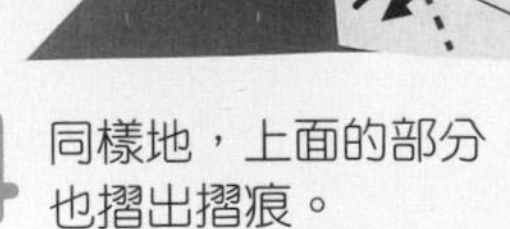

4 同樣地，上面的部分也摺出摺痕。

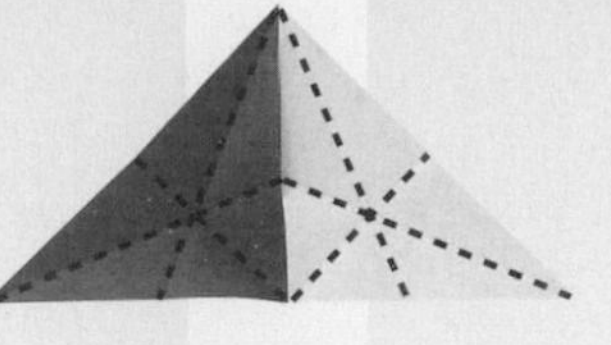

5 再次同樣摺疊，左右共摺出6條摺痕。

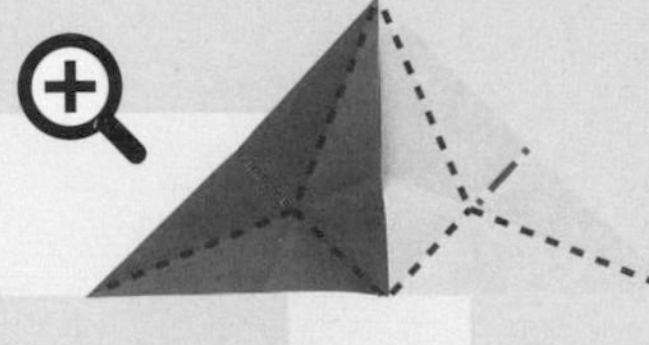

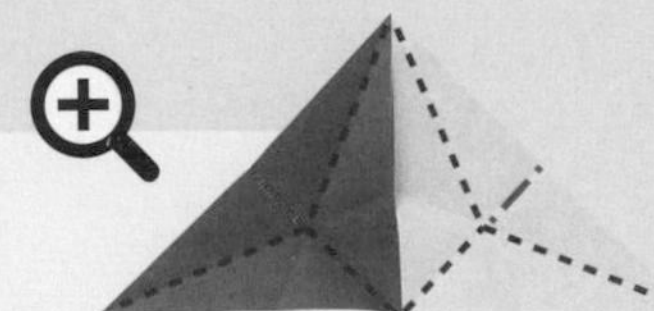

6 如圖般重新做出凸摺線，摺疊成V字形。另一邊也同樣進行。

正在摺的模樣

7 如圖所示，打開上面2張紙的中間來摺疊。

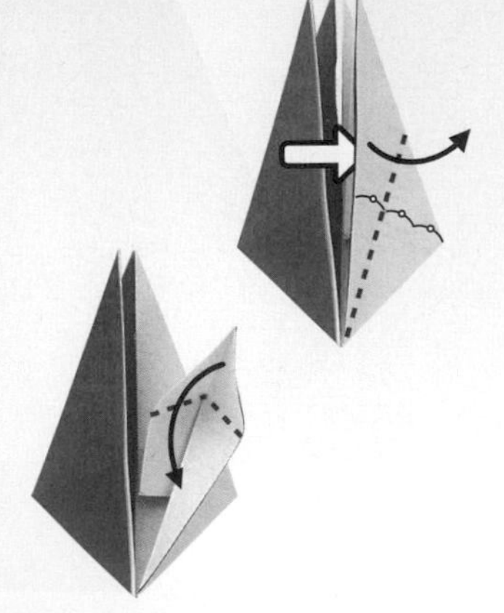

8 將上面的尖角往下摺。

9 用階梯摺和凸摺摺出臉部。另一邊的臉也同樣進行。

10 如圖般向下摺，做出尾巴。

11 如圖般摺出摺痕後，利用摺痕使其打開，摺疊。

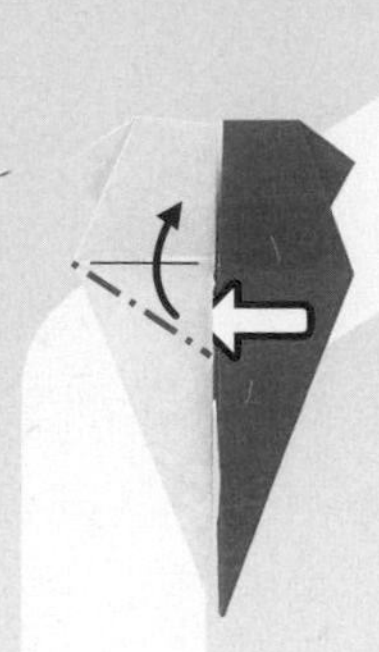

12 加上摺痕。

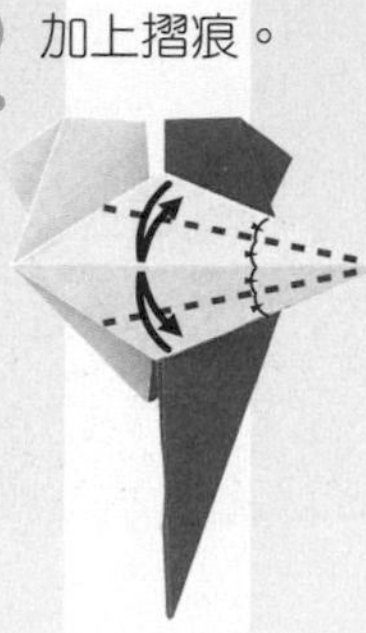

13 壓住☆，如圖般提起尾巴，進行凹摺。

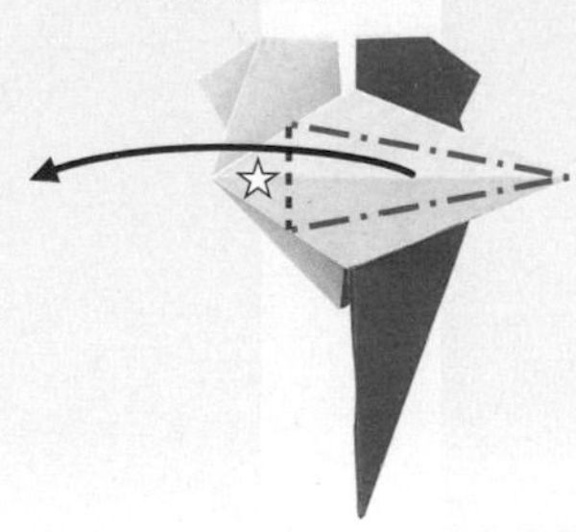

14 由於中間會閉合，所以上下要對齊中央線來摺。

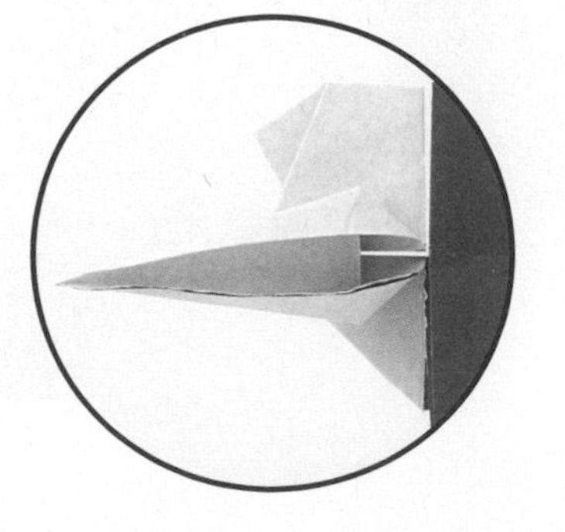

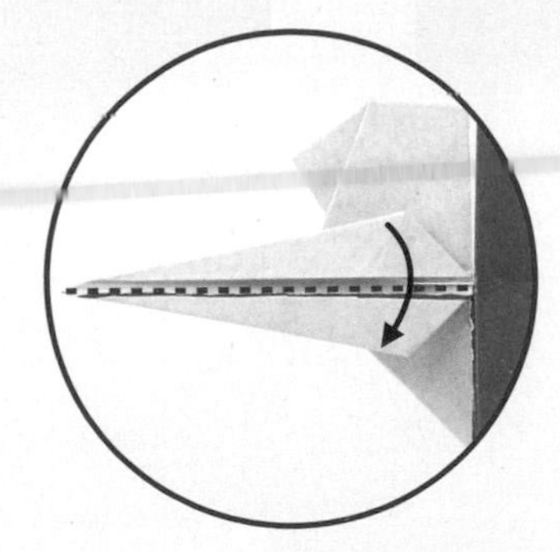

15 如圖般凹摺重疊，做成尾巴。

16 另一邊的摺法也相同。

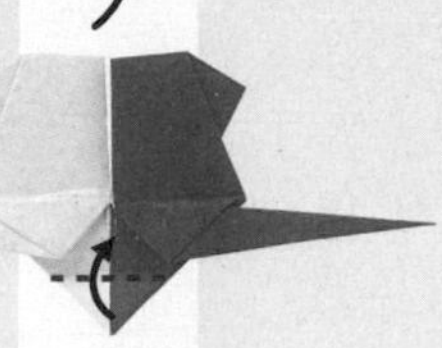

17 下面的三角形往上凹摺。

完成！

最後將尾巴末端弄彎，伸到前方即可。

日本狸

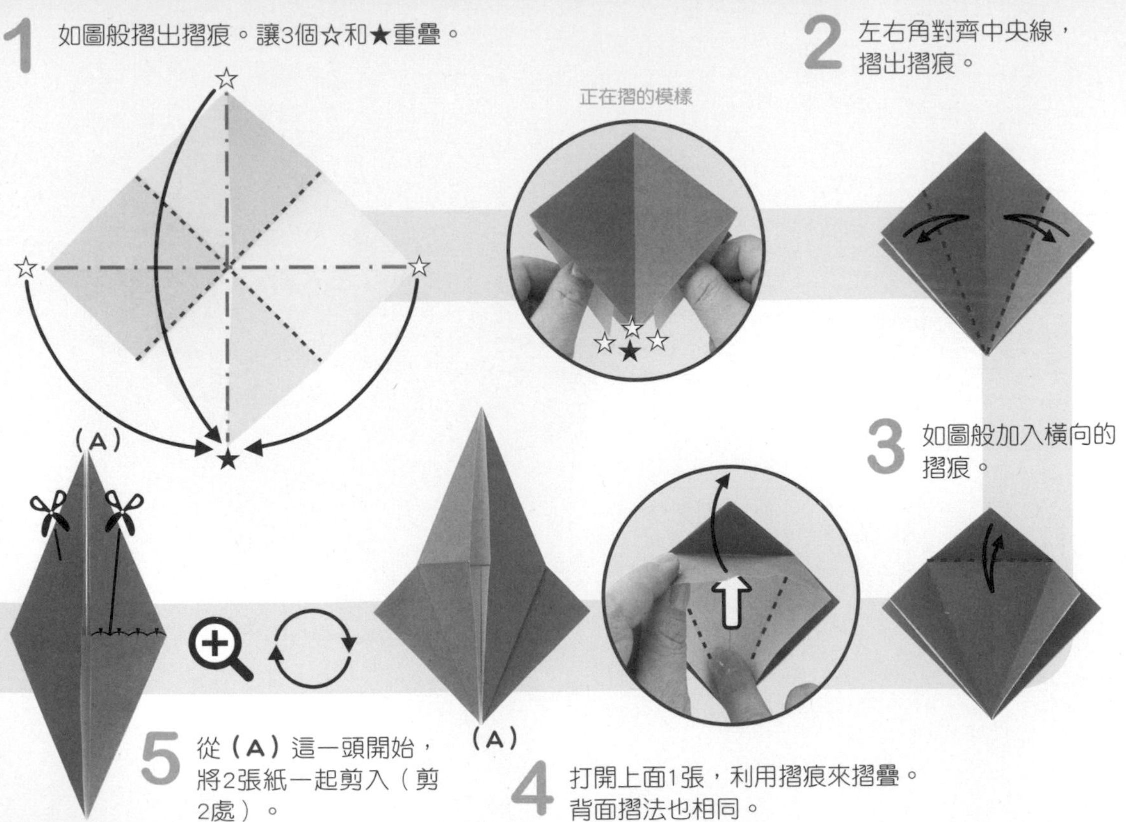

1 如圖般摺出摺痕。讓3個☆和★重疊。

2 左右角對齊中央線，摺出摺痕。

3 如圖般加入橫向的摺痕。

4 打開上面1張，利用摺痕來摺疊。背面摺法也相同。

5 從（A）這一頭開始，將2張紙一起剪入（剪2處）。

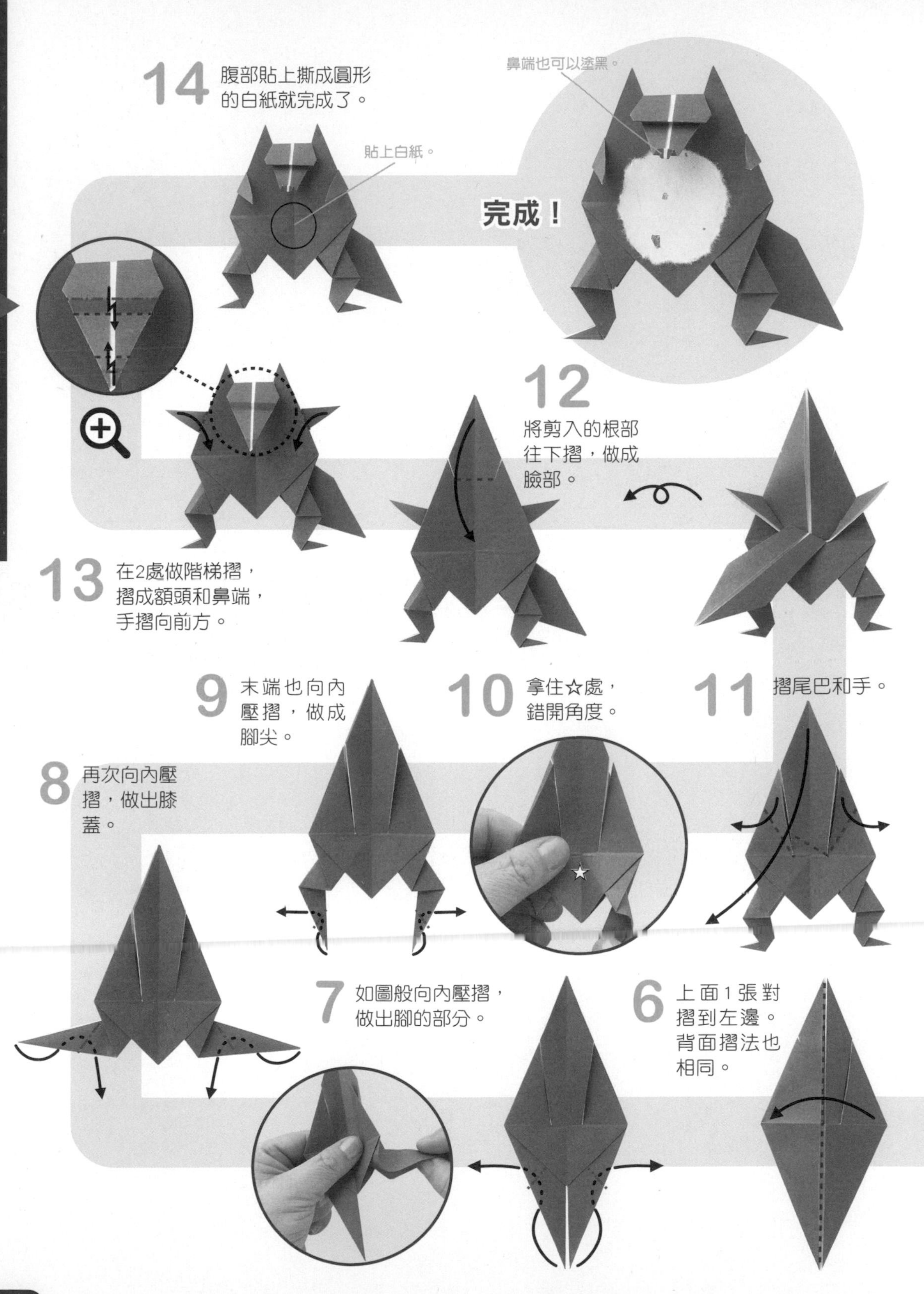
14
腹部貼上撕成圓形的白紙就完成了。
貼上白紙。
鼻端也可以塗黑。
完成！
13
在2處做階梯摺，摺成額頭和鼻端，手摺向前方。
12
將剪入的根部往下摺，做成臉部。
11
摺尾巴和手。
10
拿住☆處，錯開角度。
☆
9
末端也向內壓摺，做成腳尖。
8
再次向內壓摺，做出膝蓋。
7
如圖般向內壓摺，做出腳的部分。
6
上面1張對摺到左邊。背面摺法也相同。

狐狸

普通

剪刀

黏膠

狐狸要使用 1 張色紙和 1 張 4 分之 1 大小的色紙來製作。

【製作身體】

1 對摺，摺出摺痕。

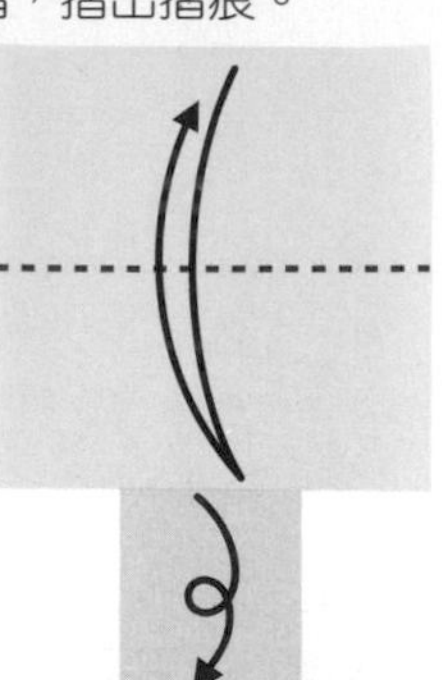

2 上下對齊中央線摺疊。

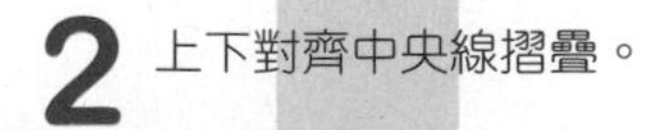

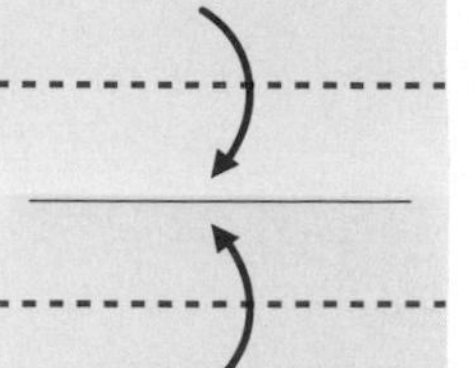

3 左右對摺。

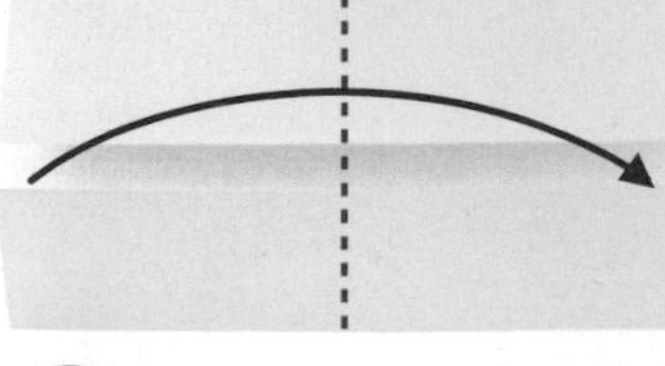

4 上面1張再對摺後，回復到步驟3的形狀。

5 大致標出4分之1的位置後，摺出摺痕。

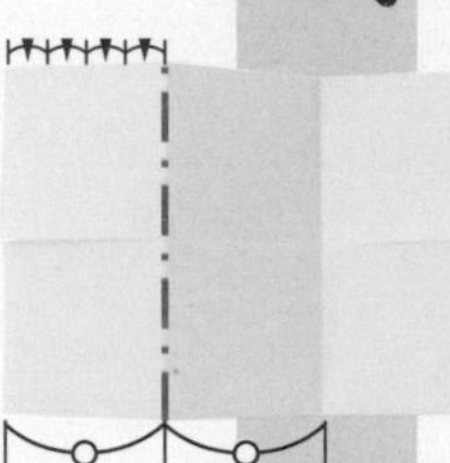

正在摺的模樣

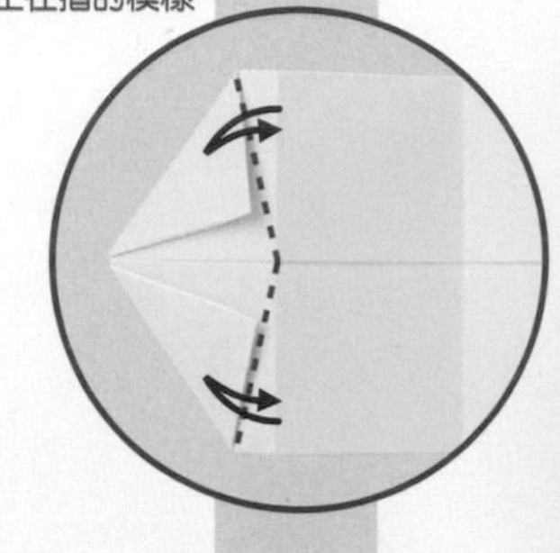

6 打開，依照摺痕摺疊，做成臉部。

正在摺的模樣

7 如圖般做階梯摺（臉部除外）。

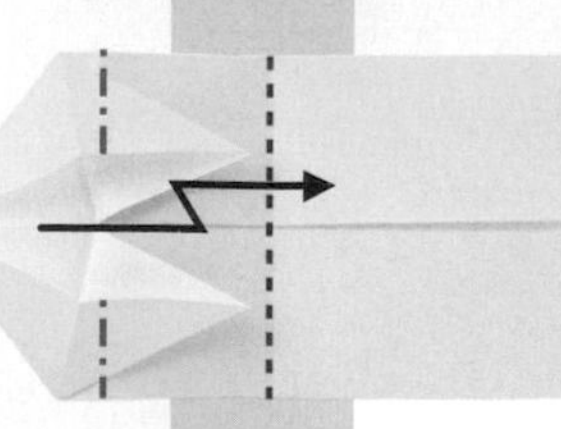

8 中央線做凸摺。

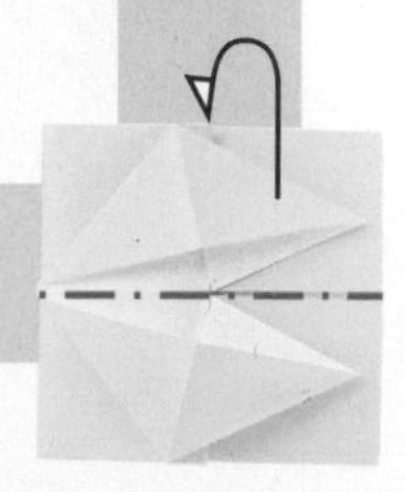

12 此時耳朵背面會鼓起，要確實按壓以免耳朵回復原狀。

13 與胸線平行地摺出摺痕作為臀部，向內壓摺。

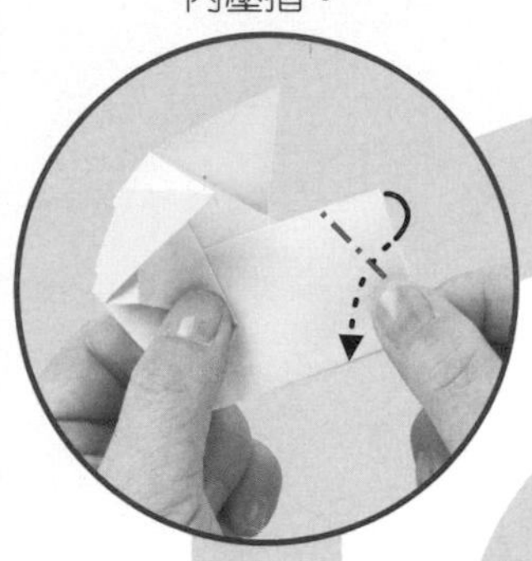

11 鼻端稍微拉高一些。

完成！
（從斜後方看）

10 ☆號對齊背部的高度後，用右手按住，以左手壓摺，做出胸線。

【製作尾巴】

1 將4分之1大小的色紙對摺，如圖般剪裁。

2 左側上黏膠作為尾巴。

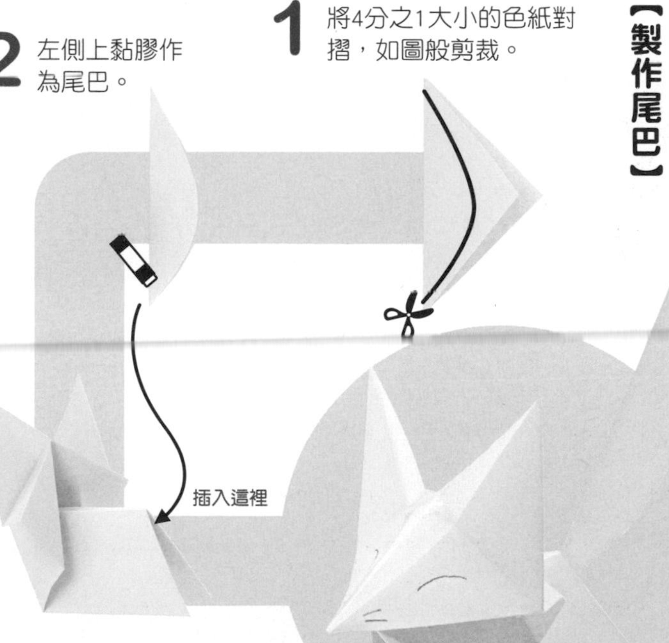

完成！

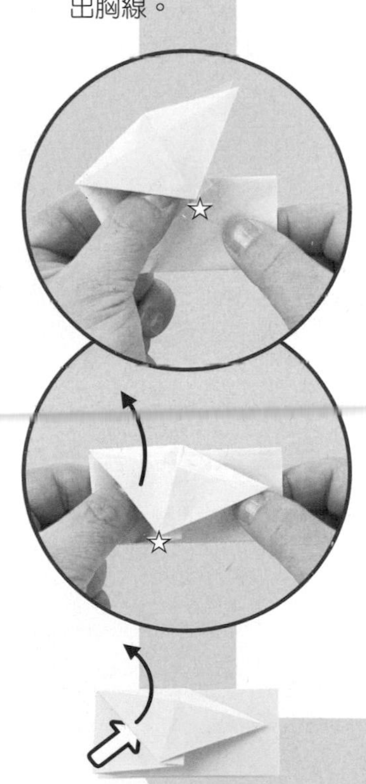

9 手指放入頭部下方，將頭部抬高。

金光閃閃的相框做法在29頁

四腳盤

普通

1 對摺成三角形，再摺出十字摺痕後，將4個角摺向中央。

2 如圖般摺出摺痕。讓3個☆和★重疊。

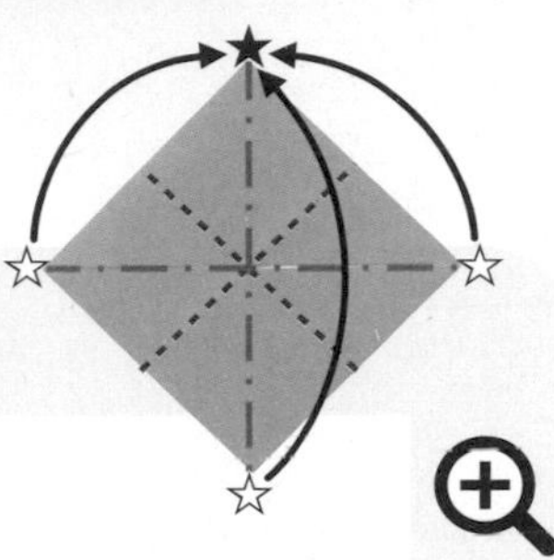

3 對摺成三角形，摺出摺痕。

4 將摺痕做凸摺，打開上面1張往下摺。背面摺法也相同。

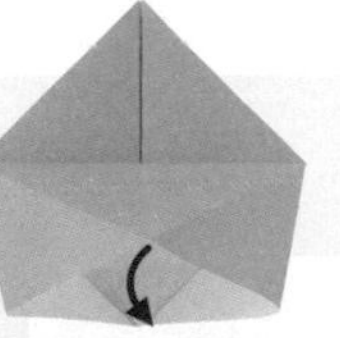

5 上面1張如圖般摺疊後打開，在左右做成三角形。背面也同樣進行。

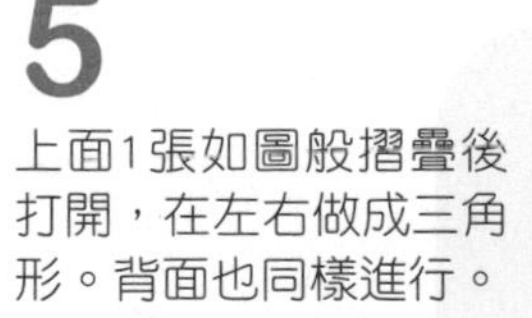

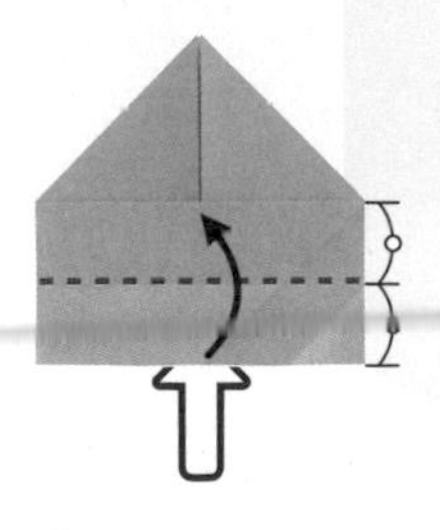

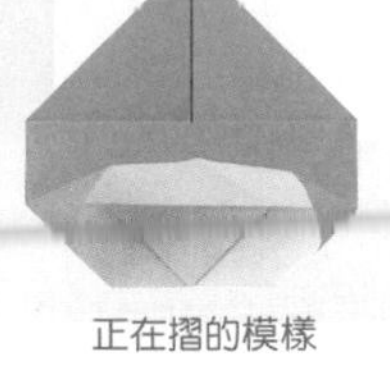
正在摺的模樣

6 上面1張對摺到右邊。背面摺法也相同。

7 上面1張如圖般凹摺。背面摺法也相同。

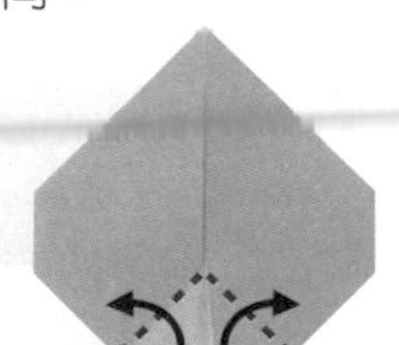

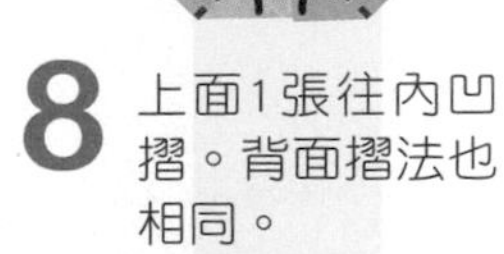

8 上面1張往內凹摺。背面摺法也相同。

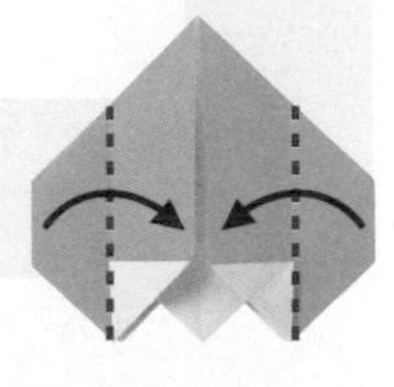

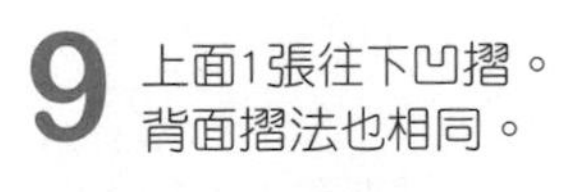

9 上面1張往下凹摺。背面摺法也相同。

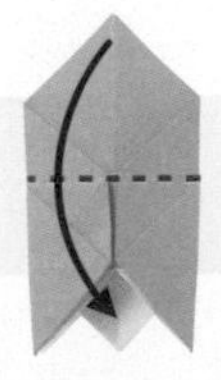

10 如圖般將兩側的突出往外拉開，整理形狀，讓底部平坦。

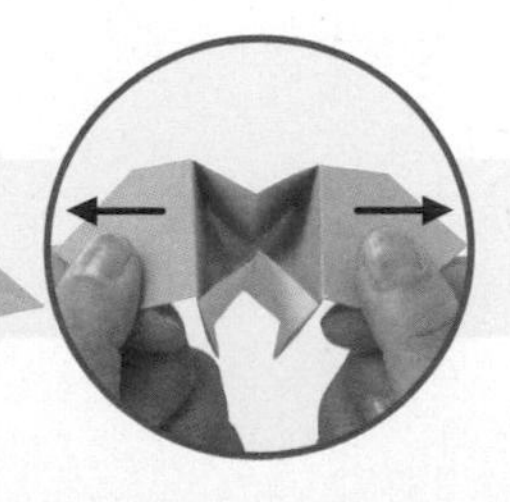

完成！

角香盒

1 摺出摺痕。讓☆和★對齊。

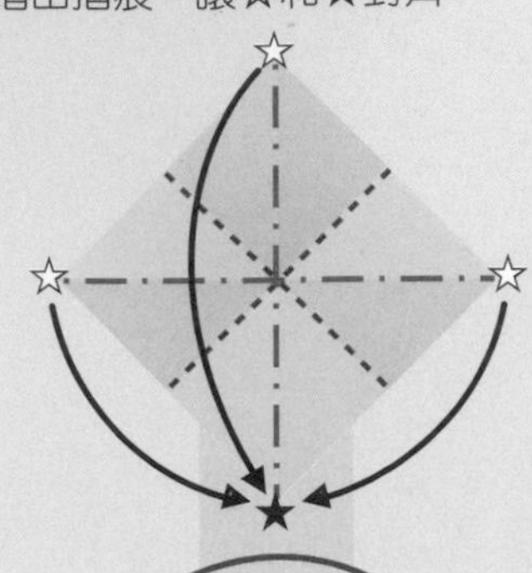

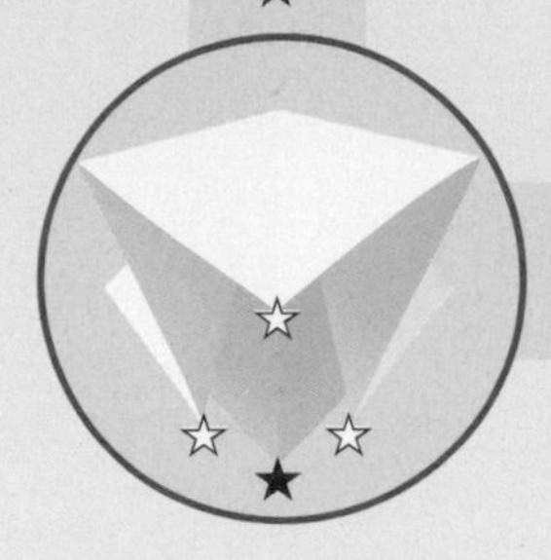

2 左右角對齊中央線摺疊，摺出摺痕。

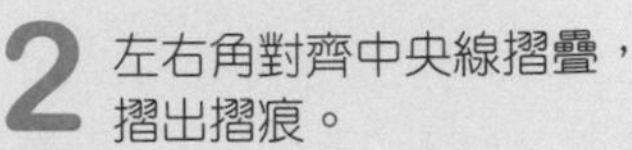

3 利用摺痕，如圖般打開。另一邊也同樣打開。

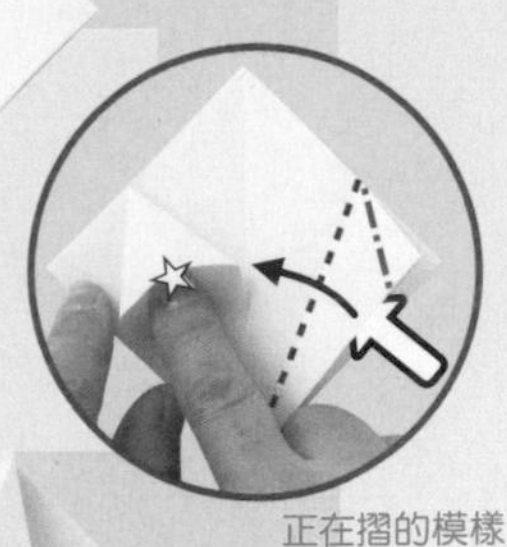

正在摺的模樣

4 上面1張對摺到右邊。背面摺法也相同。

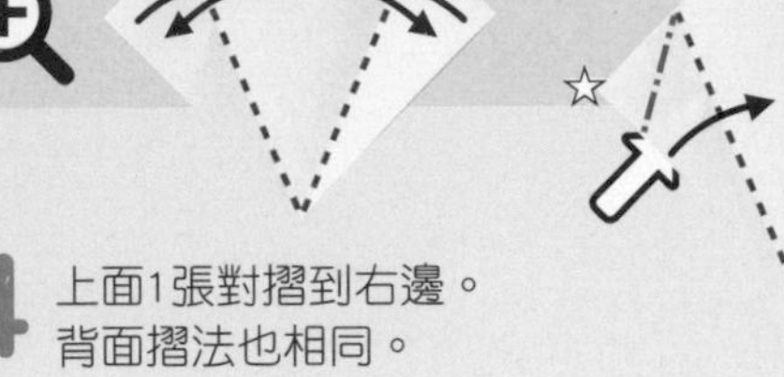

背面摺法也相同

5 上面1張向內凹摺。背面摺法也相同。

6 加入橫向摺痕。

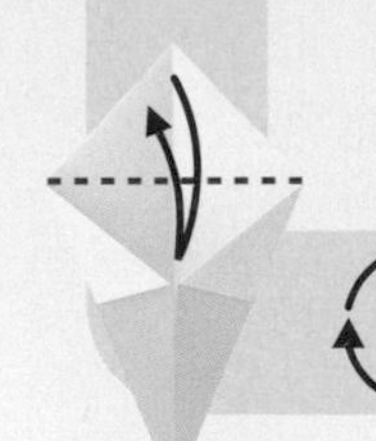

7 上面1張（相當於角的部分）往下摺。背面摺法也相同。

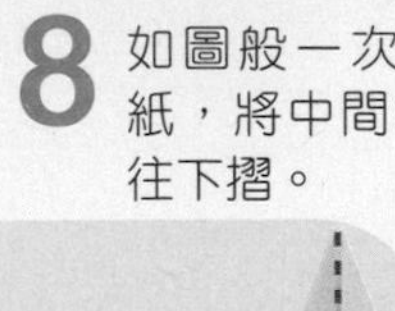

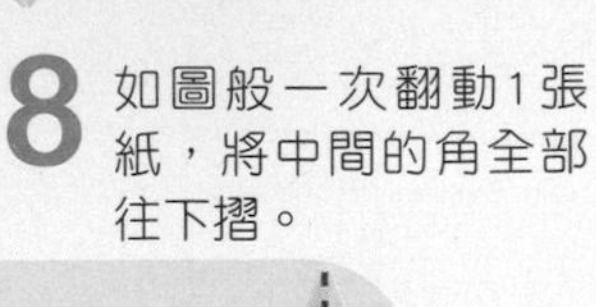

8 如圖般一次翻動1張紙，將中間的角全部往下摺。

9 手指伸入角的內側，將底部打開弄平，整理形狀。

完成！

點心盒

簡單

1 摺出十字摺痕，將摺紙的4個角摺向中央。

2 4個角再次摺向中央。

3 如圖般，在離中央3分之1處做凹摺。

4 摺出摺痕後，將4個角往下摺。

5 打開步驟3摺出的4個地方。

從上方看

完成！

大小任意盒

普通　尺

摺成底部為正方形的盒子。底部的大小可依喜好任意改變，所以也可以做成像這樣的盒子樹。

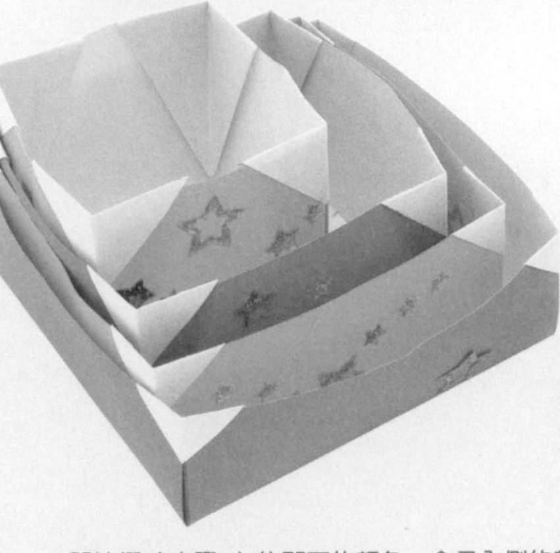

開始摺（步驟1）的那面的顏色：盒子內側的顏色。
背面：盒子外側的顏色。
盒外的三角形：可自由改變。

【摺痕的摺法】

假設想要摺出的盒底尺寸為○cm，高度為☆cm，則○＝15－2×☆。

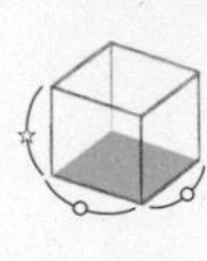

想要製作的底長

這2者要相等

底

底

※使用15cm見方的色紙時。

1 依想要製作的大小來摺出摺痕。

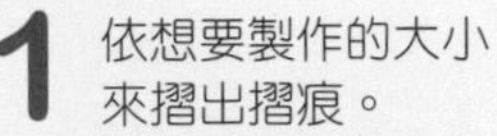

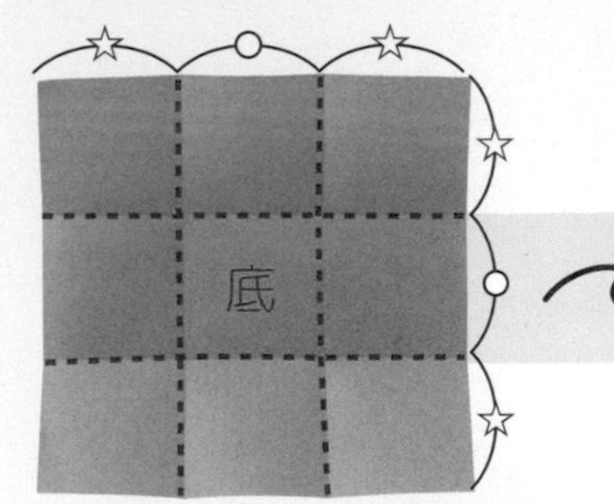

2 對摺成三角形。中央附近輕輕摺過即可。

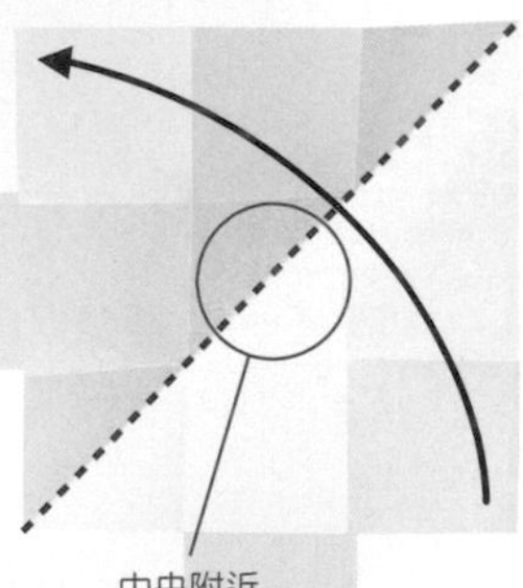

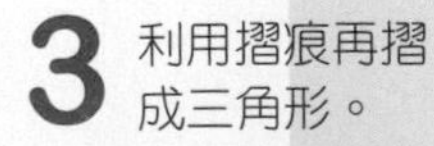

3 利用摺痕再摺成三角形。

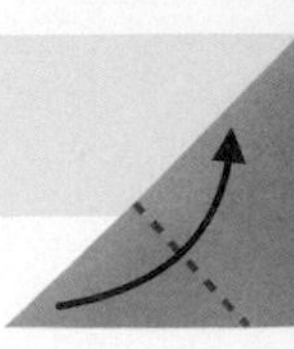

4 將摺好的三角形再對摺，摺出摺痕。

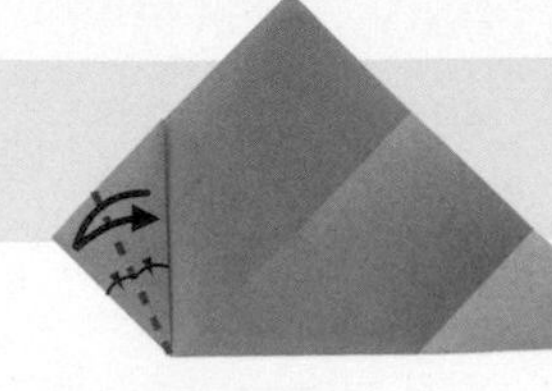

5 利用步驟4的摺痕，如圖般打開。另一邊也同樣摺疊。

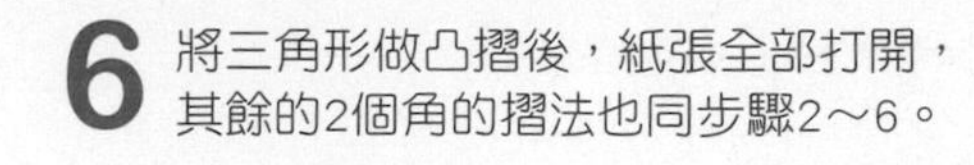

6 將三角形做凸摺後，紙張全部打開，其餘的2個角的摺法也同步驟2～6。

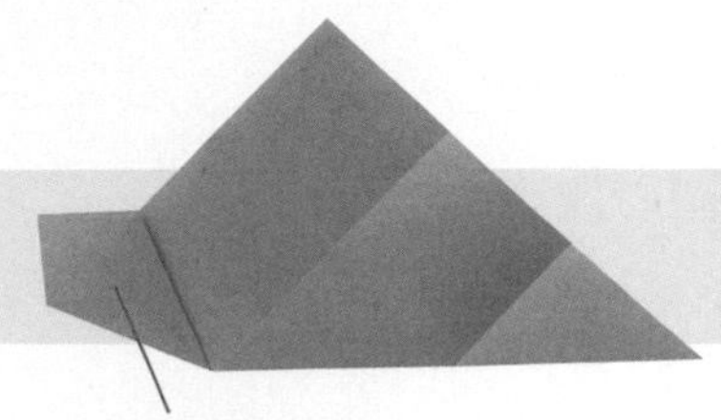

7 紙張打開，背面朝上。

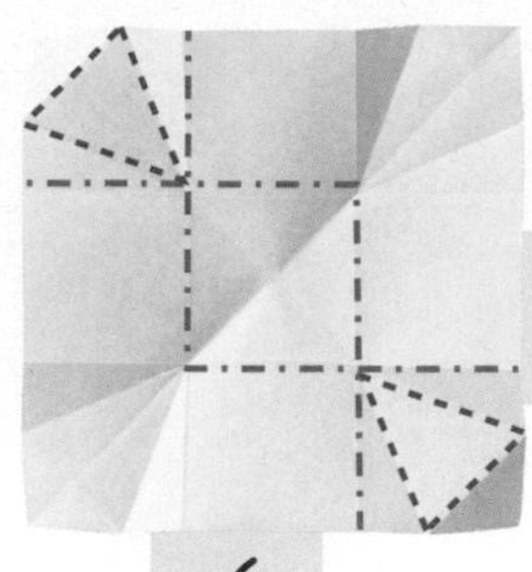

8 將角稍微立起，使☆和★相接。其餘的角也同樣摺疊。

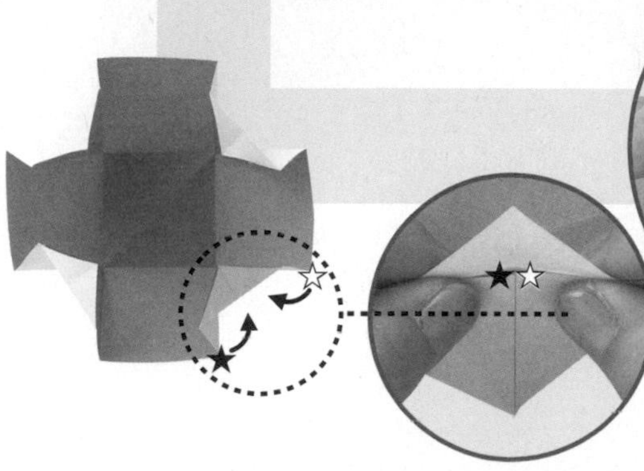

9 將突出的三角形做凹摺，將角確實固定。其餘的角也同樣摺疊，整理形狀。

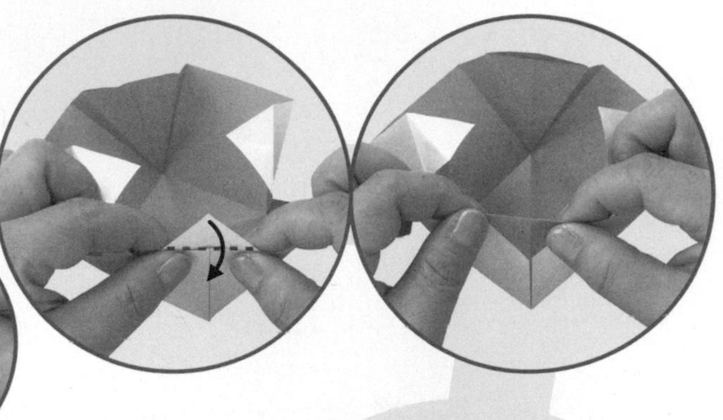

完成！

貓熊盒

和80頁的貓熊組合，就能做成貓熊盒了。請配合貓熊的大小來摺盒子。在此是摺成底部為7.5cm平方的盒子。在步驟8中如圖所示改變摺痕。從背面看，用凹摺來固定三角形。

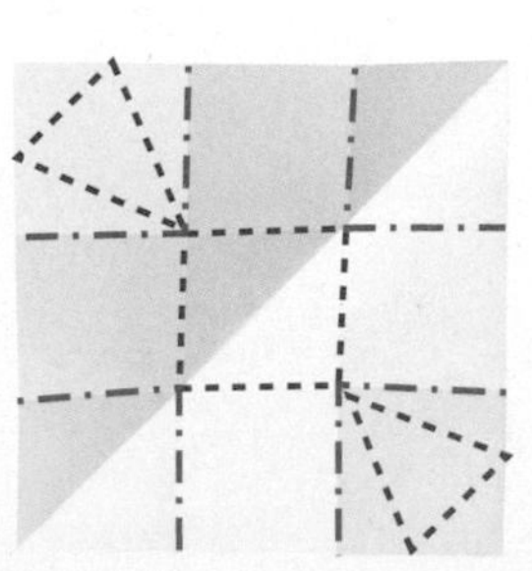

小熊紙袋

普通　剪刀

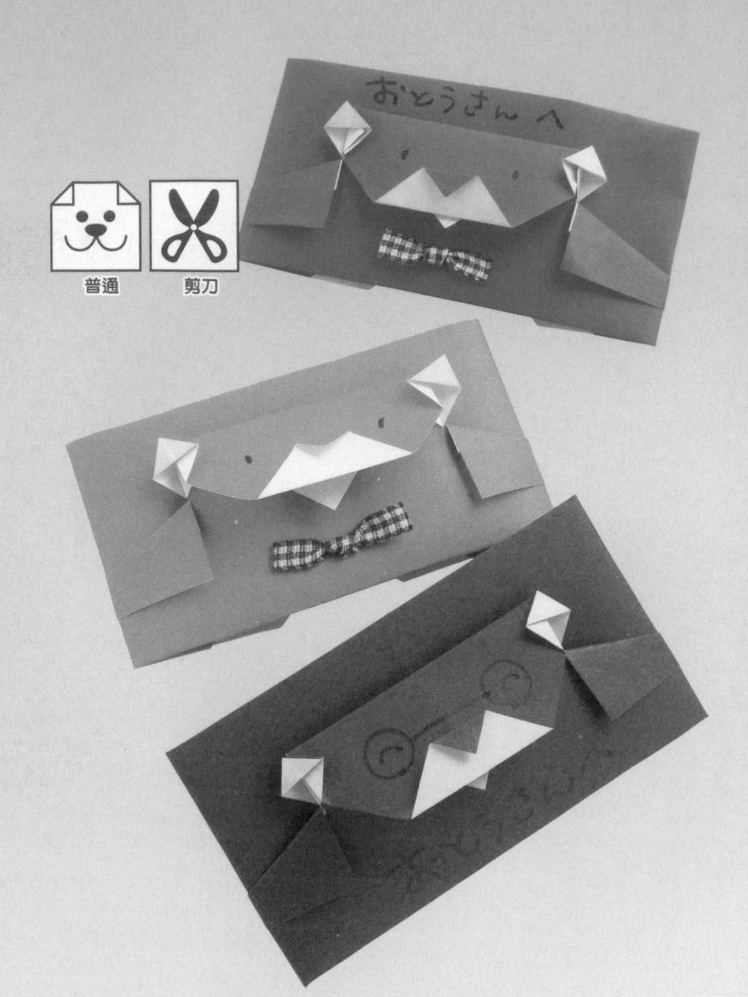

1 摺成三角形，
留下約1cm的邊框。

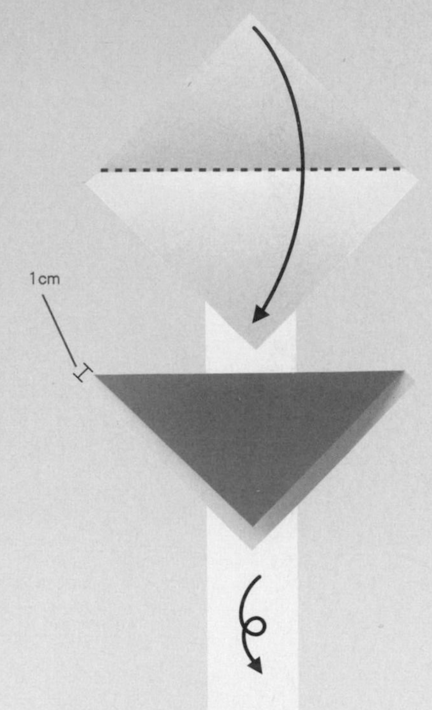

2 2張一起凹摺，
讓三角形的尖端突出約2cm。

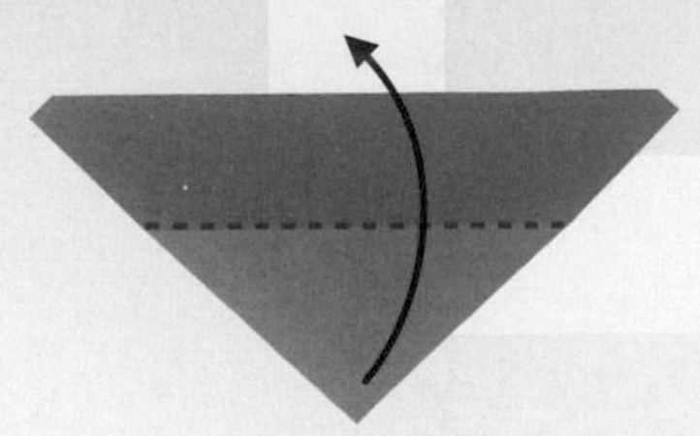

3 如圖般，對齊下緣做凹摺。

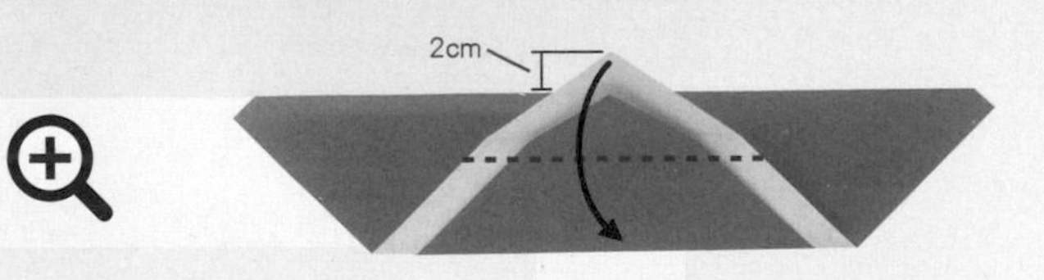

4 沿著三角形的邊緣剪入約1.5cm。

5 將剪入的部分凹摺，做成手臂。
要和下面的線平行。

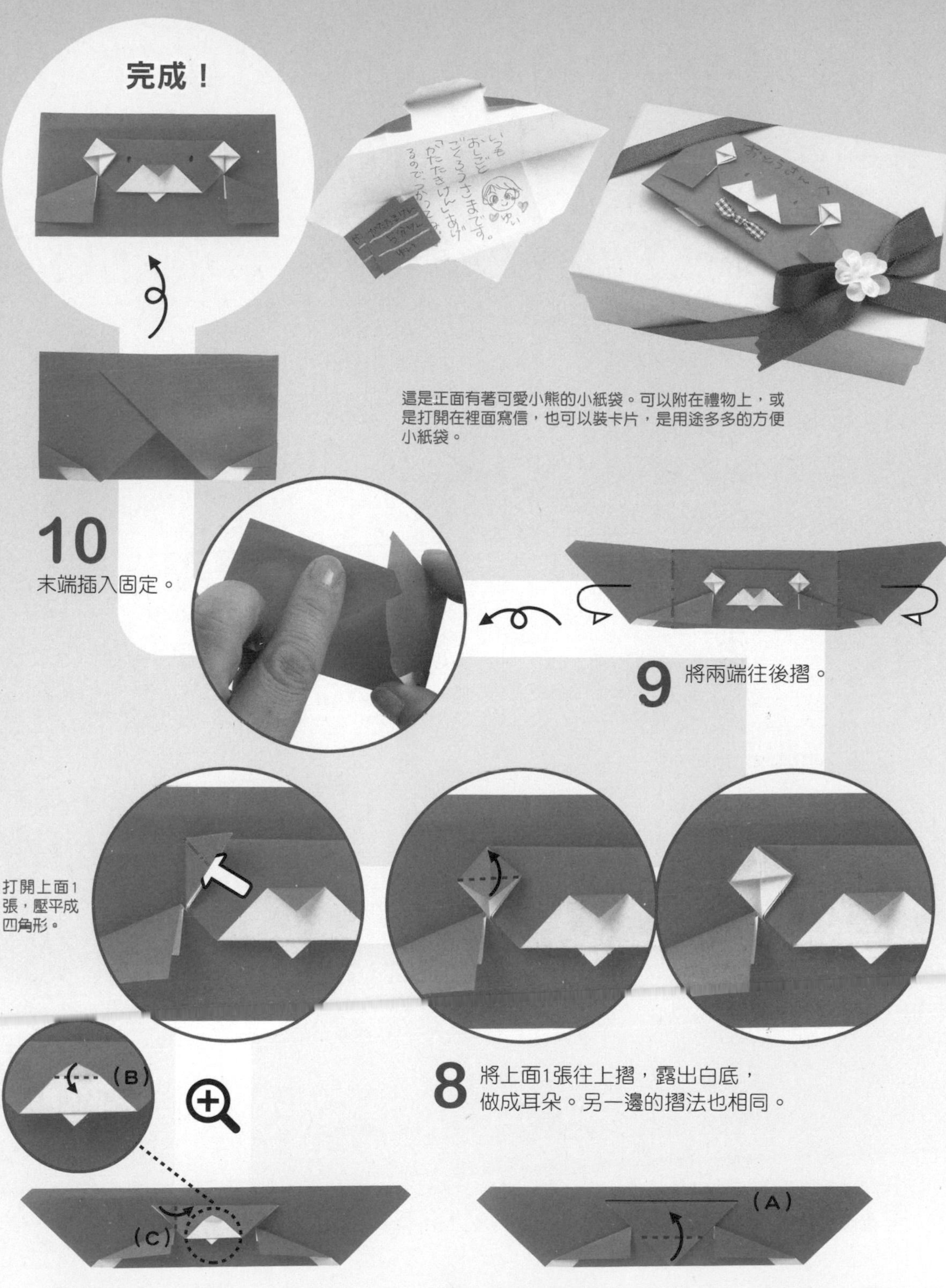

這是正面有著可愛小熊的小紙袋。可以附在禮物上，或是打開在裡面寫信，也可以裝卡片，是用途多多的方便小紙袋。

10 末端插入固定。

9 將兩端往後摺。

打開上面1張，壓平成四角形。

8 將上面1張往上摺，露出白底，做成耳朵。另一邊的摺法也相同。

7 將（B）往下凹摺，（C）往內凹摺。

6 上面1張對齊（A）線凹摺。讓下面的三角形稍微露出來。

卡片套

原案：藤田文章
改編：中島進

普通

使用A4大小（29.7cm×21cm）的紙，做成正面有2個口袋、背面有1個口袋的卡片套。

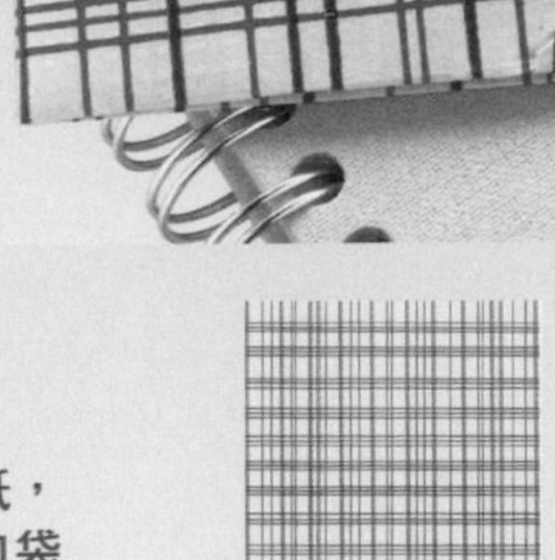

用色紙製作時，可以裝入回數券或郵票等。

1 表面朝上，對摺出摺痕。

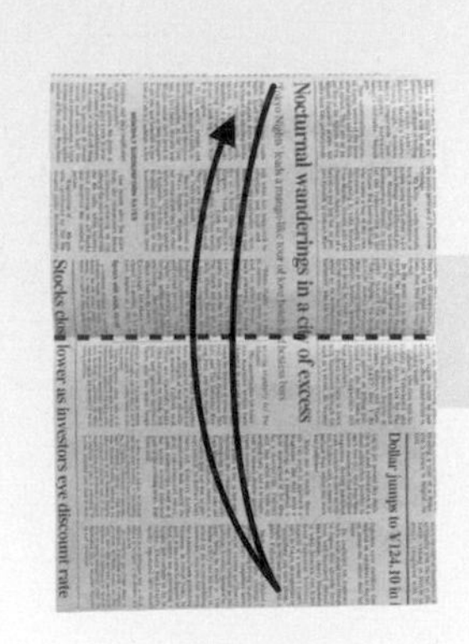

2 上下以1cm的寬度凹摺後，以中央線為準，下面留0.5cm，上面留1cm地摺出摺痕。

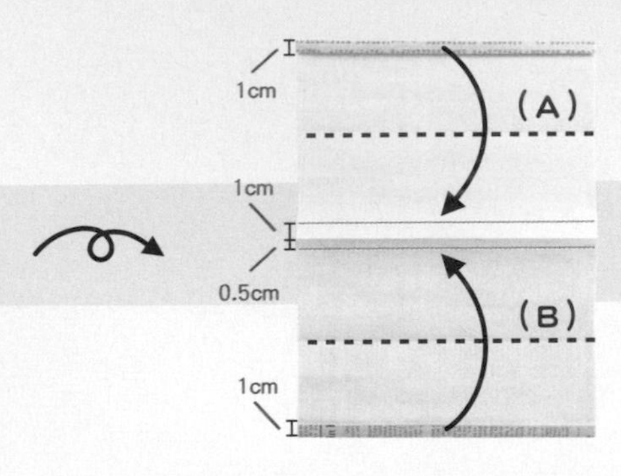

3 4個角對齊（A）、（B）做凹摺（C）。如圖般做凹摺（D）。

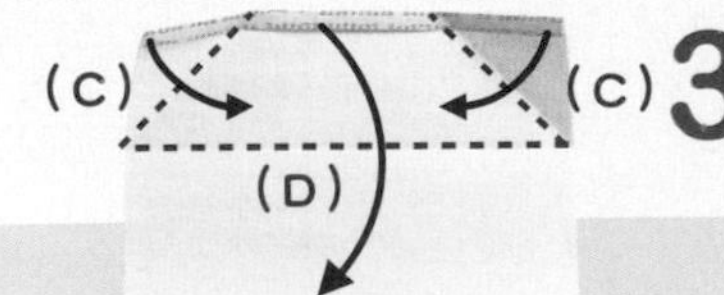

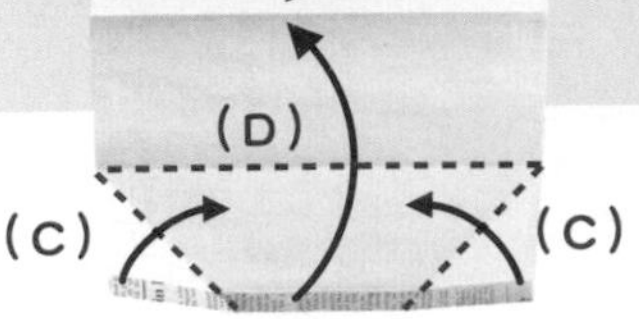

4 如圖般做凸摺。

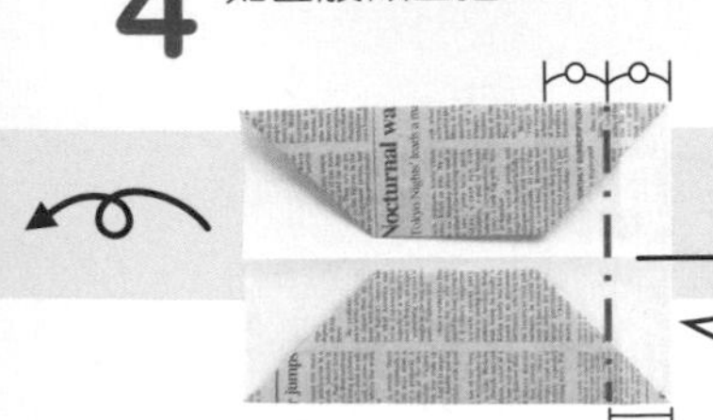

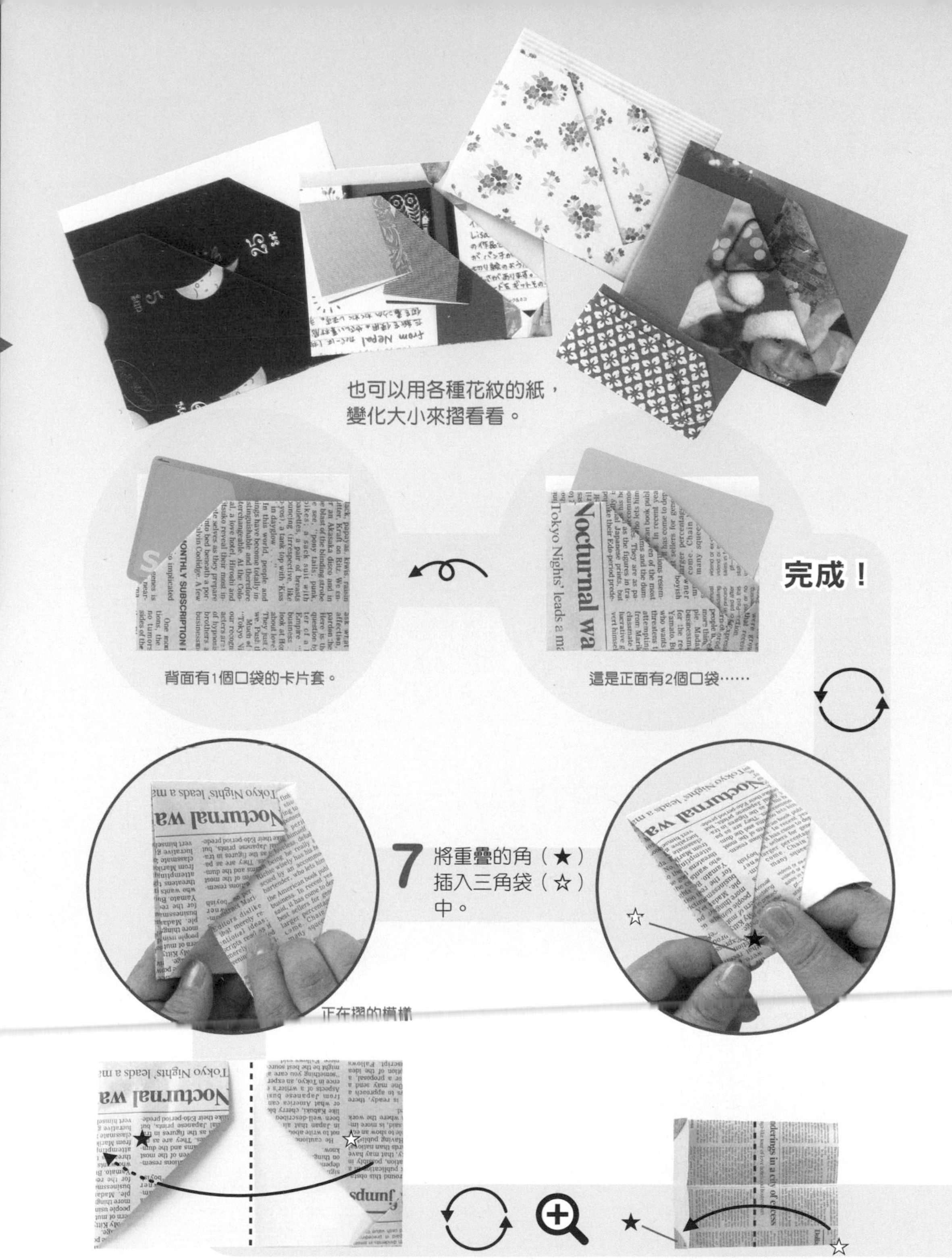
也可以用各種花紋的紙，
變化大小來摺看看。
背面有1個口袋的卡片套。
這是正面有2個口袋……
完成！
7 將重疊的角（★）插入三角袋（☆）中。
正在摺的模樣
6 將☆插入★的袋中。
5 中間凹摺，讓☆插入★的三角形袋中。

也可以做成蓋子的小箱

1 對摺成三角形，但只有在中央做出十字摺痕。
將4個角摺向中央。

2 對齊中央，對半凹摺出摺痕。4個邊全部同樣進行。

3 如圖般打開。

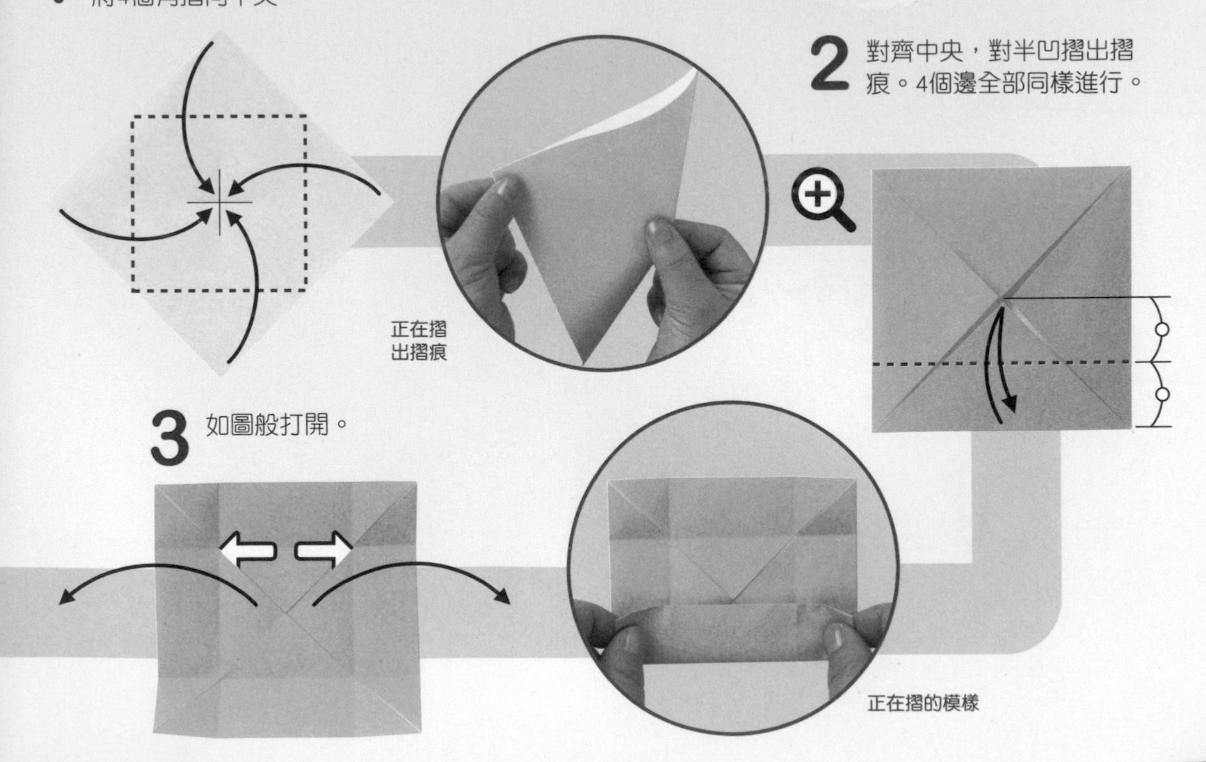

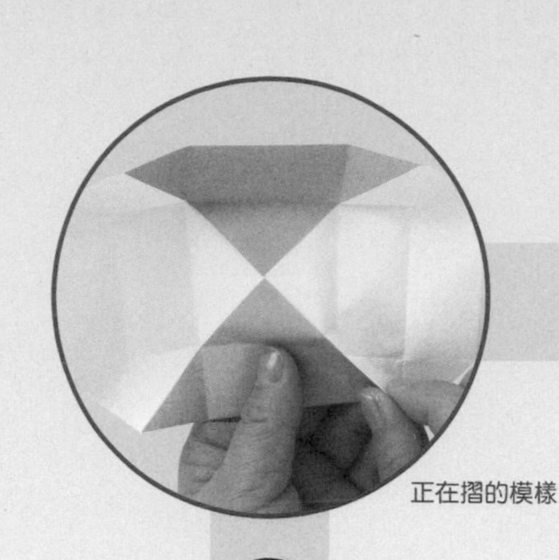

正在摺的模樣

4 有☆號的4個地方，如圖般做出凸摺線。

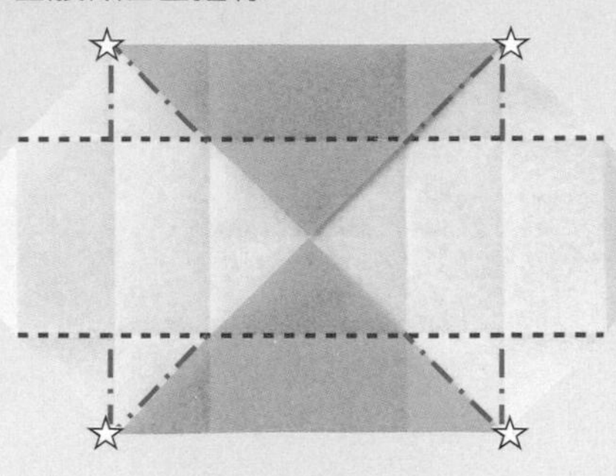

5 利用摺痕，讓☆號彼此相接。

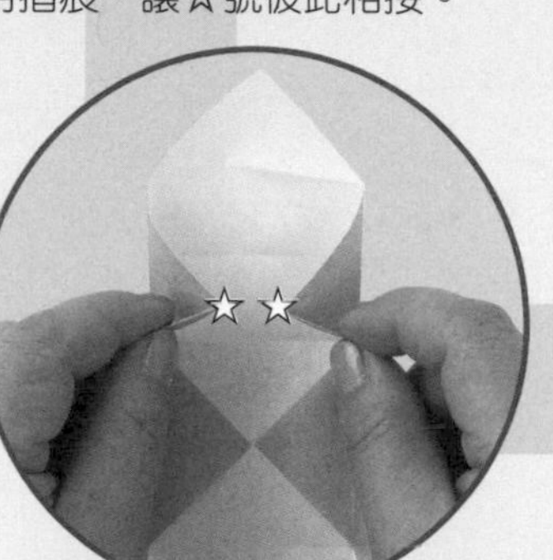

6 往內側摺合，使☆號與中央的★號相接。

完成！

7 另一邊的摺法也同步驟5～6。

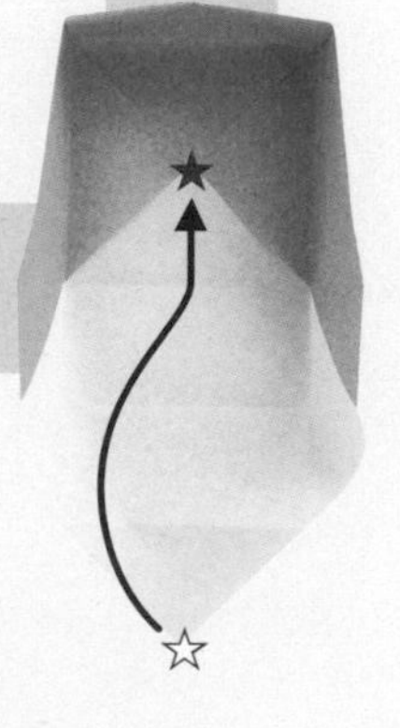

如果使用將上下左右各裁掉2～3㎜、小1圈的色紙，就能做成可以放到裡面的小盒子，或是變成有蓋子的盒子。（在步驟2摺出摺痕時，如果中央約重疊2㎜來摺紙，同樣也可以做出小一號的盒子（內盒）。）

錢包

簡單

使用比色紙稍大的長方形廣告單、包裝紙等來製作。

將要做成錢包口部分的那一面朝下，做成表面的那一面朝上。

1 縱向對摺出摺痕後，橫向對半凸摺。

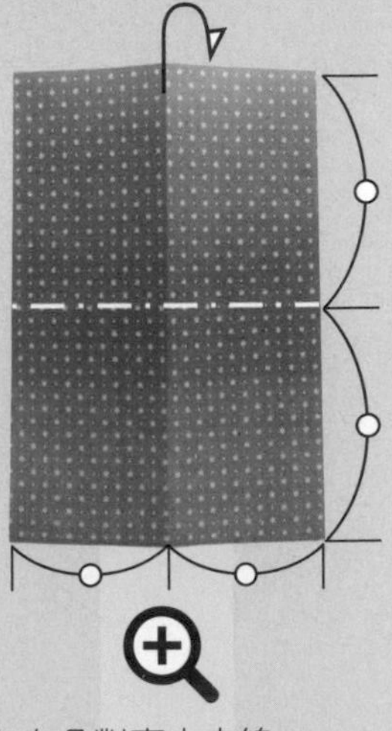

2 左右角對齊中央線做凹摺。

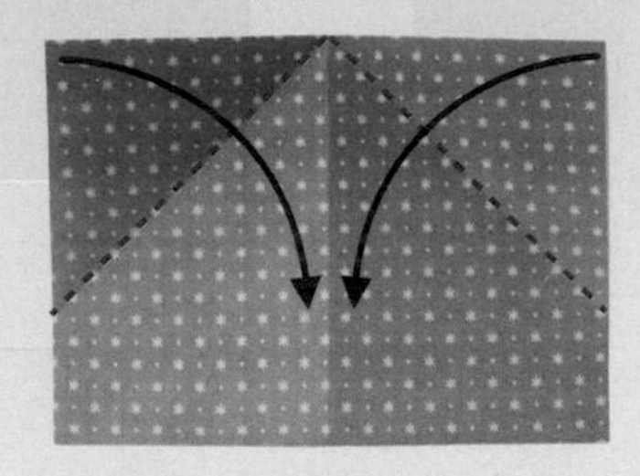

3 上面1張以3分之1的寬度做3次捲摺。背面摺法也相同。

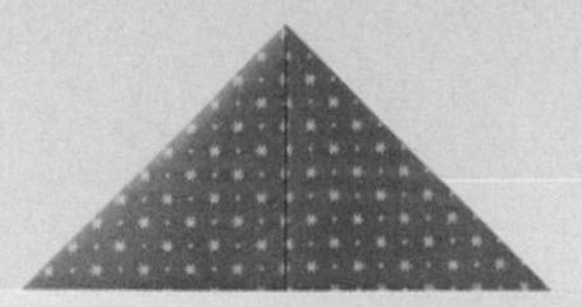

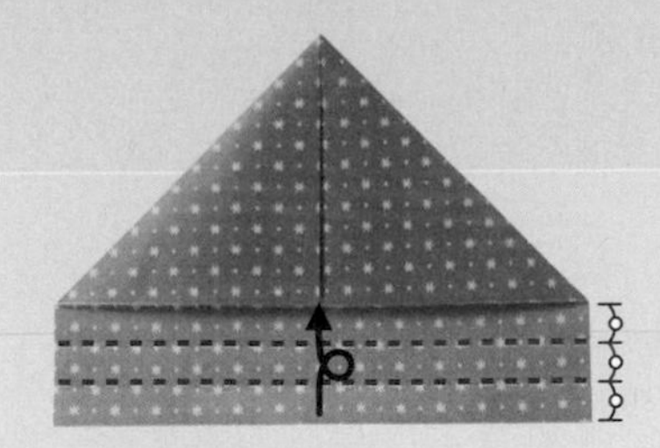

4 左右角凹摺讓★在中央線（☆）上接合。

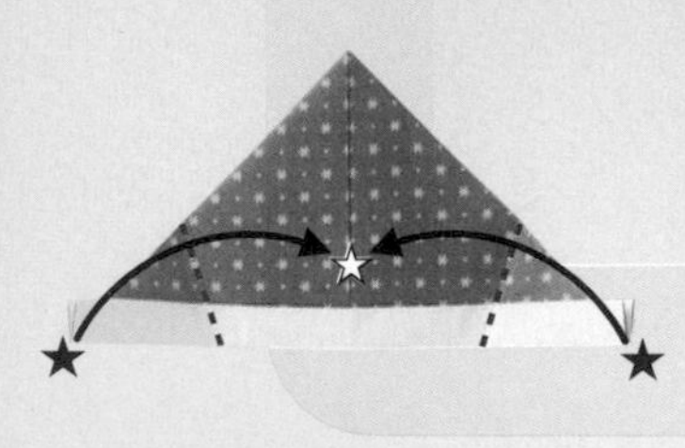

※形狀會因為☆的位置而稍微有些改變。

5 進行凹摺，讓☆插入★之中。

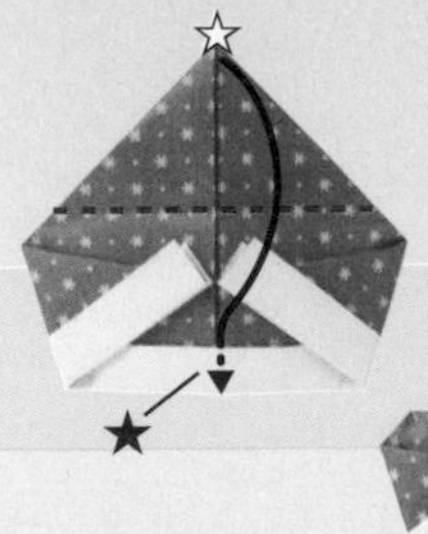

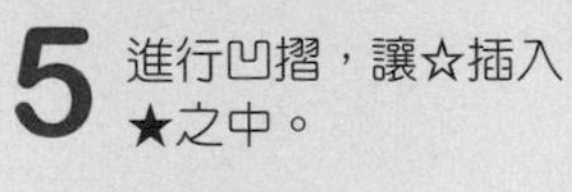

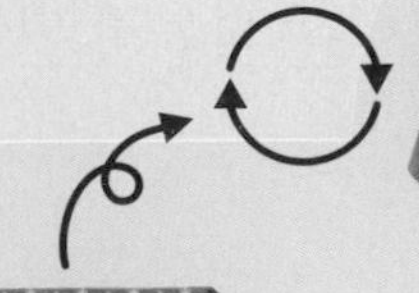

完成！

風車疊紙

困難

（「疊紙」是指摺疊較厚的紙而成的東西，也可以指摺疊後放入懷中的紙。）

1 對摺成三角形，摺出摺痕後，再如圖般摺成三角形。

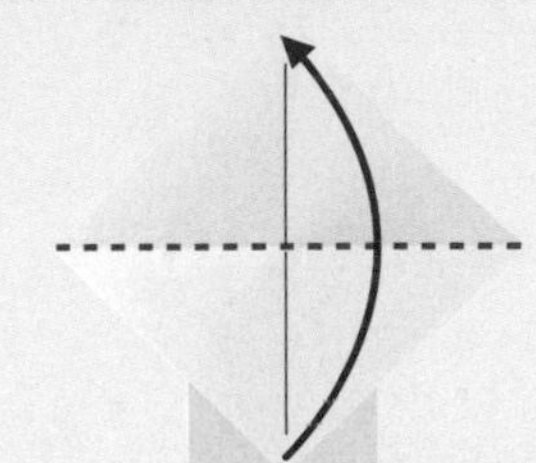

2 2張一起以3分之1的寬度做階梯摺。

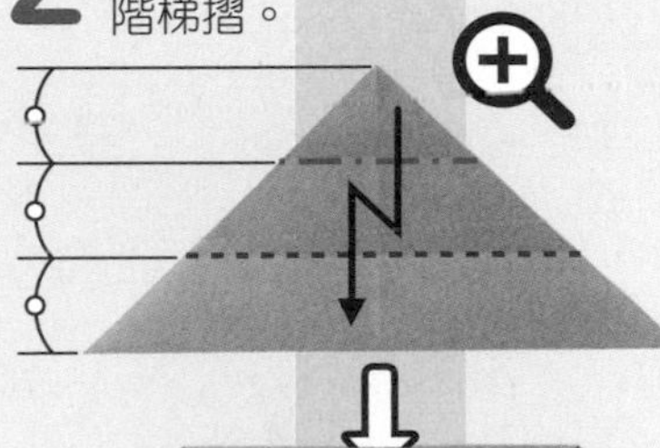

3 只有上面1張向下全部打開，重新做出摺痕，如圖般做階梯摺。

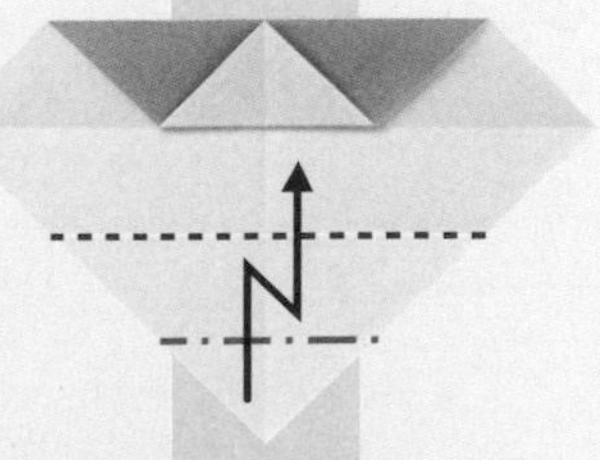

4 對齊中央線摺合。

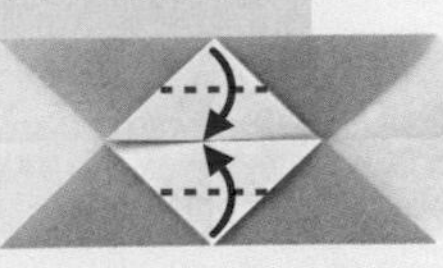

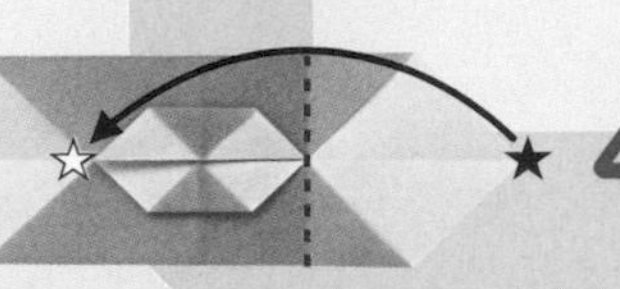

5 ★摺到左邊對齊☆。

6 ★往右摺，對齊外緣。

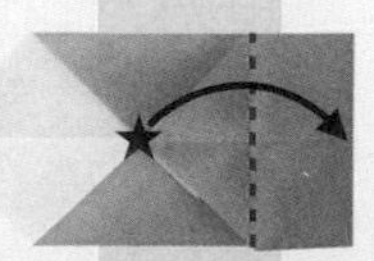

7 如圖般對半凹摺。

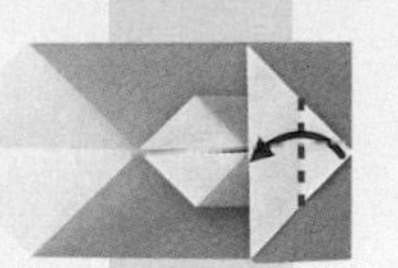

8 另一邊的摺法也同步驟5～7。

9 打開左右和上部。

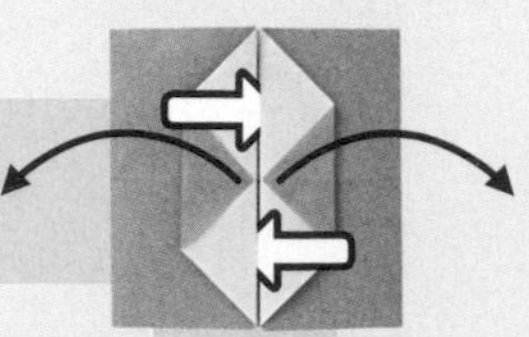

10 如圖般往內凹摺。

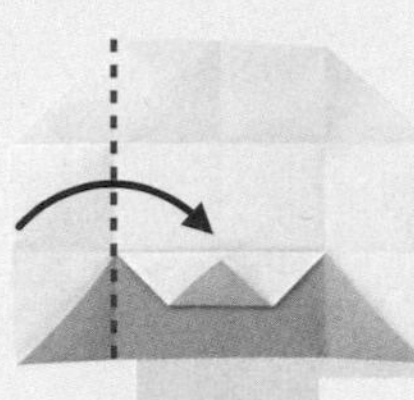

11 上面的部分也同樣凹摺。

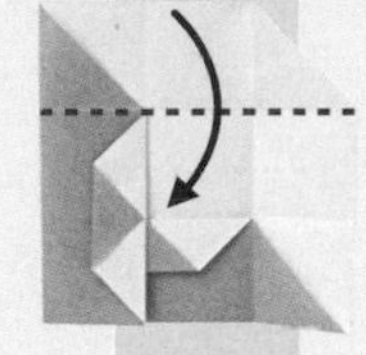

12 打開右下部分，讓☆號部分插入裡面，對齊（★）摺疊。

這是開口不會輕易打開的包裝方式。也可以將種子等包在裡面哦！

鶴相框

簡單

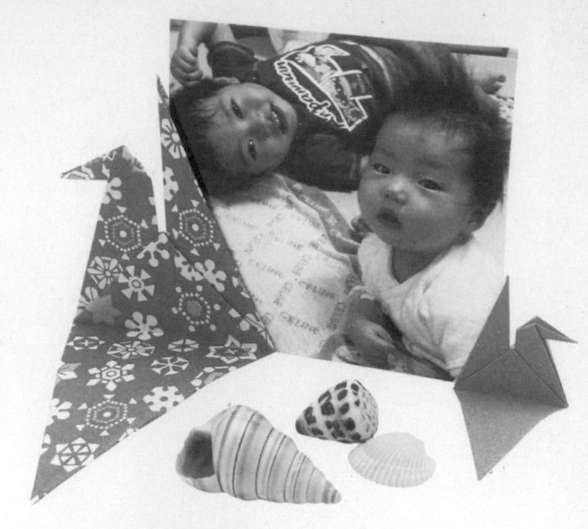

1 如圖般做出摺痕，讓3個☆和★重疊。

背面

2 對齊中央線摺出摺痕（A）。上面的三角形也如圖般摺出摺痕（B）。

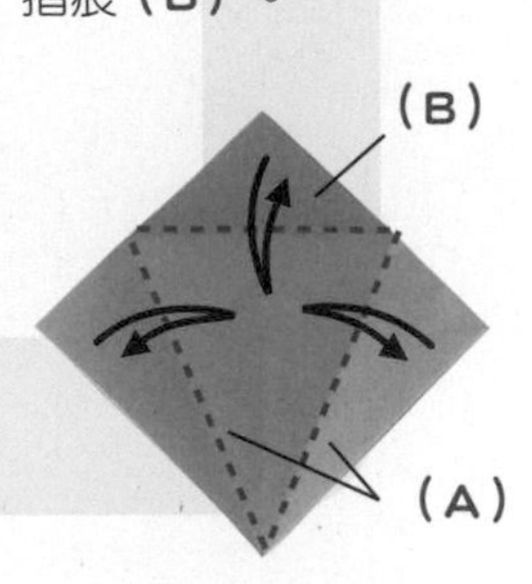

3 利用摺痕，如圖般打開摺疊。

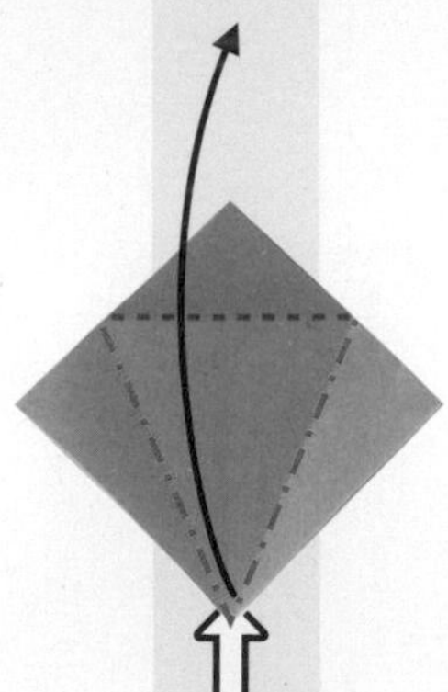

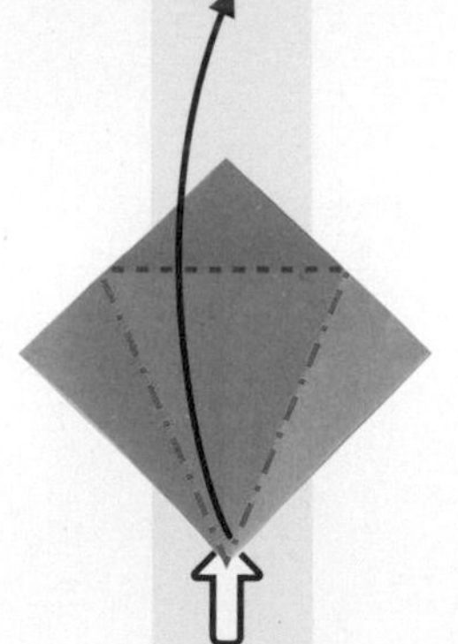

背面也同步驟2～3般摺疊。

4 以中央線為基準，只有上面1張向右側摺。背面摺法也相同。

5 如圖般向內壓摺。

6 如圖般將下面往上摺。背面摺法也相同。放置在水平處。

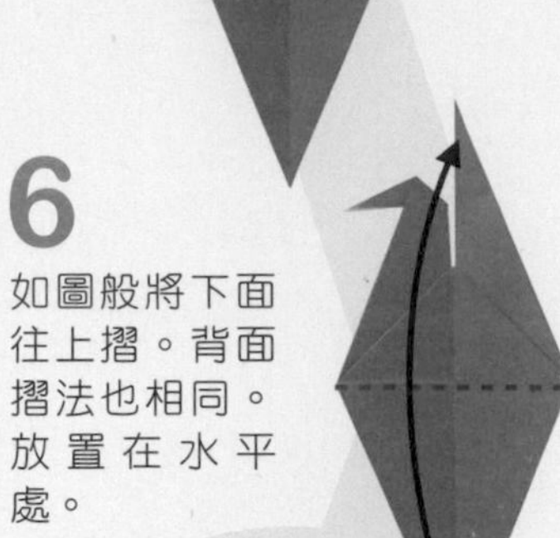

完成！

將照片直立插入尾巴隙間。

摺2個相框，從兩側加以固定，可讓照片更加穩定。

隨意相框

也可以使用比色紙還大的
長方形紙張來製作。

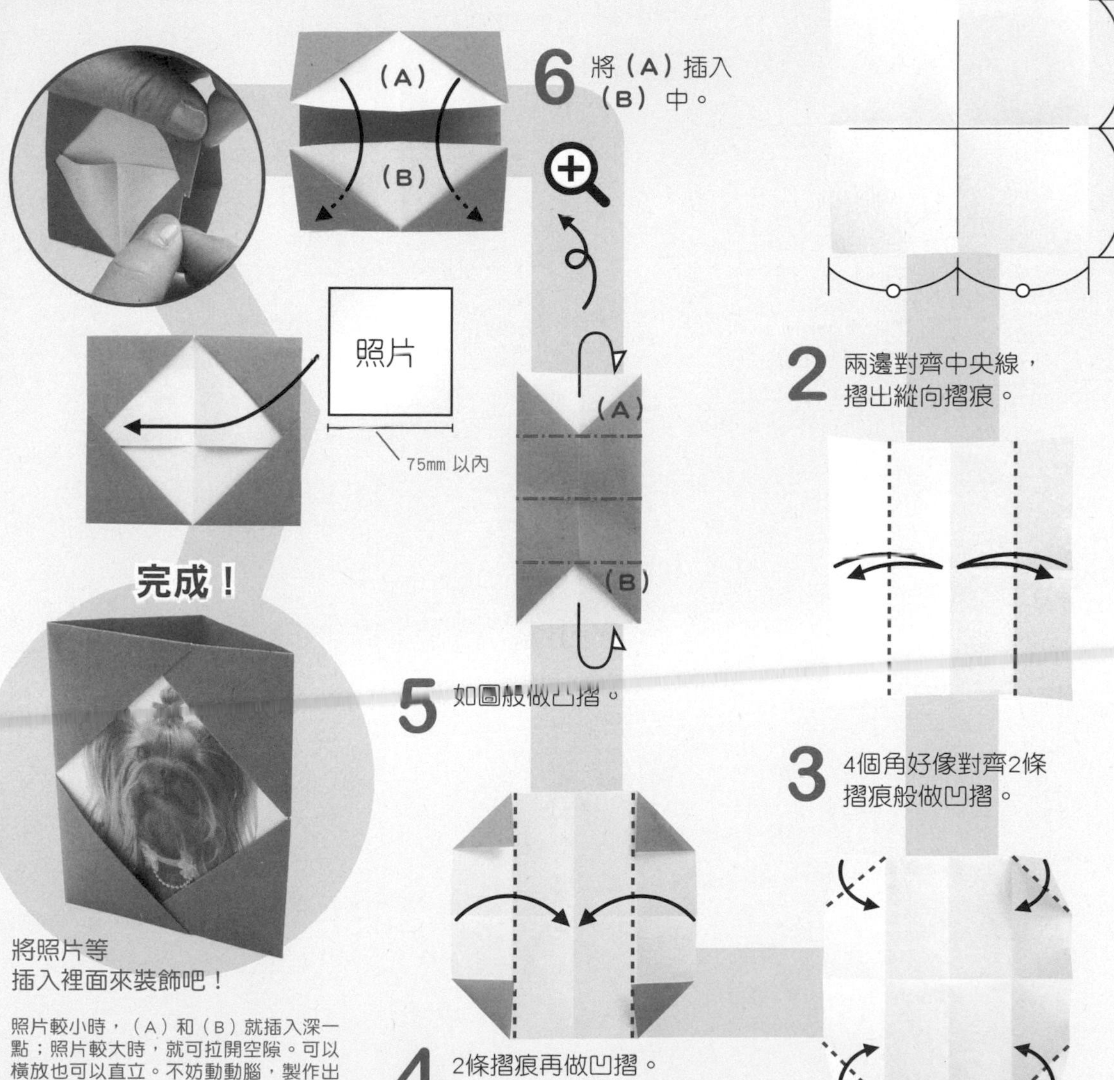

將照片等
插入裡面來裝飾吧！

照片較小時，（A）和（B）就插入深一點；照片較大時，就可拉開空隙。可以橫放也可以直立。不妨動動腦，製作出有趣的相框吧！

禮物便籤

1 依（A）、（B）的順序做凹摺。

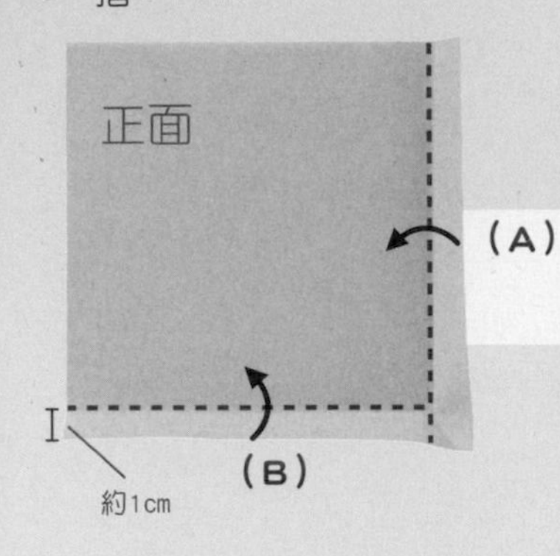

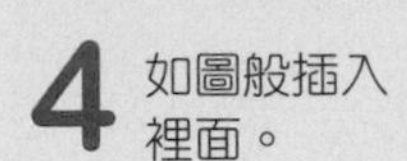

2 依（C）、（D）的順序做凹摺。讓（D）重疊在（C）上約1cm左右。

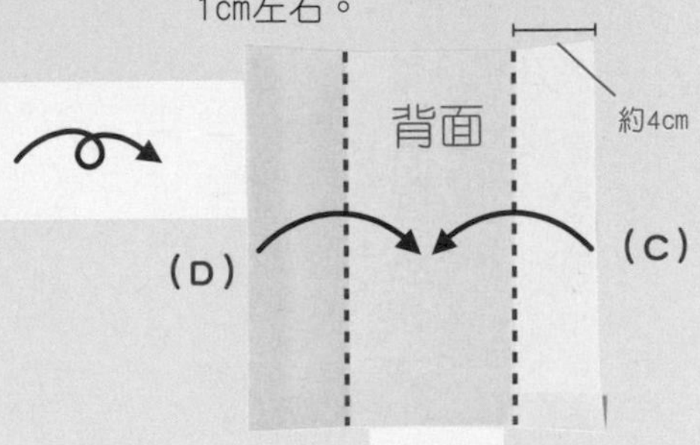

3 依（E）、（F）的順序做凸摺。背面和步驟2相同，摺疊成有1cm左右的重疊。

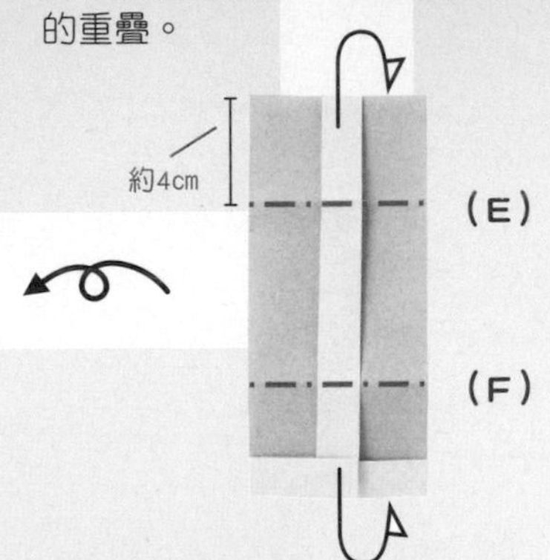

4 如圖般插入裡面。

5 同樣地將重疊的部分插入裡面。

完成！

這是可以在裡面寫上秘密小語的「禮物便籤」喔！

亮晶晶的獎牌做法在29頁

可愛的摺紙

手機

普通

剪刀

使用裁剪成長方形的色紙。

1

縱向對摺出摺痕後，左右對齊摺痕往內凹摺。

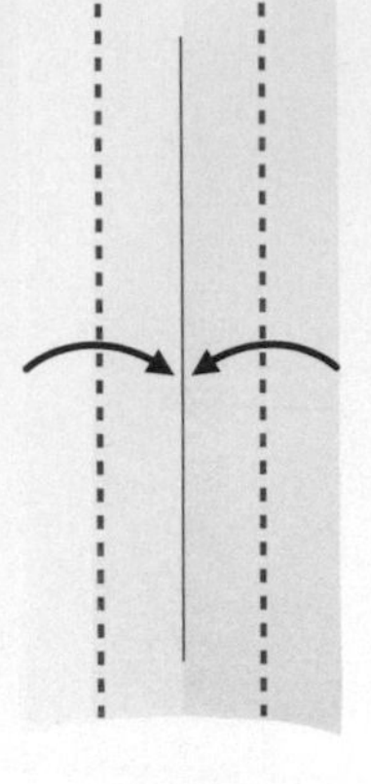

2

只有上面1張再往外對摺，摺出摺痕。

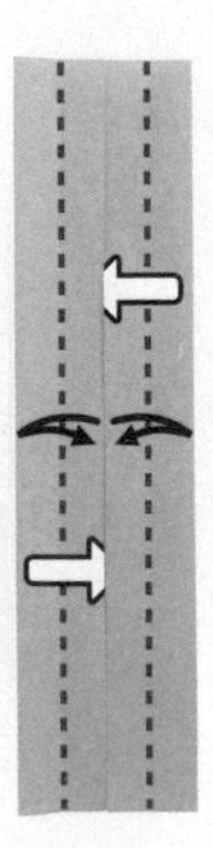

3

上下對半凸摺。

4

在離凸摺約1cm處摺出摺痕。

5

再次對摺出摺痕。

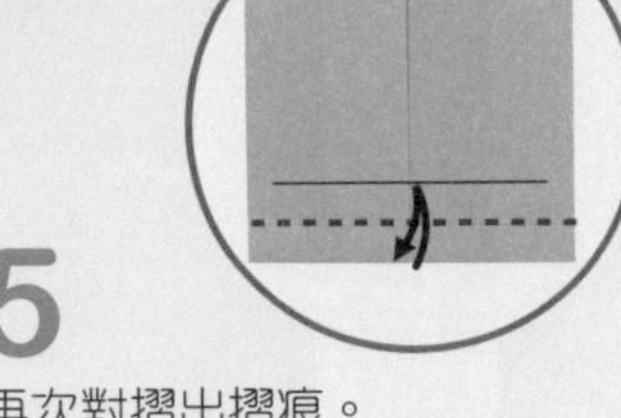

6

回復到步驟3的形狀，如圖般將摺痕做凹摺和凸摺。

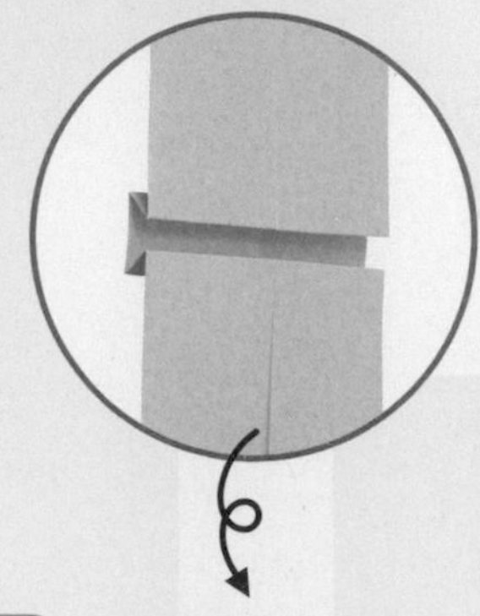

7

在邊角處摺出摺痕後，向內壓摺。

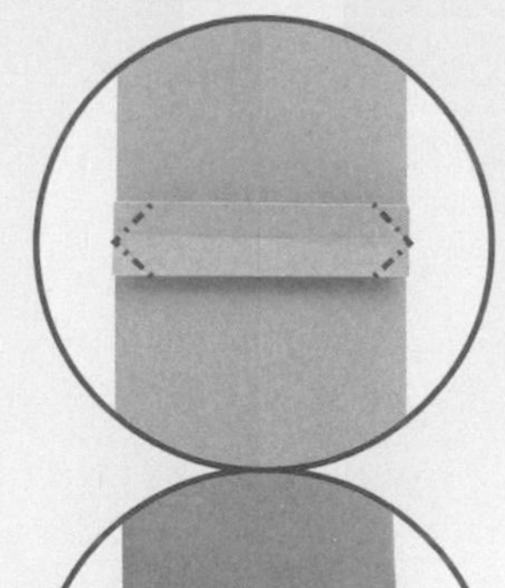

向內壓摺完成

漂亮彩妝盒

4個角的摺法和手機相同。

完成！

使用黑色色紙以及 4 分之 1 大小再對半裁剪的銀色色紙。

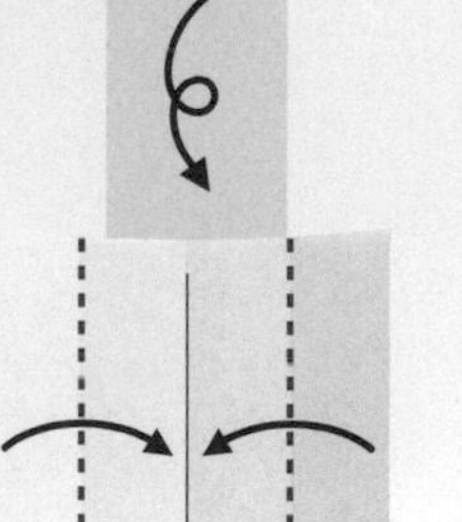

1 與手機到步驟7為止的做法相同（步驟4要在離凸摺約2cm處摺出摺痕）。

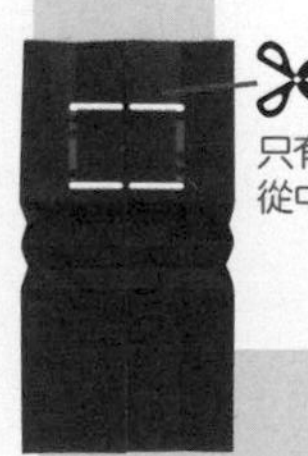

只有上面1張從中央剪入。

2 如圖般剪入，以便做出鏡子。

3 從上面插入銀色色紙，做成鏡子。

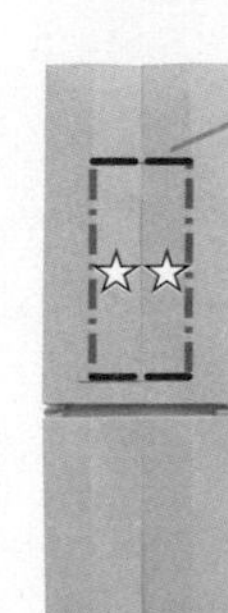

只有上面1張從中央剪入。

8 剪出開口做成螢幕，將☆凸摺後，隱藏到內側。

9 兩角凹摺成三角形。

10 以三角形3分之1的寬度做2次捲摺。最下面也同樣做捲摺。

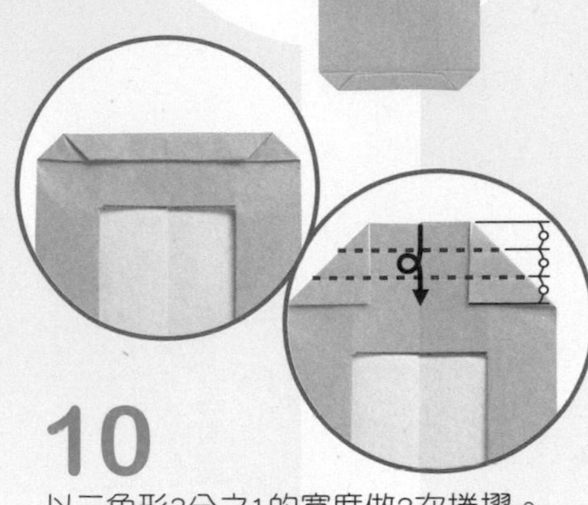

請利用圓形貼紙等做成按鍵，並在螢幕上畫圖或寫字吧！

完成！

大戒指

普通　剪刀

原案：田中雅子

使用對半裁剪的色紙。

小戒指是以3分之1寬度的色紙製作而成的。

1 如圖所示，再將紙剪成約3cm左右。

約3cm

2 如圖般摺出摺痕。

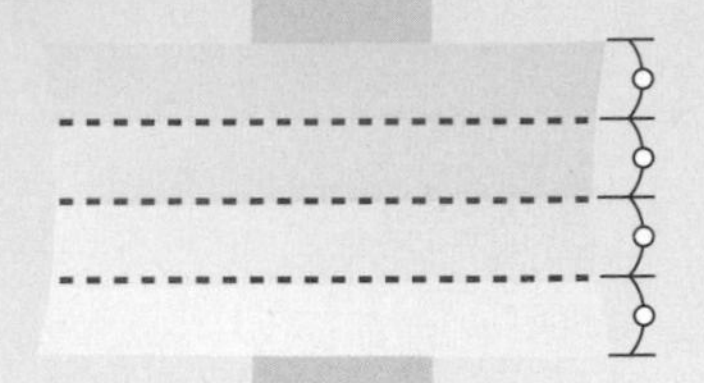

3 上下如圖般做捲摺。

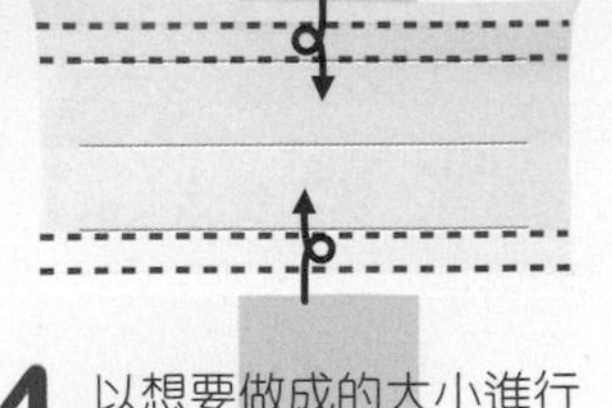

4 以想要做成的大小進行凹摺。

想要製作的大小

5 右邊的角對齊中央線摺出三角摺痕，回復到步驟4的形狀。

6 如圖般重新做出摺痕。利用摺痕讓☆和★重疊。

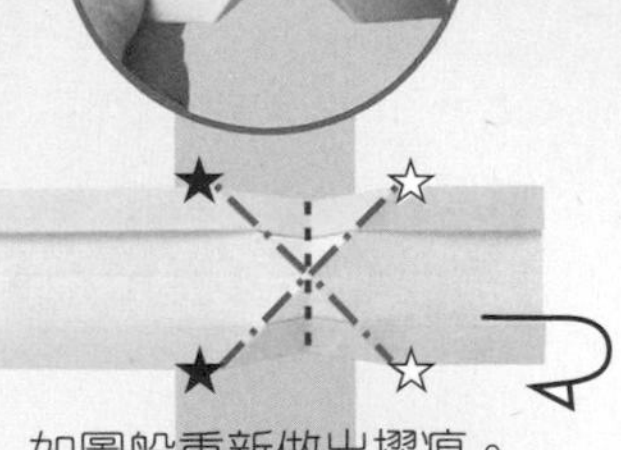

正在摺的模樣

7 長的一方朝上，如圖般，上面1張做凹摺。

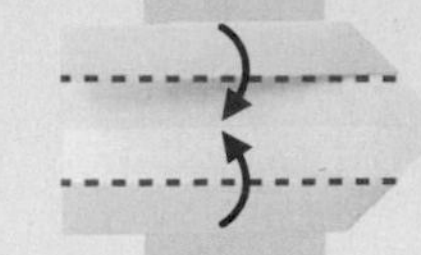

8 繼續凹摺。

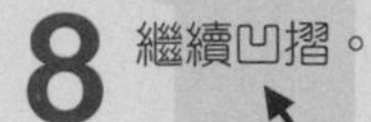

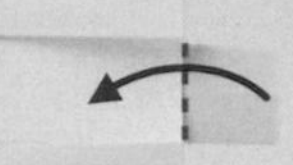

9 再次凹摺，將步驟8摺好的部分隱藏起來。

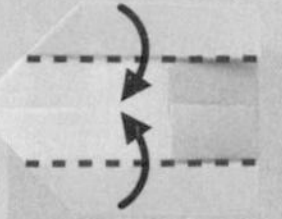

10 一邊凹摺，一邊將☆繞成圓形。

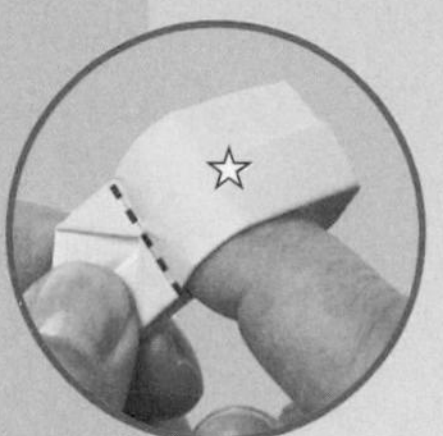

11 從上面將突出的部分（★）稍微壓平。

12 手指從下面伸入，整理成漂亮的形狀。

完成！

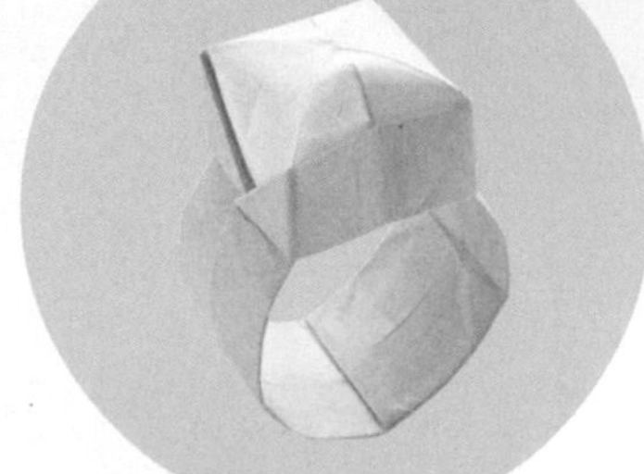

貼上銀色紙或金色紙會更漂亮喔！

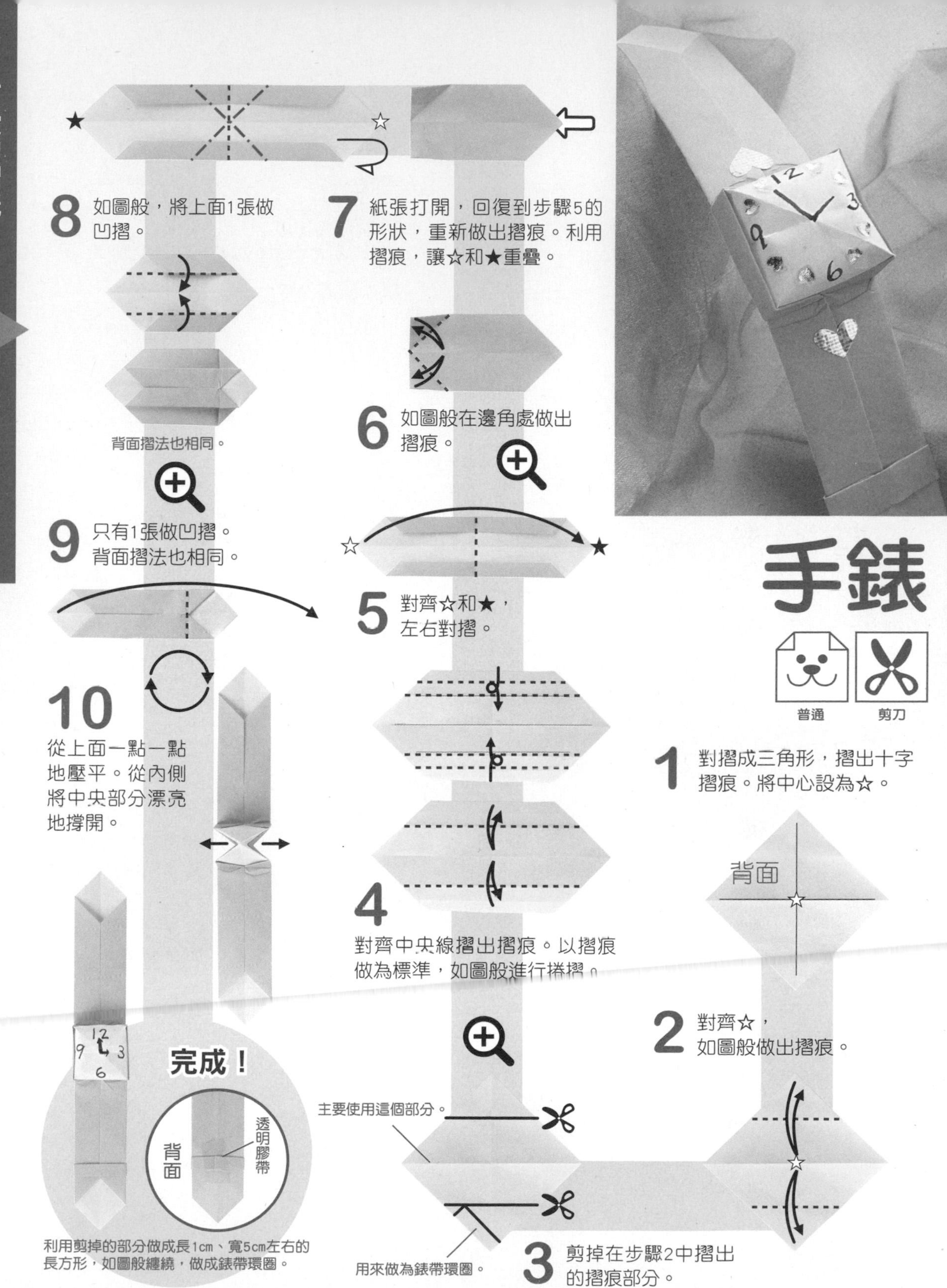
手錶
普通
剪刀
1 對摺成三角形，摺出十字摺痕。將中心設為☆。
背面
2 對齊☆，
如圖般做出摺痕。
主要使用這個部分。
用來做為錶帶環圈。
3 剪掉在步驟2中摺出的摺痕部分。
4 對齊中央線摺出摺痕。以摺痕做為標準，如圖般進行捲摺。
5 對齊☆和★，
左右對摺。
6 如圖般在邊角處做出摺痕。
7 紙張打開，回復到步驟5的形狀，重新做出摺痕。利用摺痕，讓☆和★重疊。
8 如圖般，將上面1張做凹摺。
背面摺法也相同。
9 只有1張做凹摺。
背面摺法也相同。
10 從上面一點一點地壓平。從內側將中央部分漂亮地撐開。
12
9
3
6
完成！
背面
透明膠帶
利用剪掉的部分做成長1cm、寬5cm左右的長方形，如圖般纏繞，做成錶帶環圈。

愛心卡片

原案：法蘭西斯・歐文

使用裁剪成一半的色紙。

普通

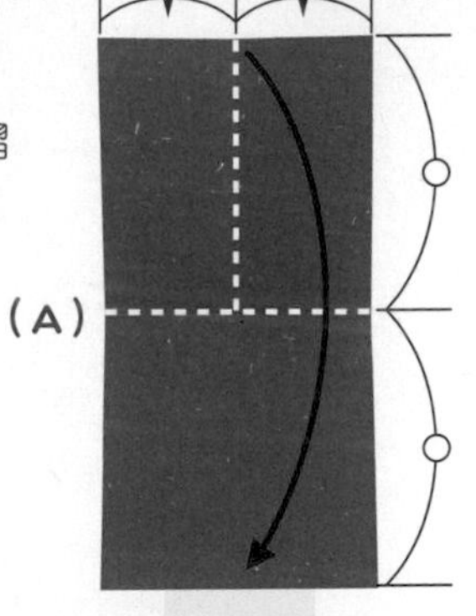

1 如圖般摺出摺痕後，在（A）線處做凹摺。

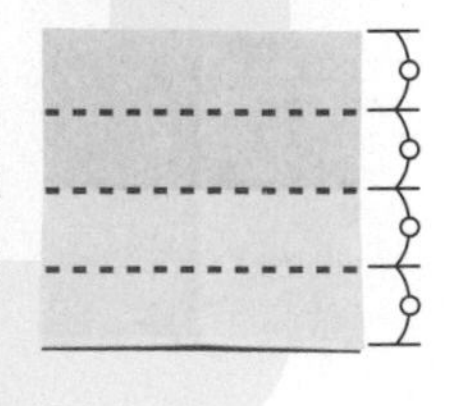

2 如圖所示，只有上面1張以4分之1的寬度做出摺痕。將紙張正面朝上，全部展開。

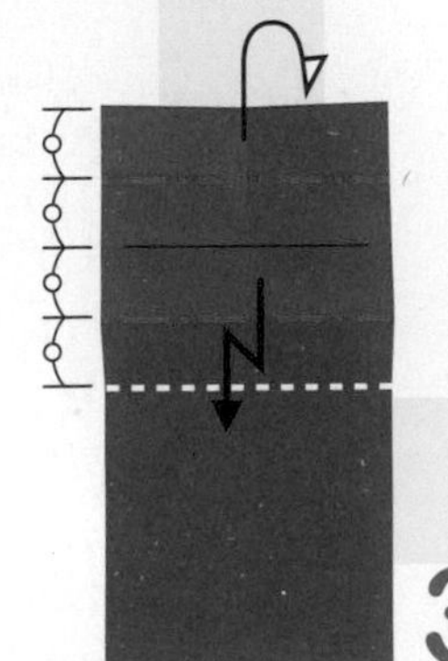

3 利用摺痕，上面做凸摺，下面做階梯摺。

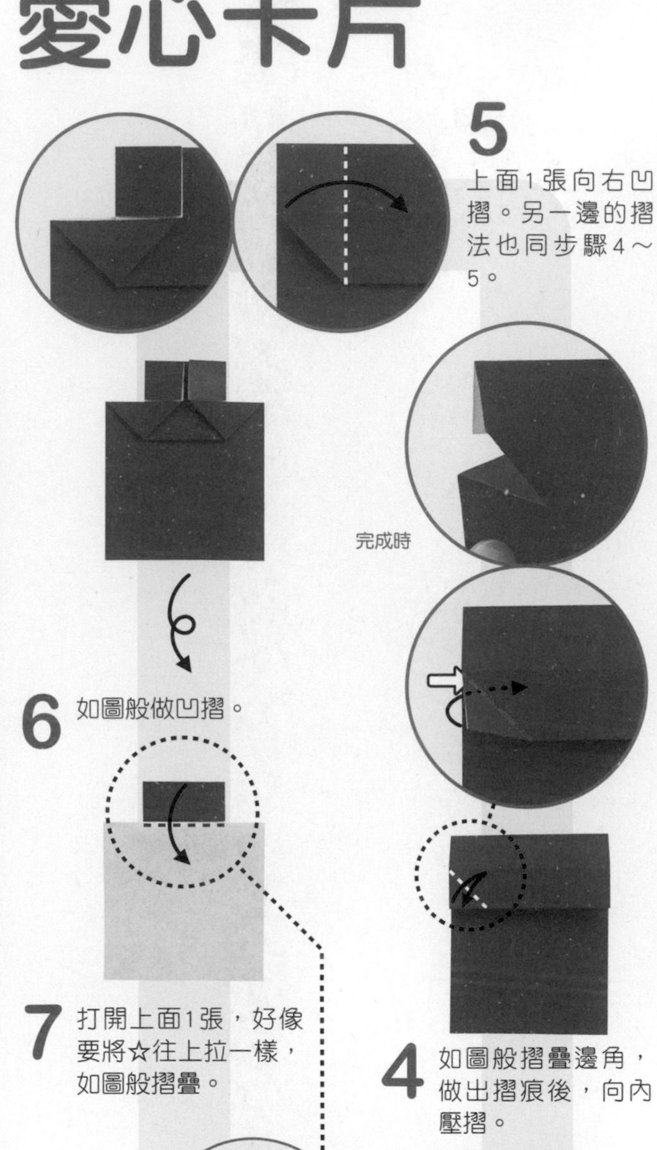

4 如圖般摺疊邊角，做出摺痕後，向內壓摺。

完成時

5 上面1張向右凹摺。另一邊的摺法也同步驟4～5。

6 如圖般做凹摺。

7 打開上面1張，好像要將☆往上拉一樣，如圖般摺疊。

讓★和☆重疊。

另一邊也同樣摺疊。

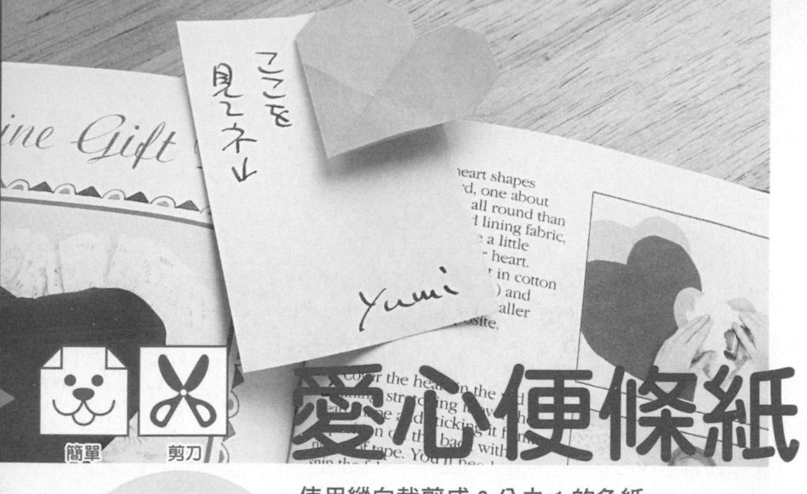

簡單　剪刀

愛心便條紙

使用縱向裁剪成3分之1的色紙。

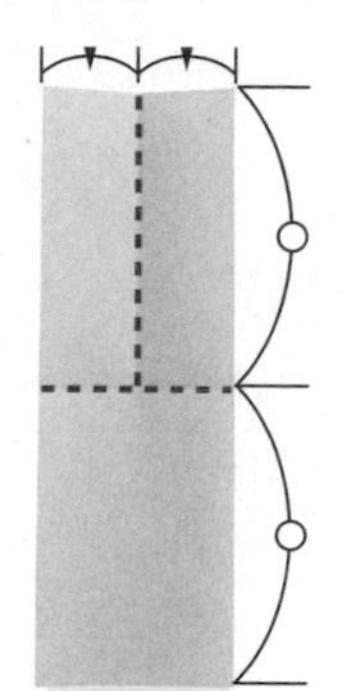

1 如圖般摺出摺痕。

2 剪掉畫線的部分。

3 如圖般做凹摺。

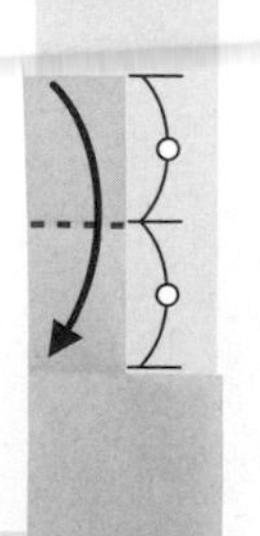

4 將角摺成三角形。

5 打開。

6 如圖般做凸摺。

完成！

(A)　(B)

7 剪開7、8㎜長的開口（A）。4個角凸摺，做成心形（B）。

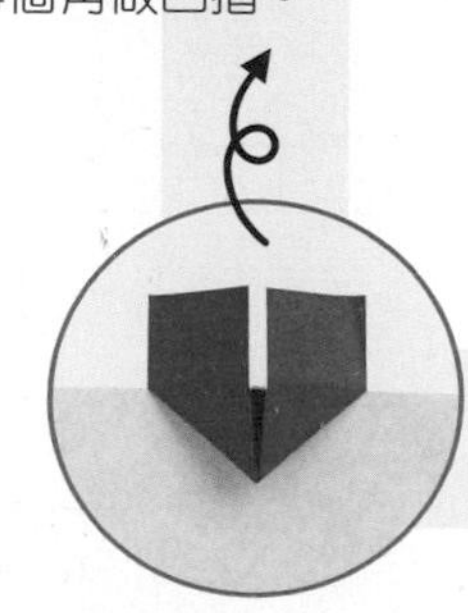

8 4個角做凹摺。

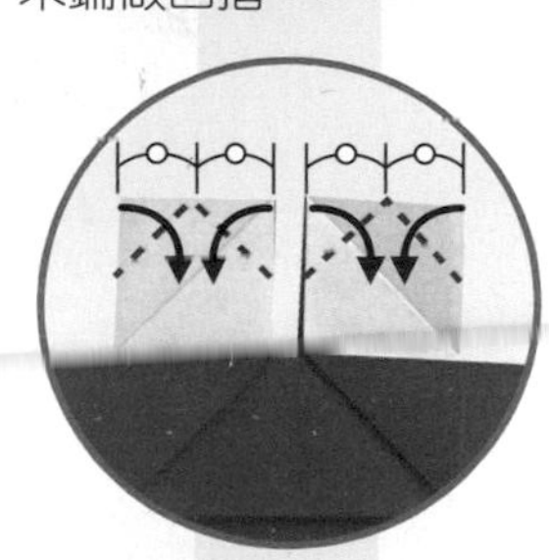

9 末端做凹摺。

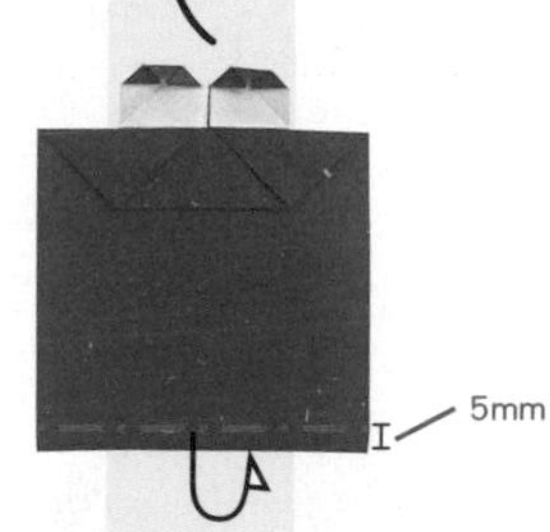

10 下面以約5㎜的寬度做凸摺。

完成！

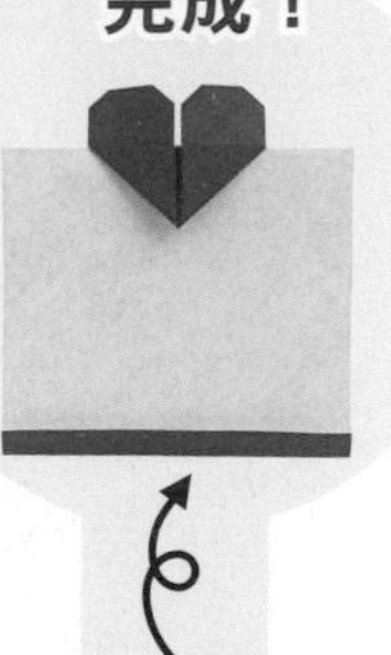

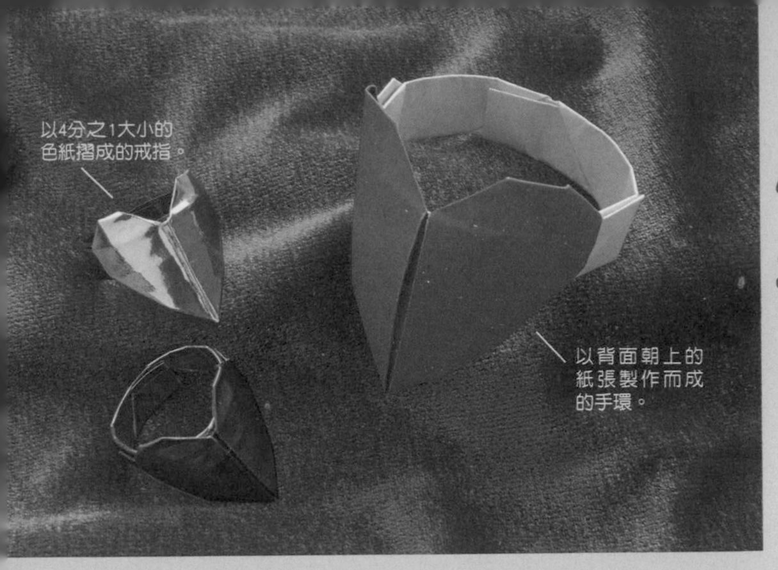

心形手環

原案：法蘭西斯・歐文

1 摺出十字摺痕後，在上半部做出摺痕。

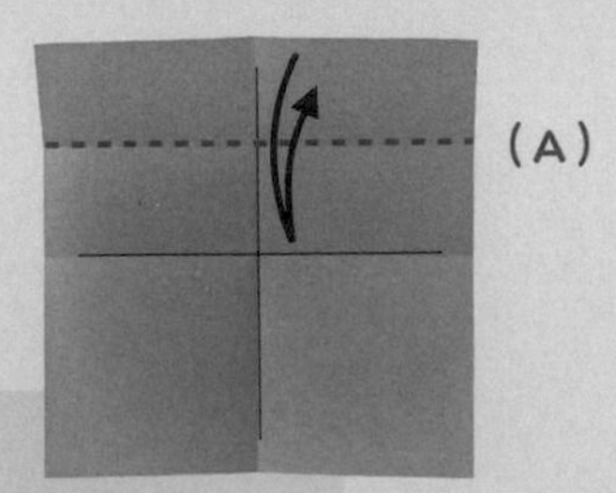

2 上緣再次對摺出摺痕。

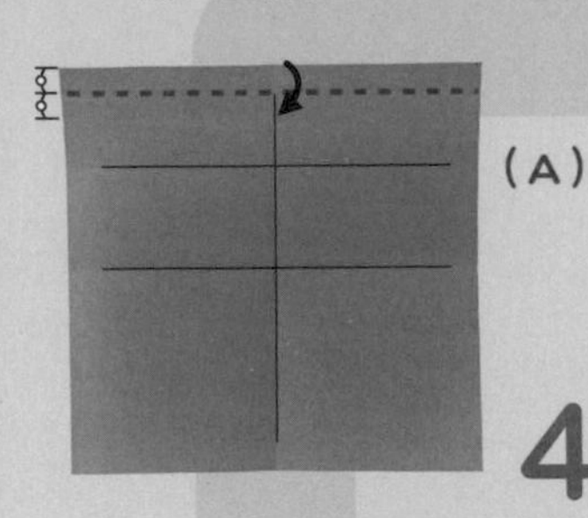

3 對齊步驟2的摺痕再次凹摺。

4 就這樣在（A）的摺痕處做凹摺。

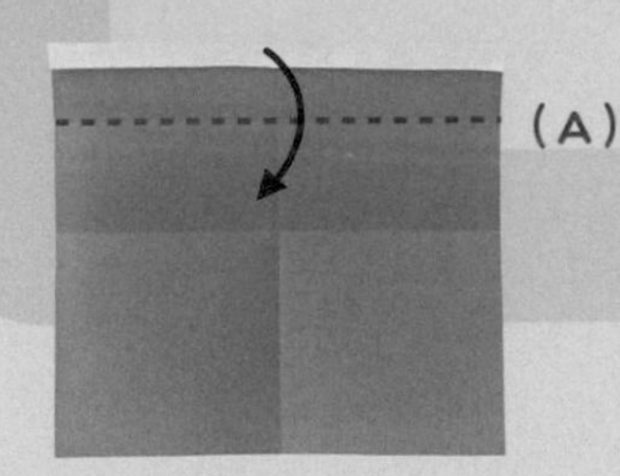

5 左右對齊中央線，向內凹摺出三角形。

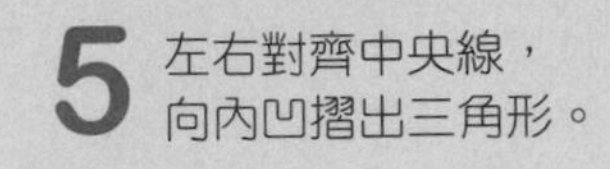

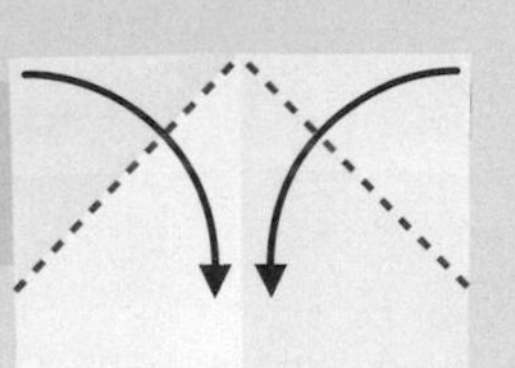

6 向外對半摺成三角形，摺出摺痕。

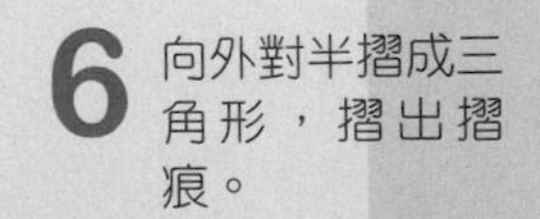

7 將摺痕向內壓摺。

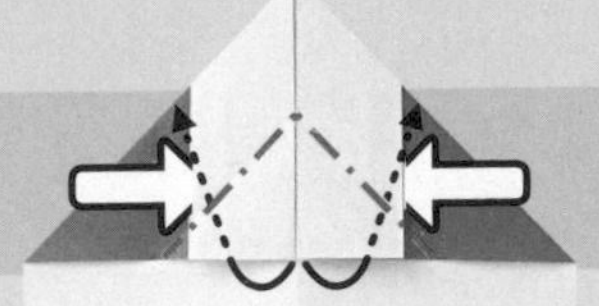

8 如圖般，在摺痕處往下凹摺。

(A)

9 翻面，如圖般做凹摺。

要讓黑線處形成一直線。

10 邊角斜摺出三角形。

11 另一邊的摺法也相同。

12 下面的白色部分，以3分之1的寬度做3次捲摺。

13 再次以相同的寬度捲摺，直到上面。

14 完成有心形的帶子。

將☆插入★的隙間。

完成！

以4分之1大小的摺紙來製作，就會成為戒指的尺寸。

小狗書籤

1 對摺成三角形。

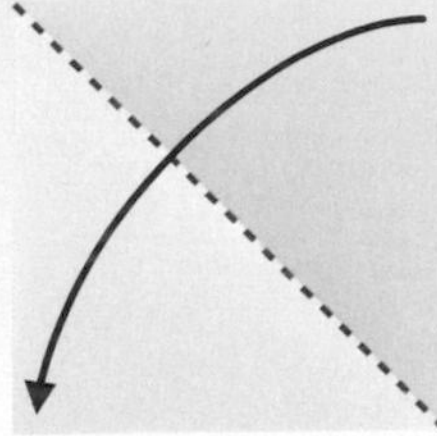

2 如圖般摺出摺痕後，向外反摺。

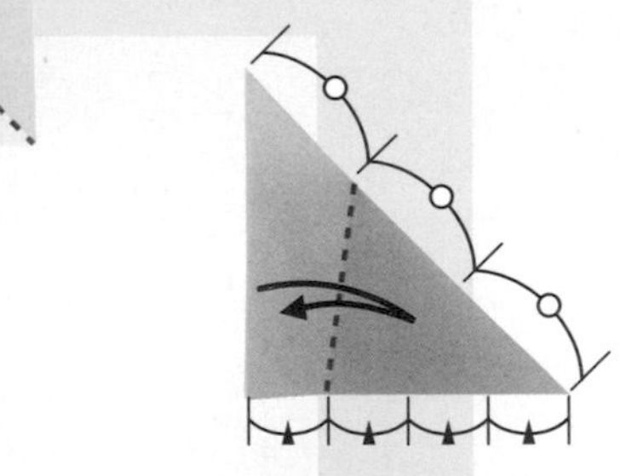

3 如圖般摺出摺痕後，再次向外反摺。

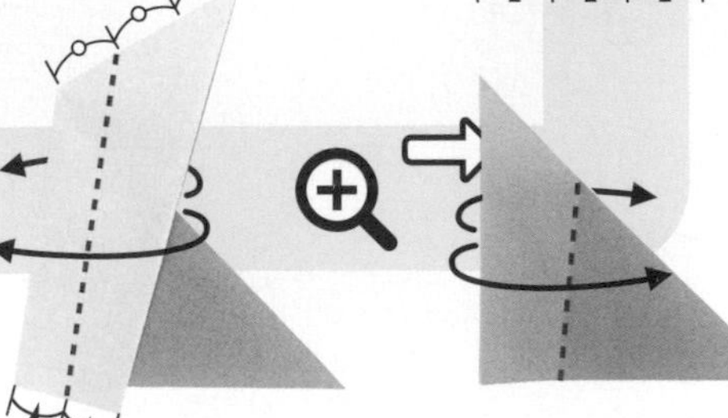

4 紙張打開，末端做凸摺後隱藏起來，下面的部分做階梯摺。背面摺法也相同。

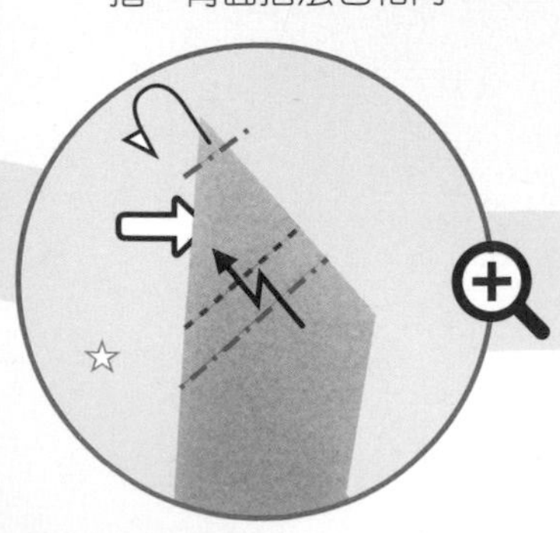

5 如圖般，正面和背面都只剪開上面1張。

摺好時。從☆的方向看過去的模樣。

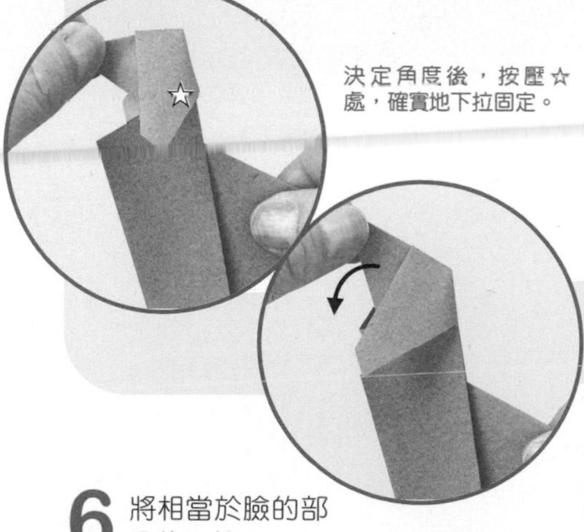

決定角度後，按壓☆處，確實地下拉固定。

6 將相當於臉的部分往下拉。

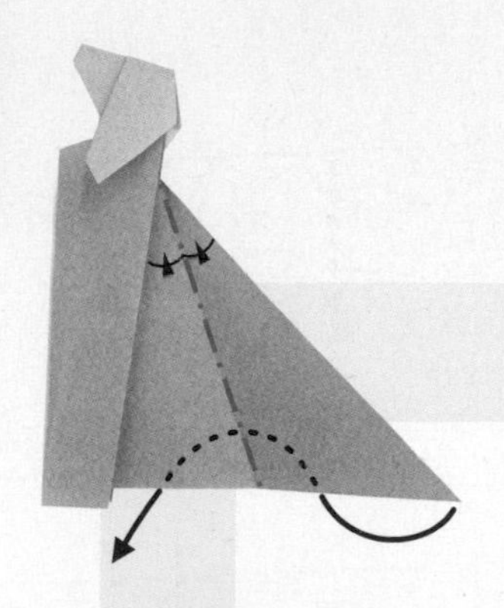

7 如圖般向內壓摺。

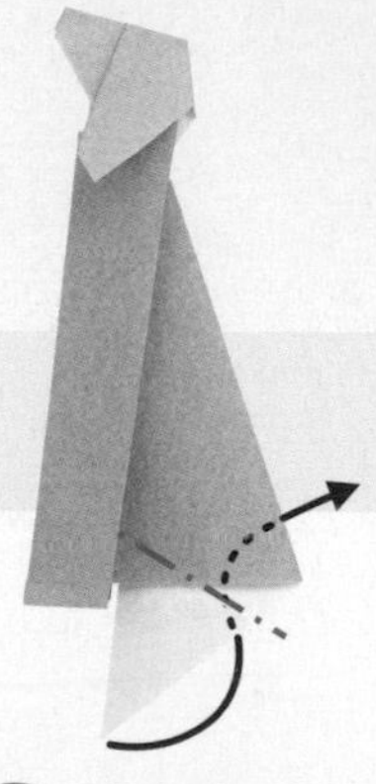

8 僅內側再次向內壓摺，露出尾巴。

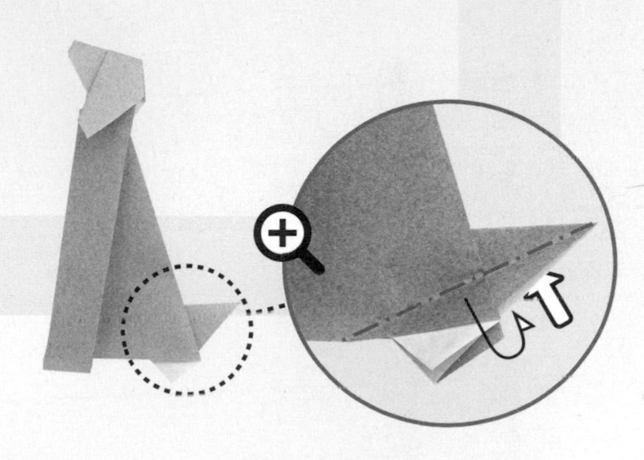

9 如圖般將末端凸摺隱藏於內側。背面摺法也相同。

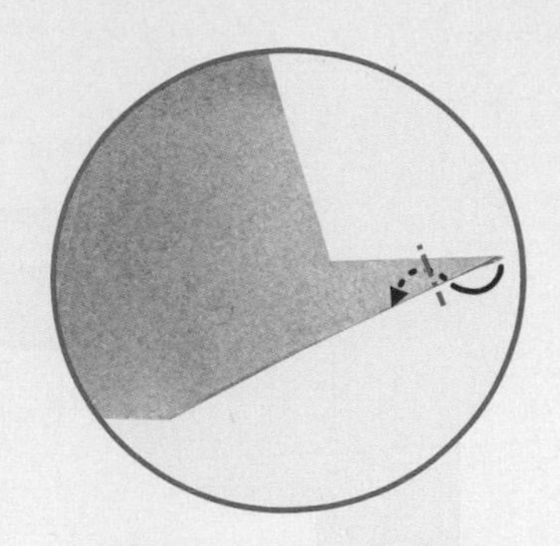

10 末端稍微向內壓摺。

11 腳尖保持重疊，各以凸摺隱藏於內側。耳朵末端也稍微往內摺。

壓扁後，就能做為書籤使用了。
這是可以立起來的漂亮書籤喔！

完成！

桌子・椅子

普通

【製作桌子】

1 摺出十字摺痕後，將4個角摺向中央。

2 翻面，再次將4個角摺向中央。

3 如圖般將紙張背面朝上全部打開，利用摺痕，將左右朝中央做凹摺。

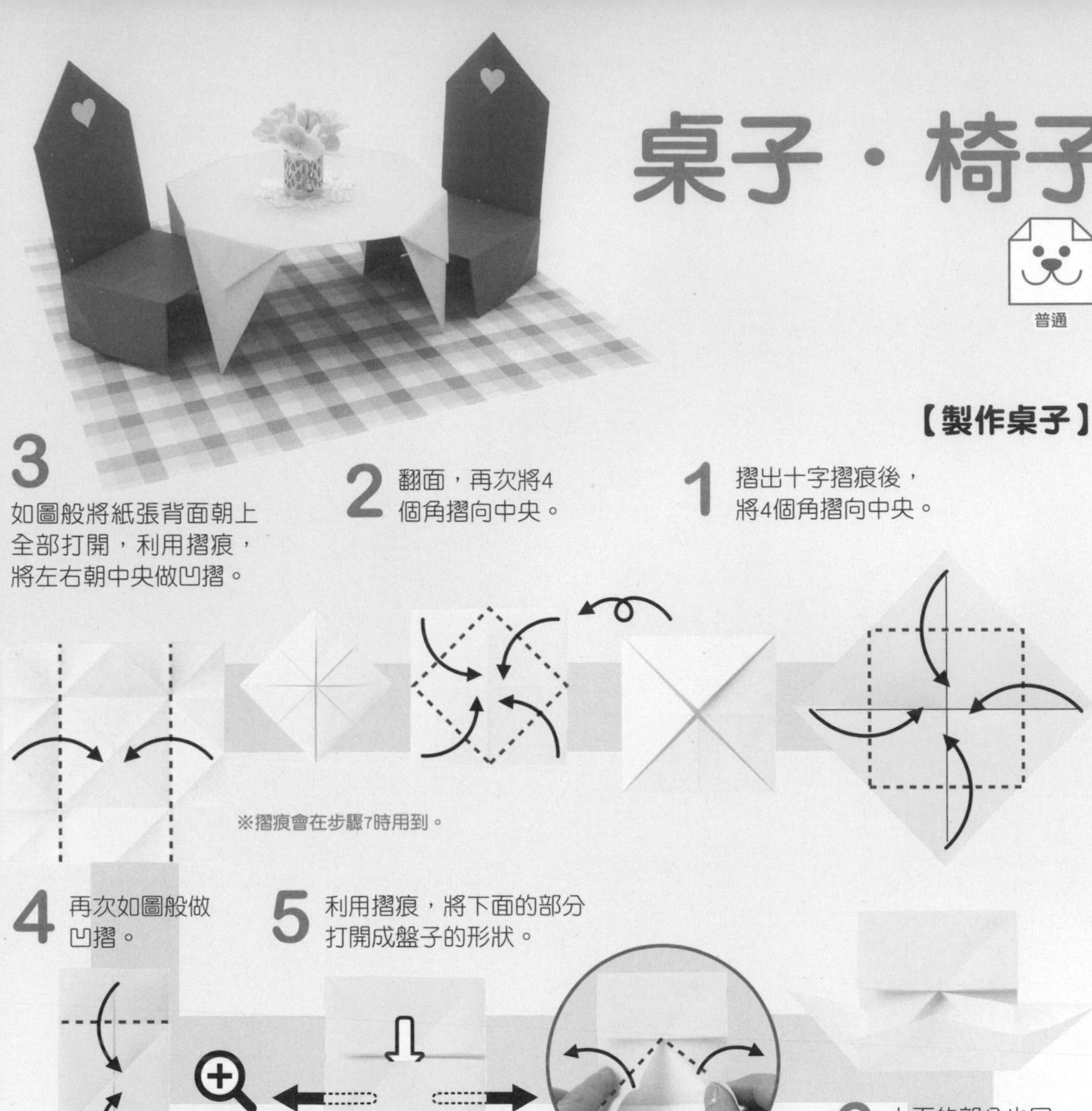

※摺痕會在步驟7時用到。

4 再次如圖般做凹摺。

5 利用摺痕，將下面的部分打開成盤子的形狀。

6 上面的部分也同樣進行。

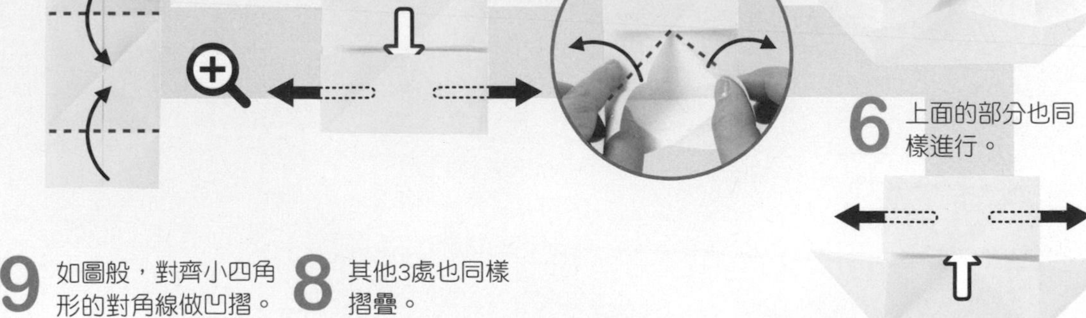

7 如圖般摺疊，讓★與☆重疊。

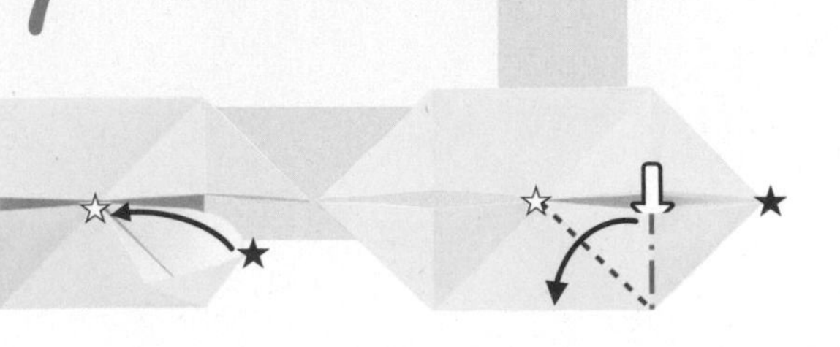

8 其他3處也同樣摺疊。

9 如圖般，對齊小四角形的對角線做凹摺。

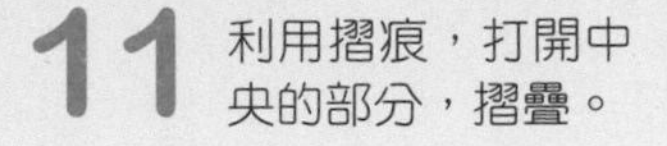

10 對齊步驟9摺出的部分，凹摺出摺痕。將步驟9摺好的部分回復原狀。其他3處也同樣進行。

11 利用摺痕，打開中央的部分，摺疊。

12 其他3處也同樣摺疊。

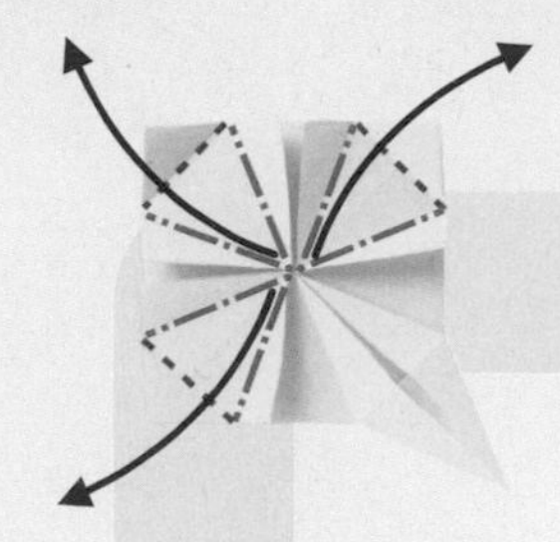

13 如圖般，連同下面的紙一起做凹摺。

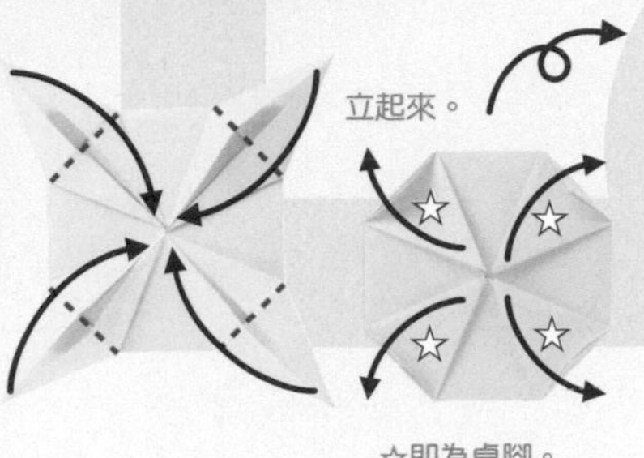

完成！

如圖般立起桌腳後，整理形狀。

【製作椅子】

1 摺出十字摺痕後，如圖般對齊中央線做凹摺。

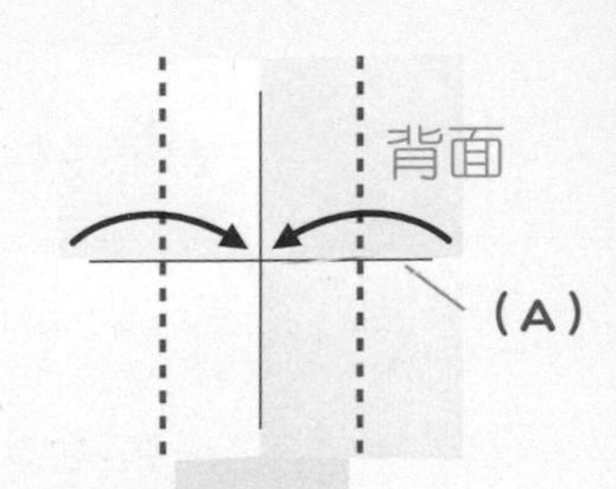

2 上面的角對齊中央線凹摺。

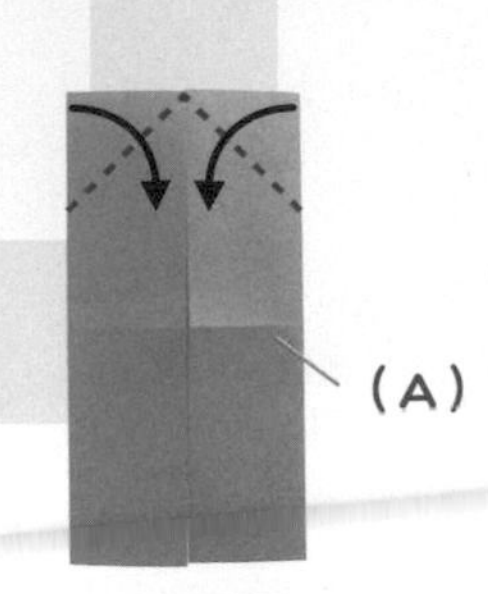

3 下面的部分對齊中央線摺出摺痕。

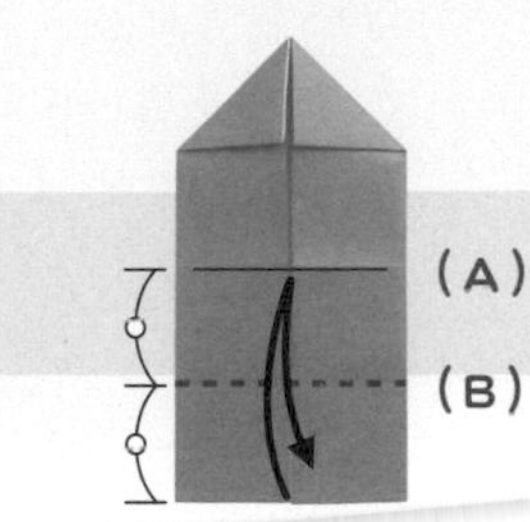

4 朝著步驟3的摺痕做階梯摺。

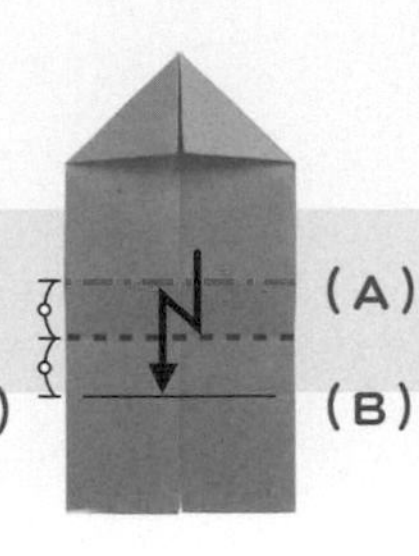

5 對齊步驟3的摺痕做凹摺。

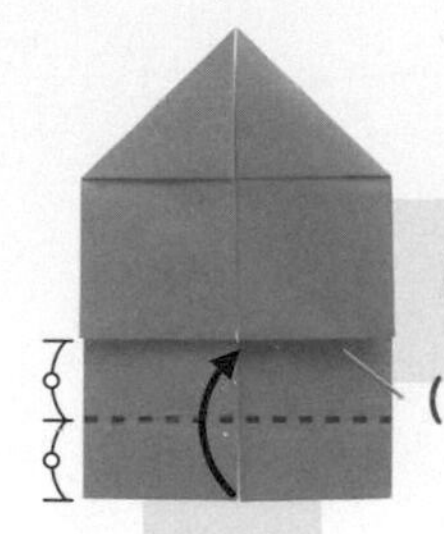

6 左右對齊中央線做凹摺。

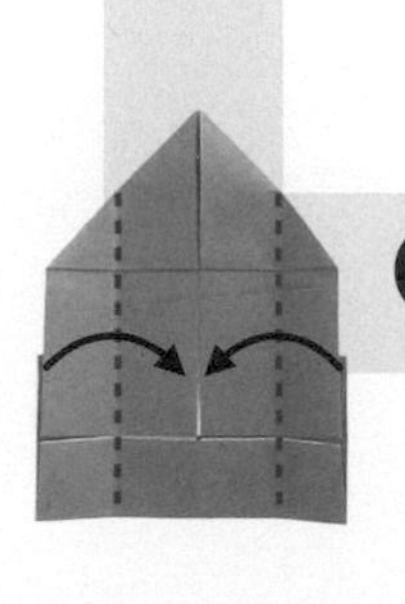

7 打開箭頭處。

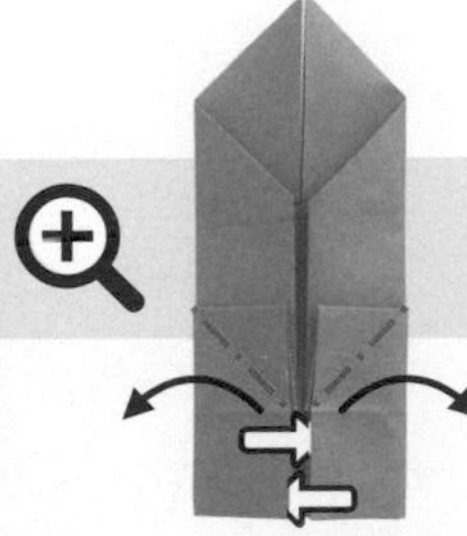

8 將☆（椅背處）往前折，下面的部分如圖般整理形狀。

完成！

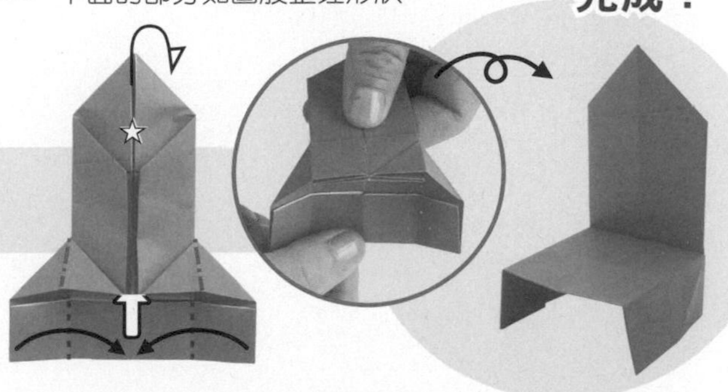

風琴

簡單

1 對摺成長方形。

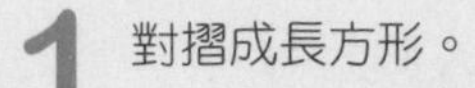

2 如圖般摺出摺痕。

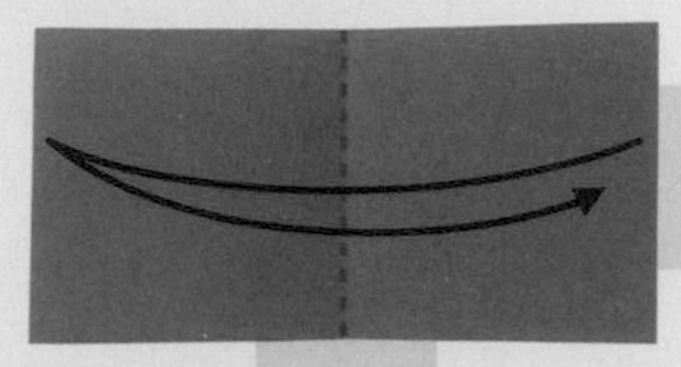

3 左右對齊中央線做凹摺。

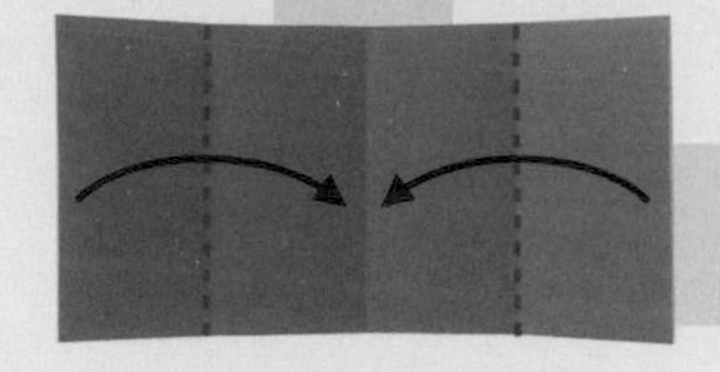

4 如圖般摺出摺痕。

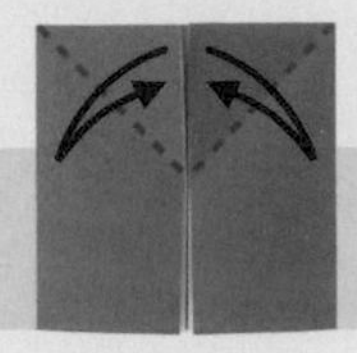

5 利用步驟4的摺痕，如圖般打開摺疊。另一邊的摺法也相同。

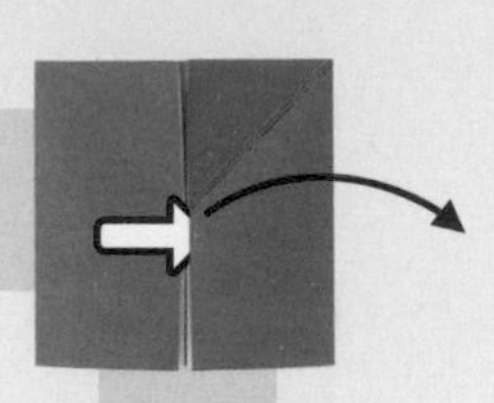

正在摺的模樣

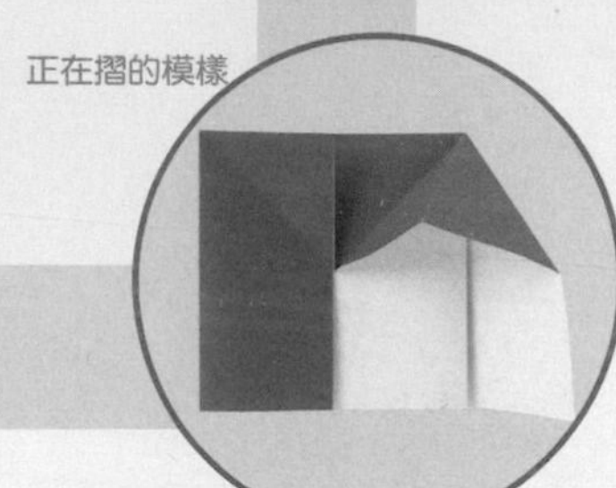

6 只有中間部分如圖般往上摺。

7 對半往下摺。

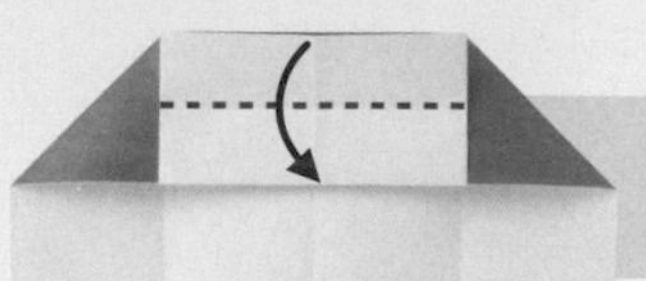

8 左右做凹摺。

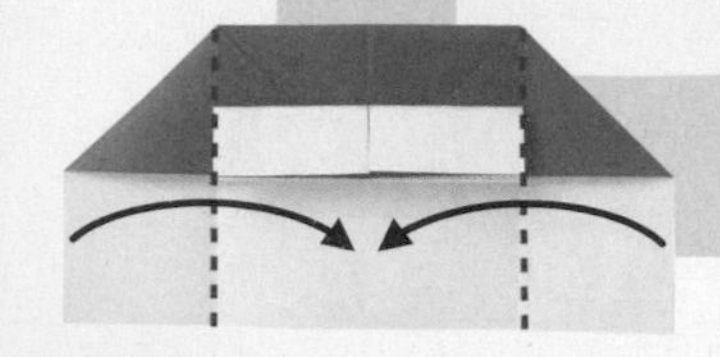

9 打開左右，將（A）放下來，使其立起。

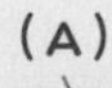

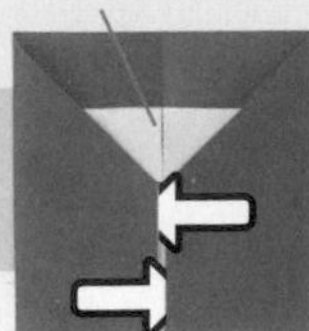

完成！

網袋

普通

剪刀

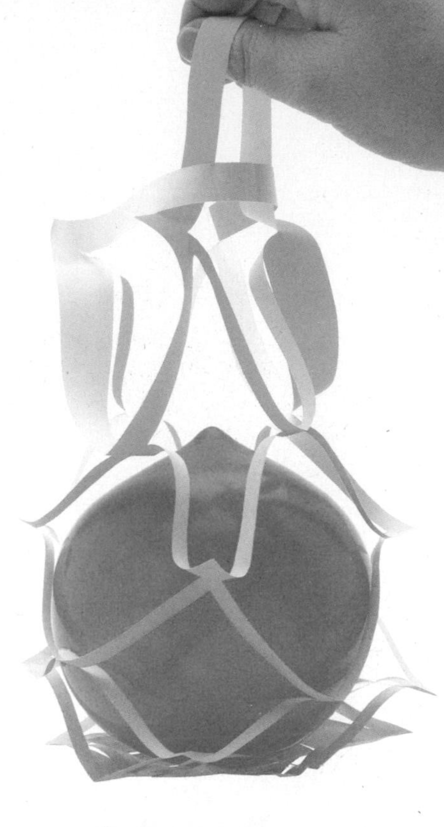

1 對摺成長方形。

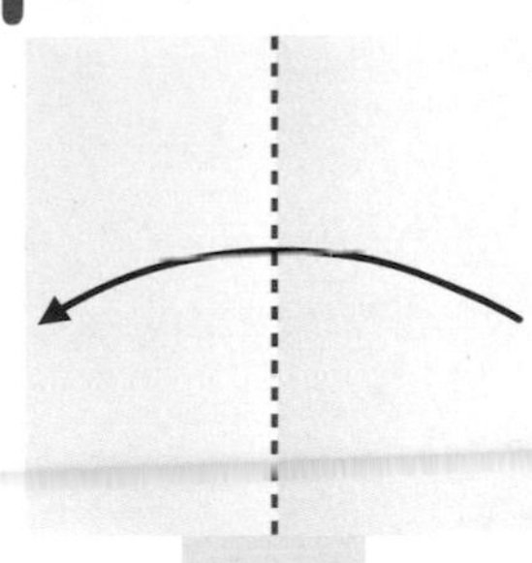

2 再對摺成正方形。

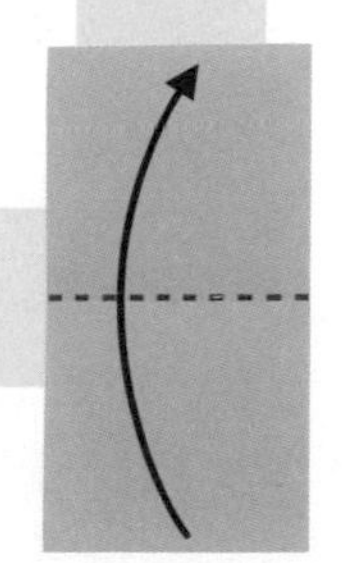

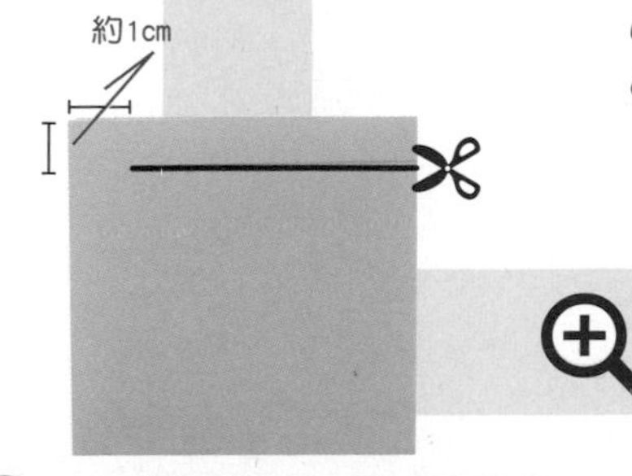

3 保持重疊狀態，剪到畫線處。

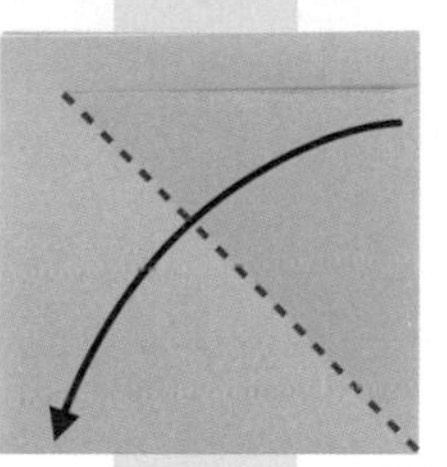

4 在剪入的盡頭和右下角的連結線上做凹摺。

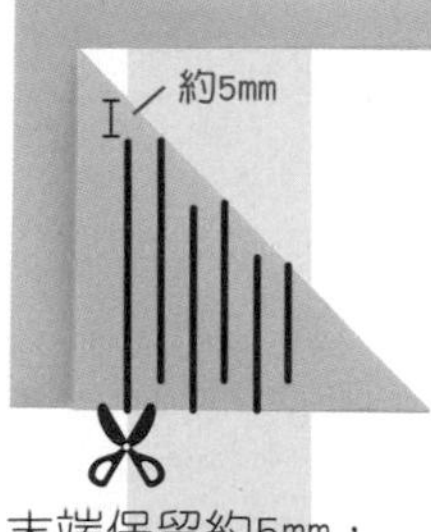

5 末端保留約5mm，如圖般交互剪入。

※剪的時候要非常小心，以免剪斷了。剪入的間隔和數目也可以再多一些。

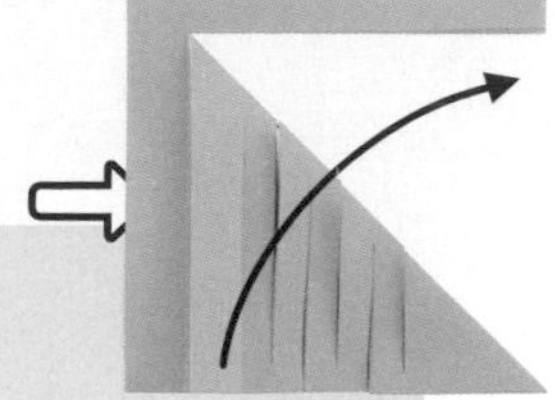

6 全部打開，但要注意避免弄破。

7 正面朝上，將輕量的東西放在中央，拿起☆和★，網袋就完成了。

完成！

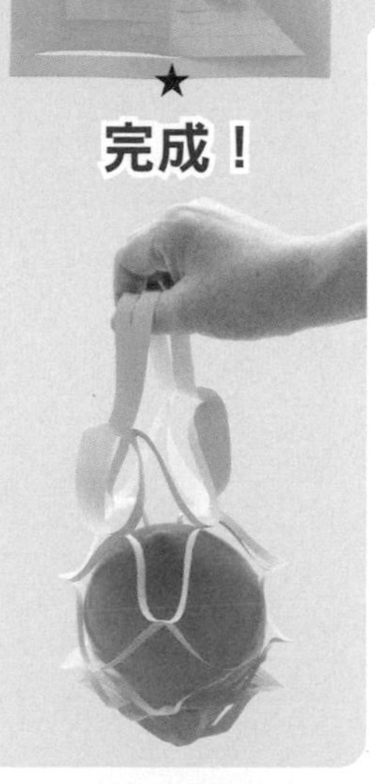

也可以讓☆套入★的下方來提著。

使用大的塑膠布來代替紙品，就可以做出實用的袋子。

可以玩的摺紙

跳跳蛙的做法在36頁

紙砲

用力往下甩，就會發出巨大聲響的紙砲。如果是用約半張報紙大的紙張來做的話，就可以發出非常巨大的聲響。

簡單

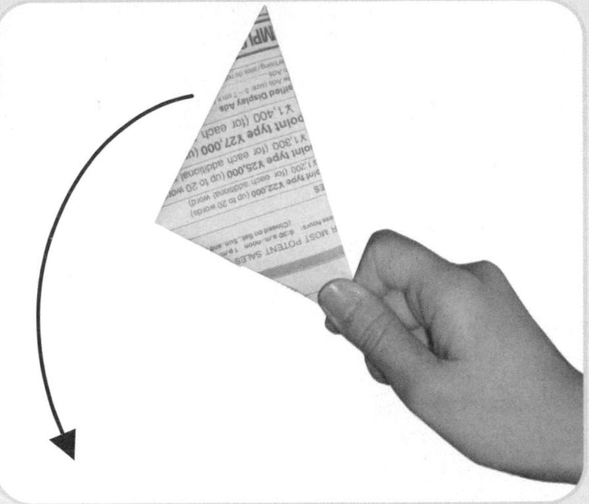

1 對摺出摺痕後，
4個角對齊該摺痕做凹摺。

2 對摺。

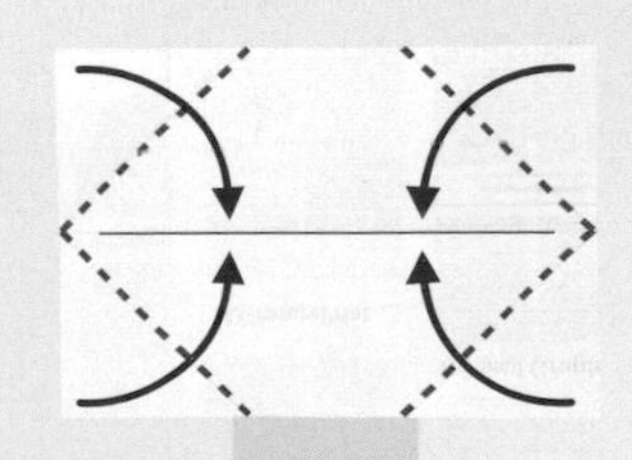

3 再對摺。

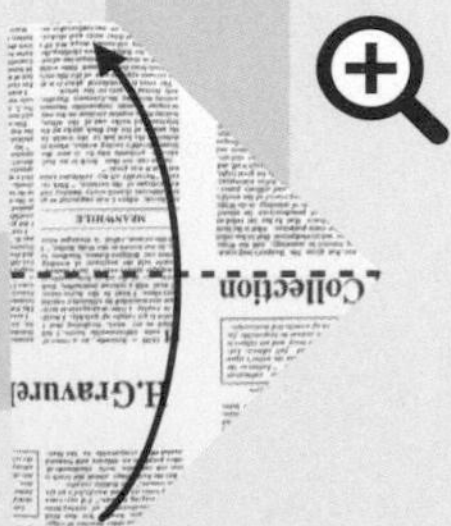

4 如圖般，打開☆部分。

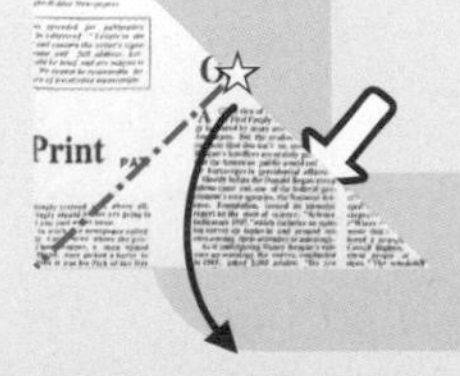

5 背面也同樣打開。

6 將上面1張往下凹摺，
背面也同樣凹摺，摺疊成三角形。

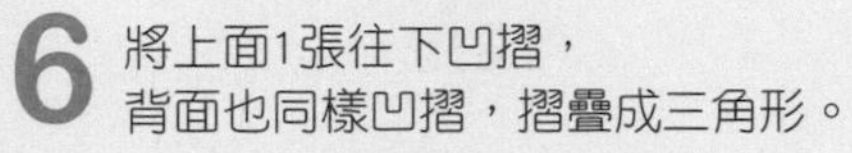

完成！

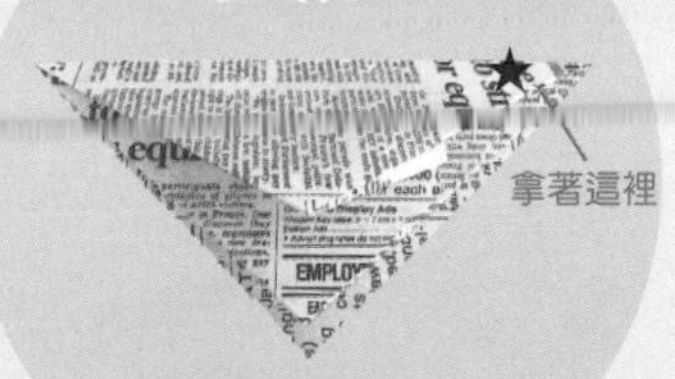

不妨用各種不同的紙來製作，試試看會發出什麼樣的聲音。

大嘴巴

普通

原案：ドリス浅野、李瑛順、
Vincent Palacios

1 對摺成三角形。

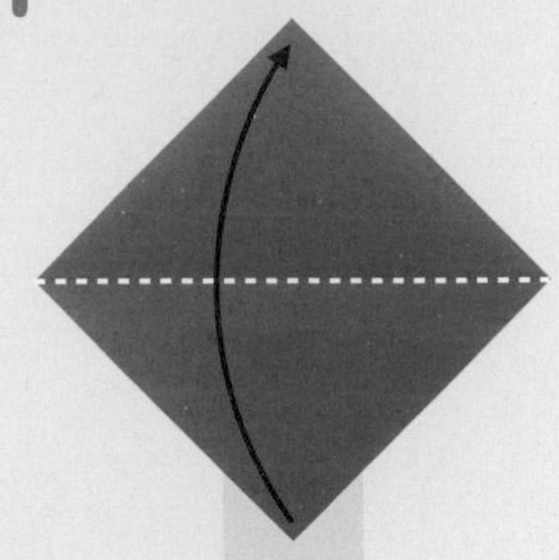

2 以3分之1的寬度，左右做凹摺。依（A）、（B）的順序來摺。

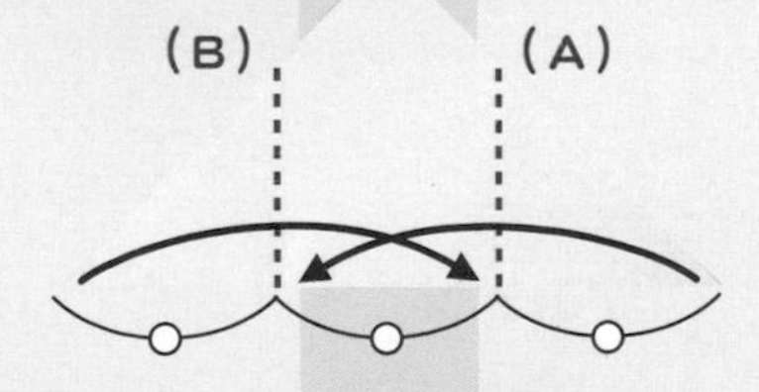

3 上面1張對摺成三角形。

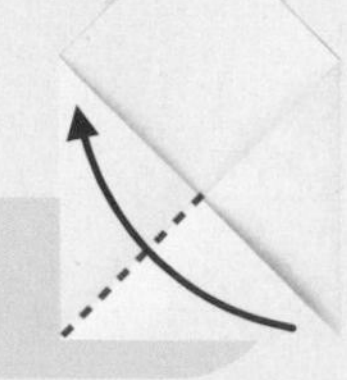

4 再將上面1張對摺成三角形。

5 如圖所示，讓☆線和★線重疊般地摺出摺痕。

6 末端小小地折疊。另一邊的摺法也同步驟3～6。正面朝上，全部展開。

7 依（B）、（A）的順序來摺。

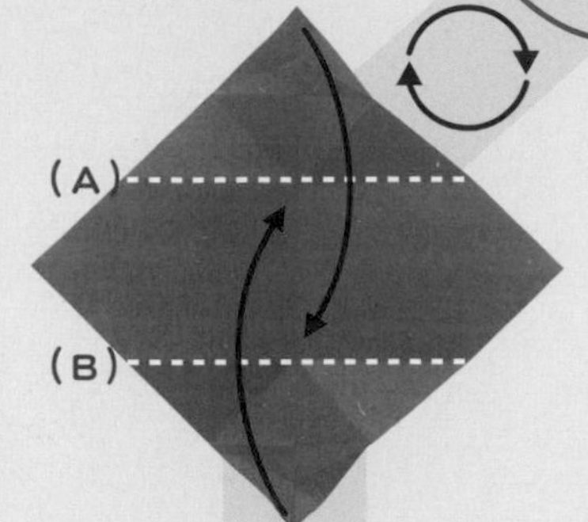

8 末端凹摺成小小的三角形。

9 凹摺出摺痕，使其立起。

向左右開合，嘴巴就會一開一合的。也可以像面具一樣貼在自己的嘴巴上看看。

★看起來像什麼？★

用色彩豐富的雙面色紙來摺。看起來像什麼呢？就像是企鵝、小狗、魚兒的臉對吧！請試著用各種顏色的紙來摺摺看吧！

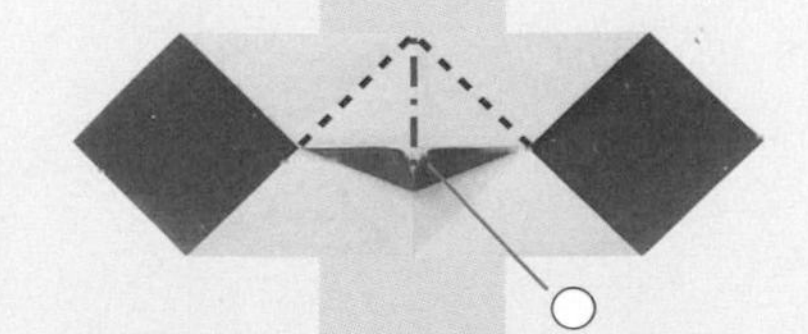

10 如圖般，重新做出摺痕，抓住○使其立起，成為上嘴唇。下面的嘴唇摺法也同步驟8～9。

11 上下嘴唇如圖般保持浮起的狀態，於中央線做凹摺。

12 上面1張往左凹摺。

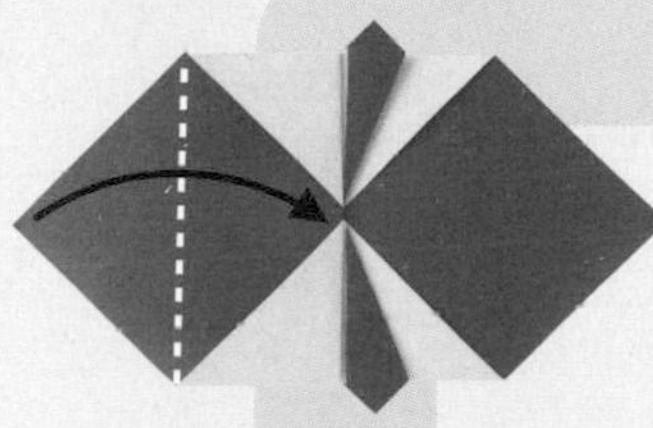

13 再次凹摺。

14 如圖般，上面1張做凹摺。

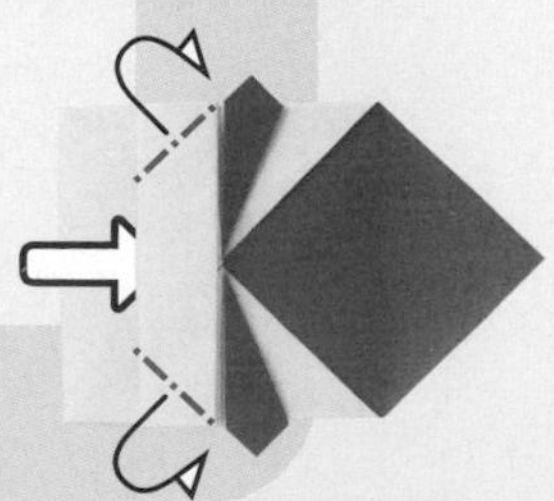

15 邊角摺成三角形，藏到後面。

16 另一邊的摺法也同步驟12～15。

17 抓住☆，向左右拉開，就完成大嘴巴了。

完成！

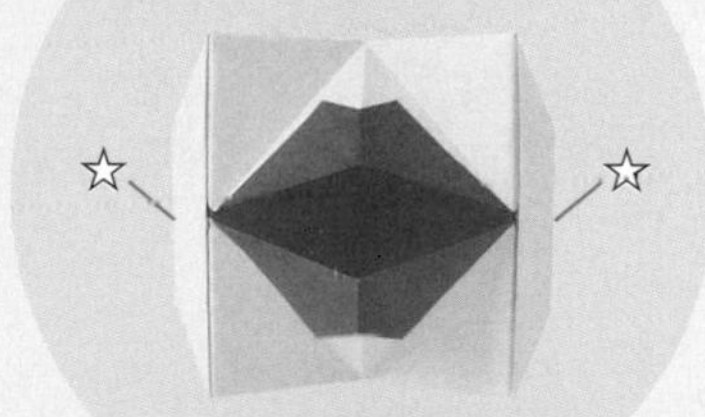

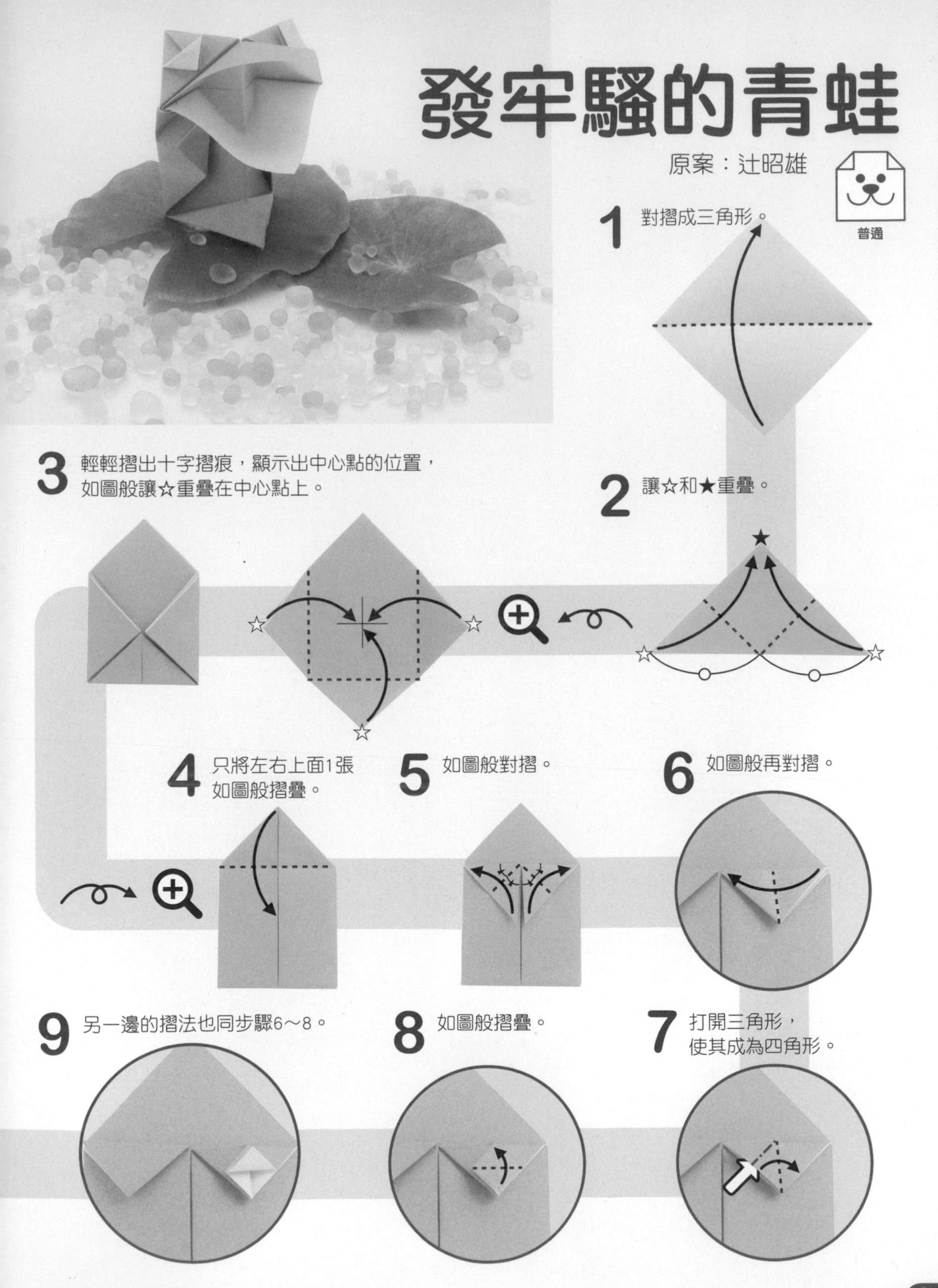
發牢騷的青蛙
原案：辻昭雄
普通
1 對摺成三角形。
2 讓☆和★重疊。
3 輕輕摺出十字摺痕，顯示出中心點的位置，
如圖般讓☆重疊在中心點上。
4 只將左右上面1張
如圖般摺疊。
5 如圖般對摺。
6 如圖般再對摺。
7 打開三角形，
使其成為四角形。
8 如圖般摺疊。
9 另一邊的摺法也同步驟6～8。

10
下面的三角形依摺痕摺疊，一邊將末端弄尖。

兩眼完成了！

11
沿著眼睛，凸摺出摺痕。

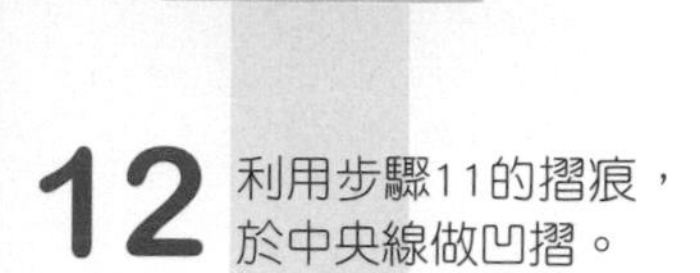

12
利用步驟11的摺痕，於中央線做凹摺。

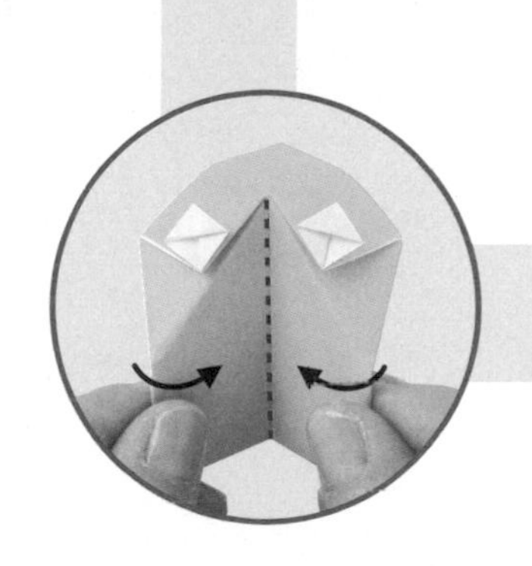

從側面看的模樣

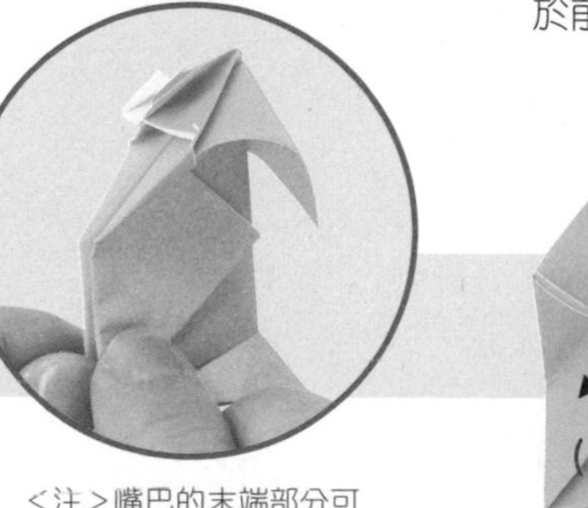

<注>嘴巴的末端部分可能會依狀況而與照片不同。

13
僅將1張嘴巴的紙對著腹部方向慢慢拉開。（A）、（B）做凹摺，形成相當於前腳的部分。

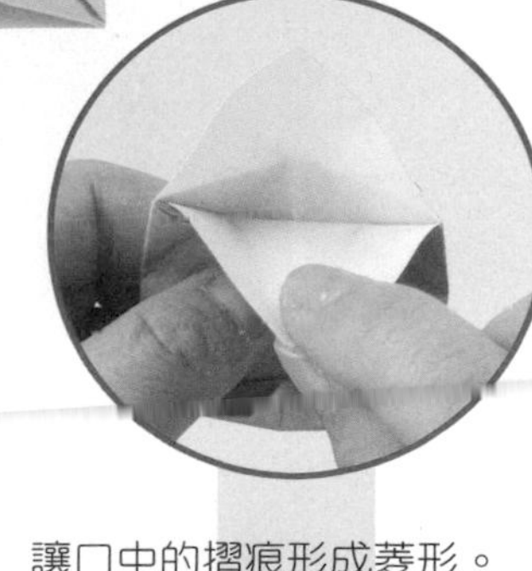

將嘴巴大大地打開

14
讓口中的摺痕形成菱形。拿著☆，如圖般做凸摺。

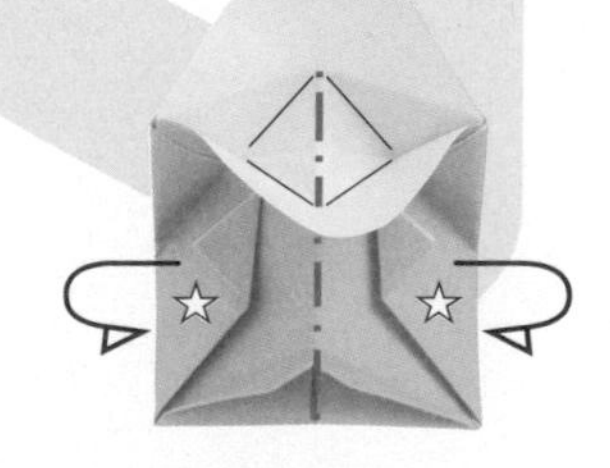

完成！

眼睛的部分要立在上面。

手指捏著☆一壓一放，嘴巴就會一開一合地動作。

聒噪的烏鴉

普通

1 對摺成三角形，摺出摺痕後，左右對齊中央線做凹摺。

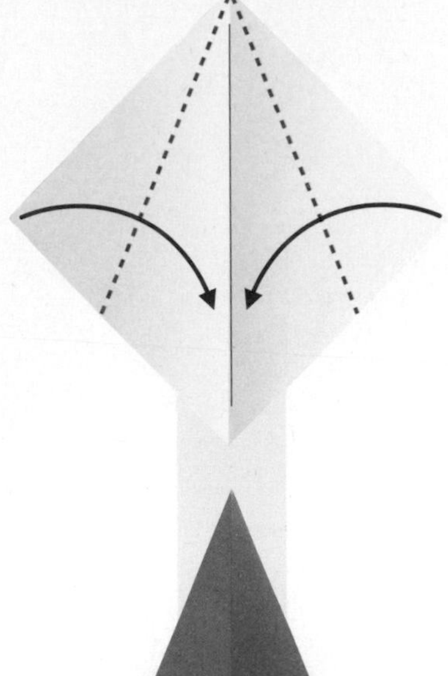

2 往下凹摺，讓☆和★重疊。

3 打開，如圖般摺疊。

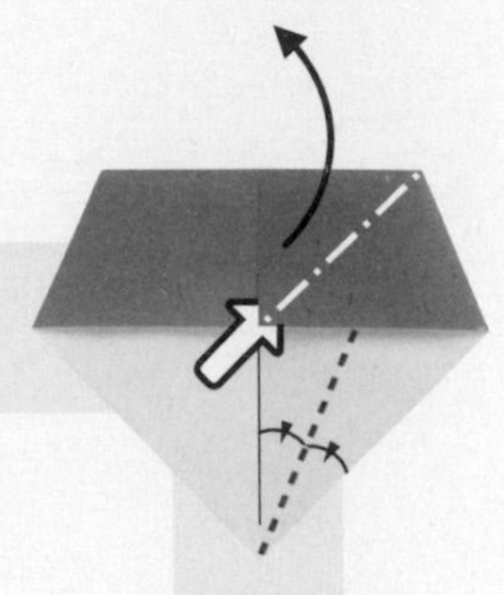

正在摺的模樣

4 另一邊的摺法也同步驟3。

5 上面1張往上摺。

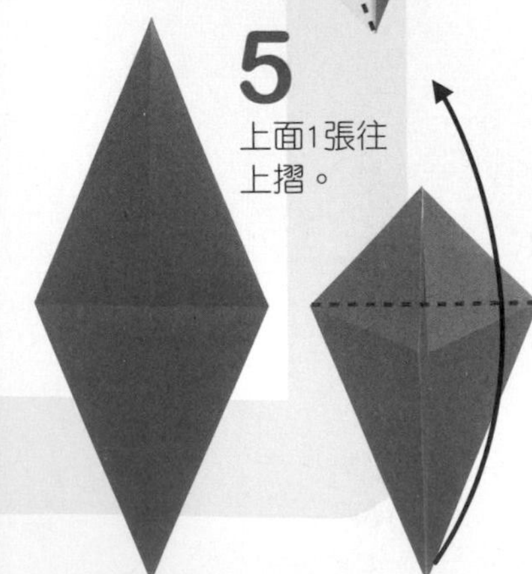

大大的嘴巴會一開一合的聒噪烏鴉。用兩手在兩側的翅膀下方拿著或開或閉，鳥嘴也會跟著打開或閉合。也可以玩玩看用鳥嘴啄取衛生紙團或是豆子的遊戲哦！

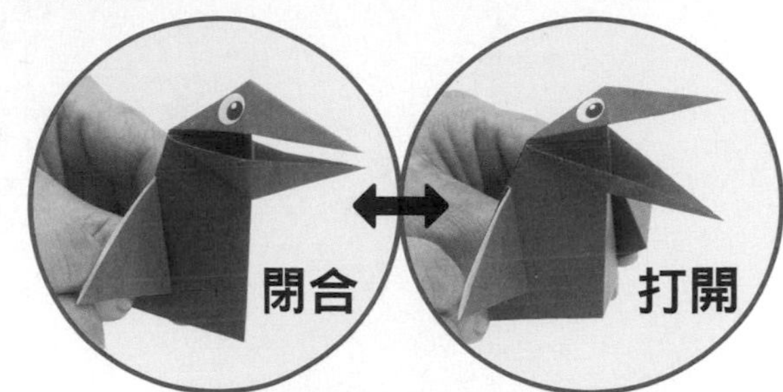

6

如圖般，下面的角對齊中央橫線地摺出摺痕。

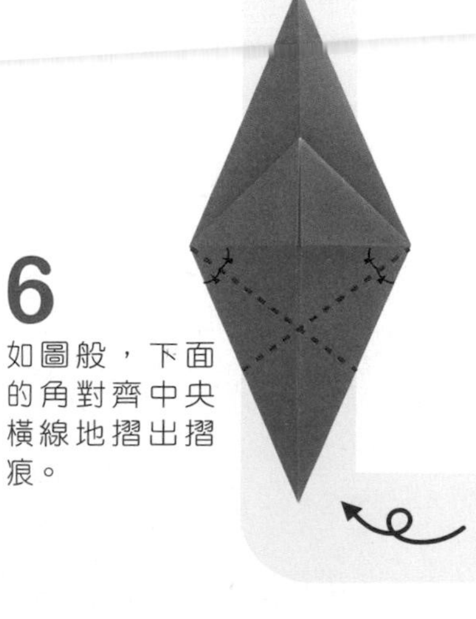

7

將位在中央的小三角形拉向兩側，一邊往上摺，讓☆和★重疊。

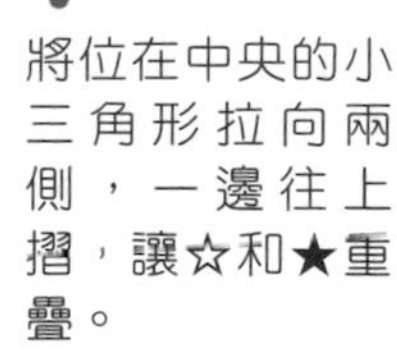

8

上面1張如圖般往下摺。

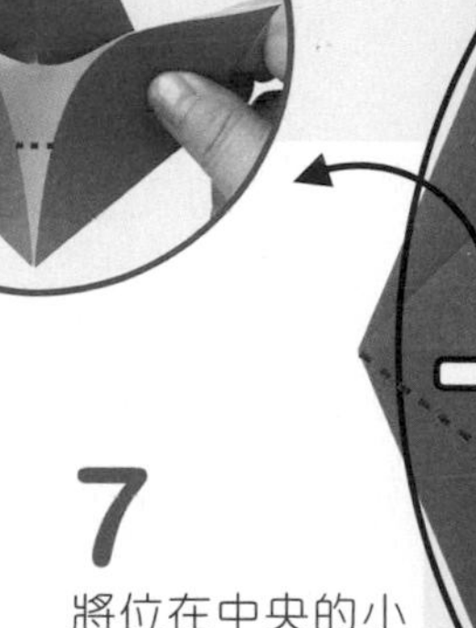

9

如圖般摺出摺痕。

10

上面的部分也同步驟8一樣摺出摺痕。

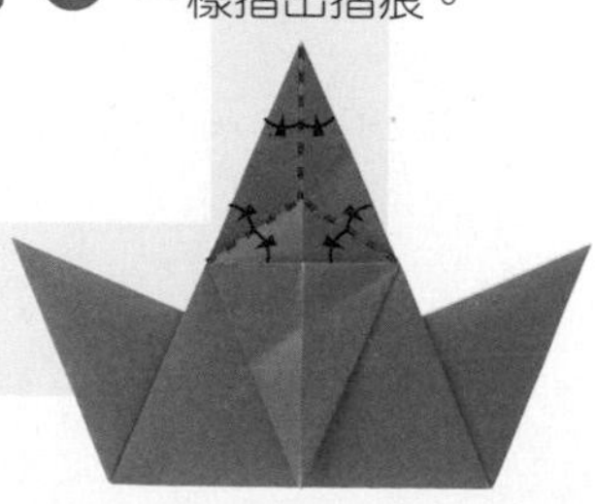

11

從下面捏住☆，做出鳥嘴的形狀後，於中央線凸摺。

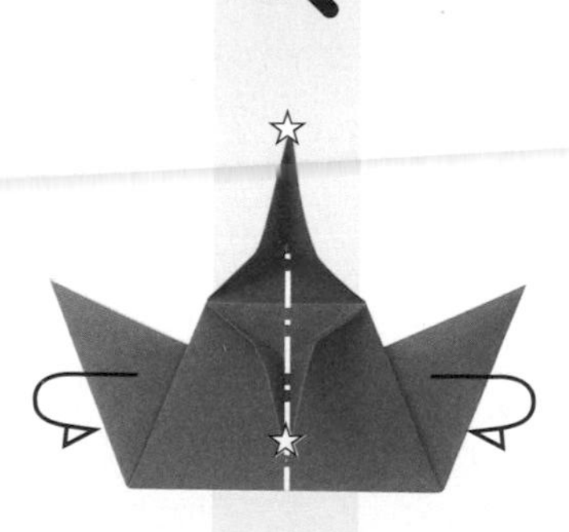

12

一摺疊，鳥嘴就會閉合。翅膀斜斜地做階梯摺。另一側的翅膀摺法也相同。

遊艇 1

簡單

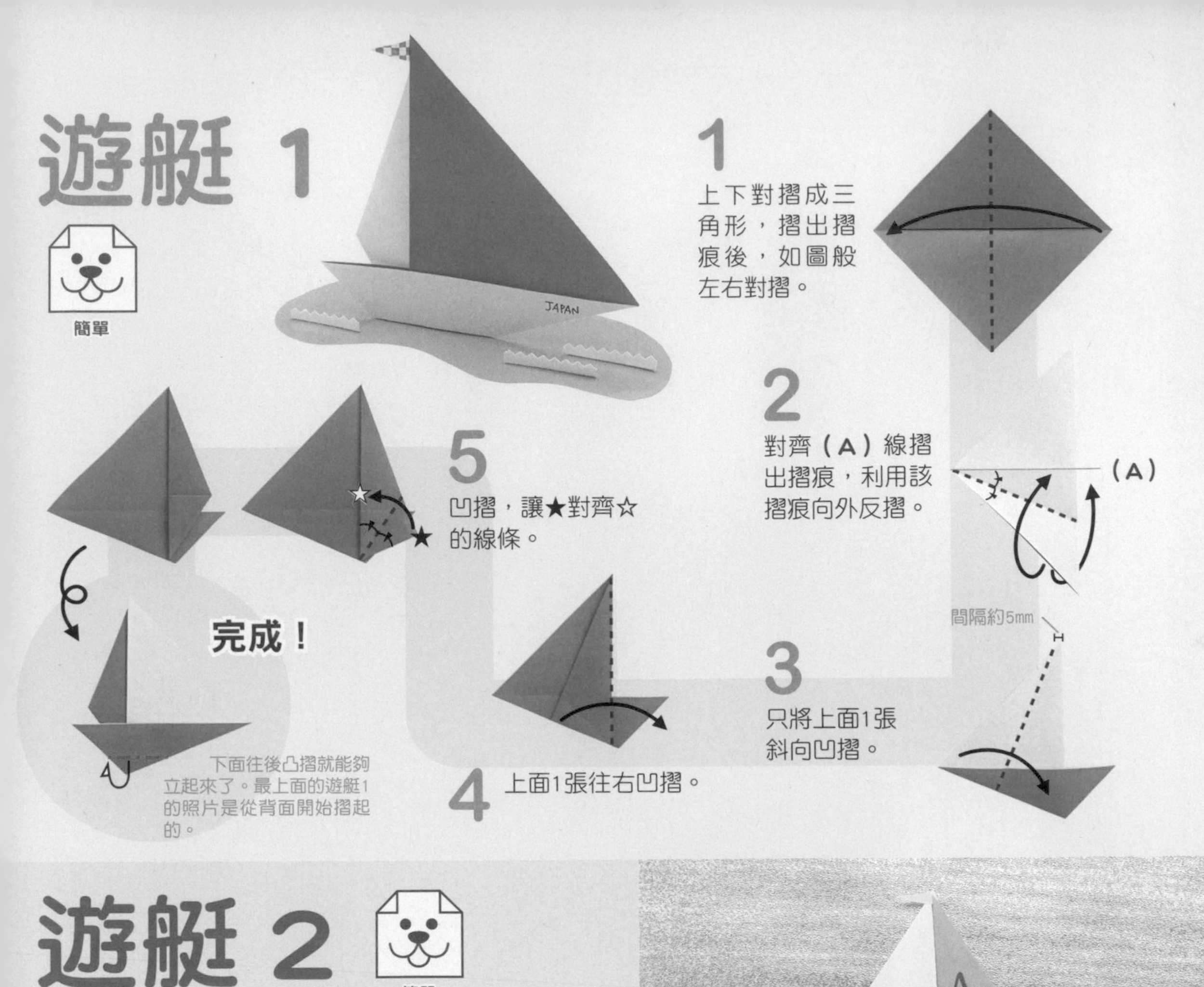

遊艇 2

簡單

使用3分之1大的長方形色紙。

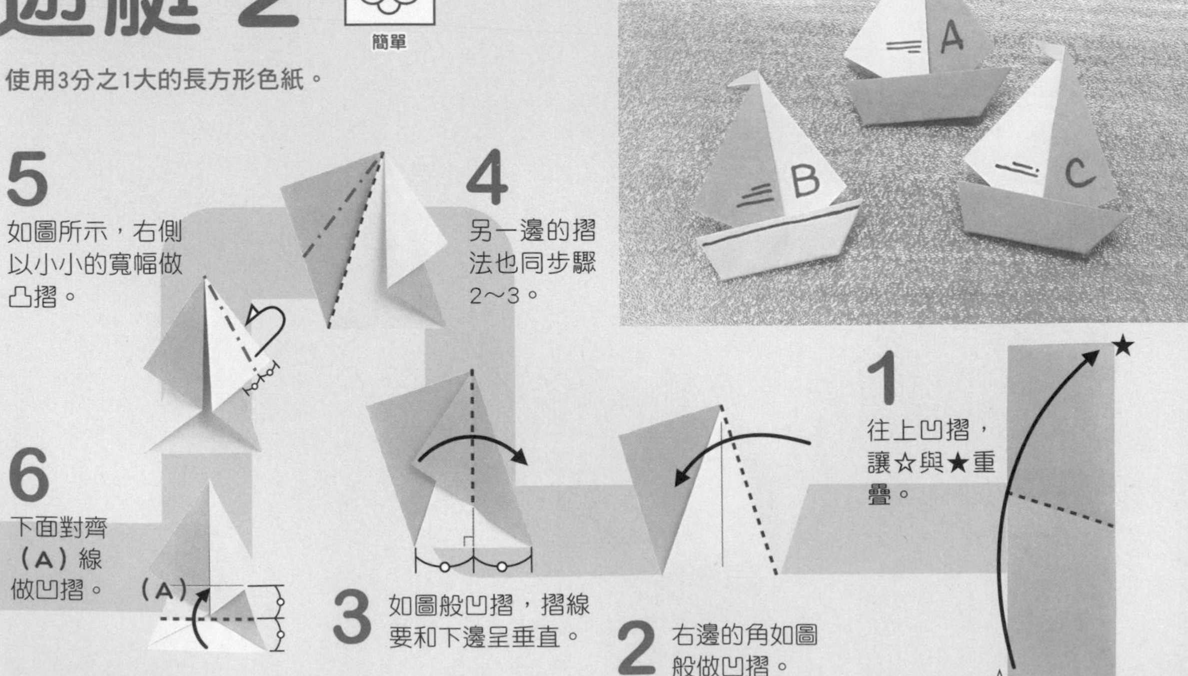

小船

1 摺出十字摺痕後，4個角對齊中心點，摺出摺痕。

2 如圖般，對齊步驟1的摺痕做捲摺。

3 對齊中央線，兩側向內凹摺。

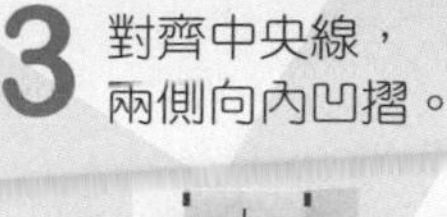

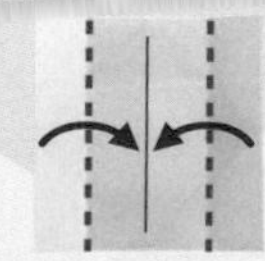

4 4個角對齊中央線，確實地凹摺成三角形。

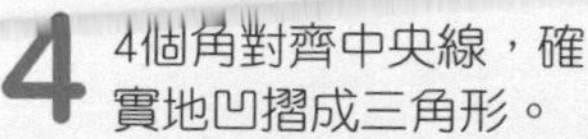

5 如圖般摺疊。

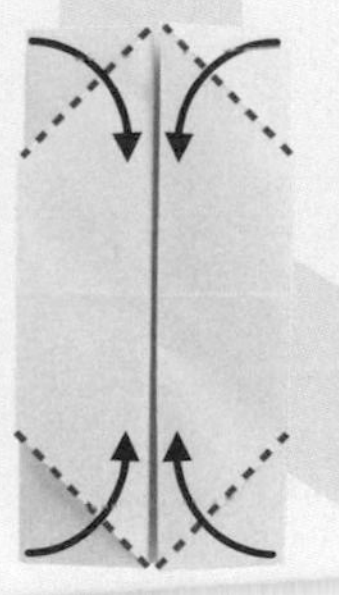

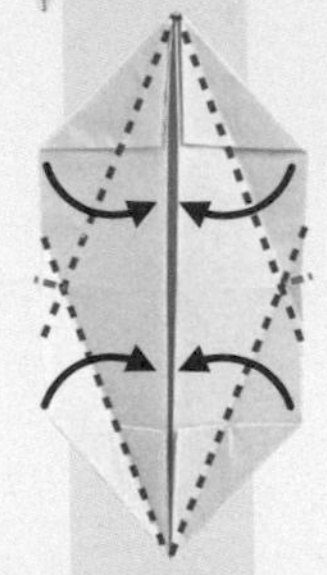

6 對齊中心點做凹摺。

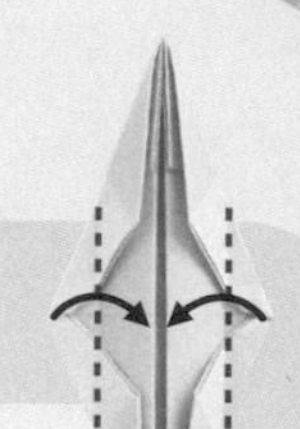

7 手指進入箭號處，如圖般打開來。

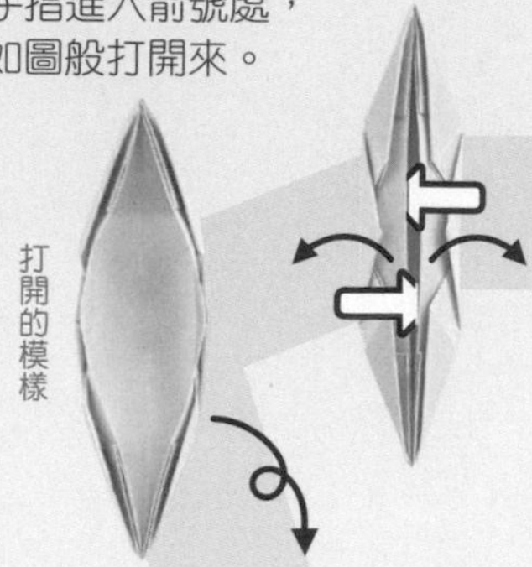

8 按住☆，將整體翻過來。

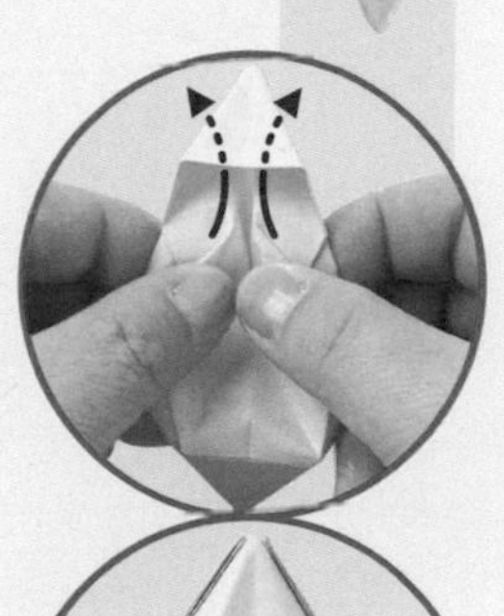

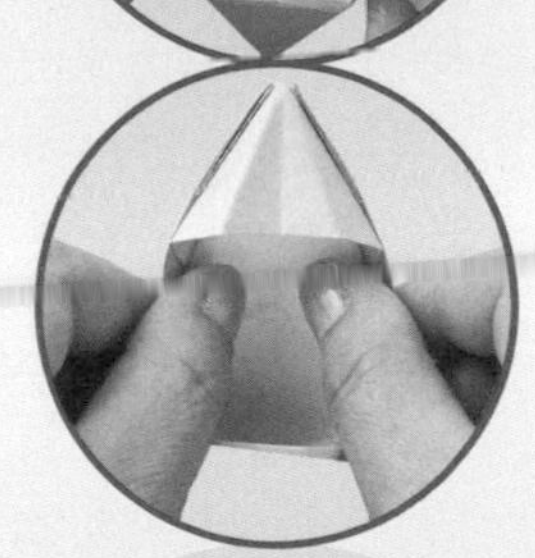

完成！

1張色紙可以做3艘遊艇。以白色面朝上來摺的話，船身就會變成藍色的。

7 如圖般做小小的凸摺，確實固定。

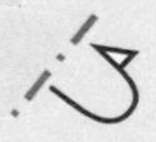

完成！

龍

困難

這是使用2張對半裁剪的色紙縱向黏貼後製作而成的。

1 如圖般摺出摺痕。

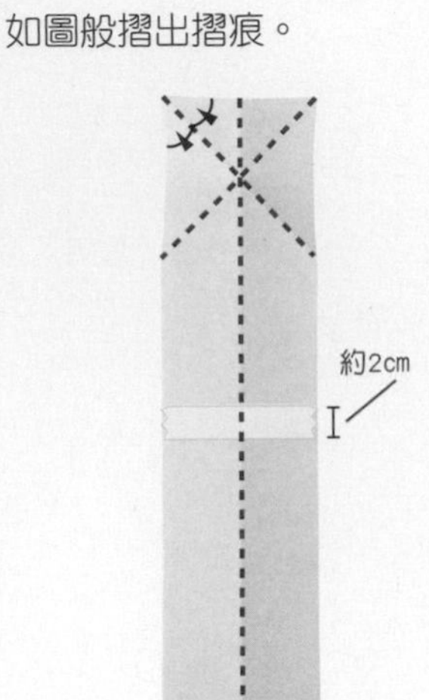

2 在步驟1的摺痕相交處摺出橫向的凸摺摺痕。利用步驟1的摺痕，如圖般摺疊。

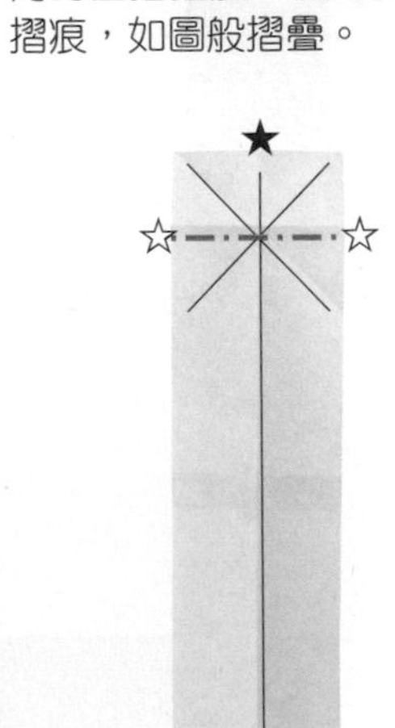

正在摺的模樣

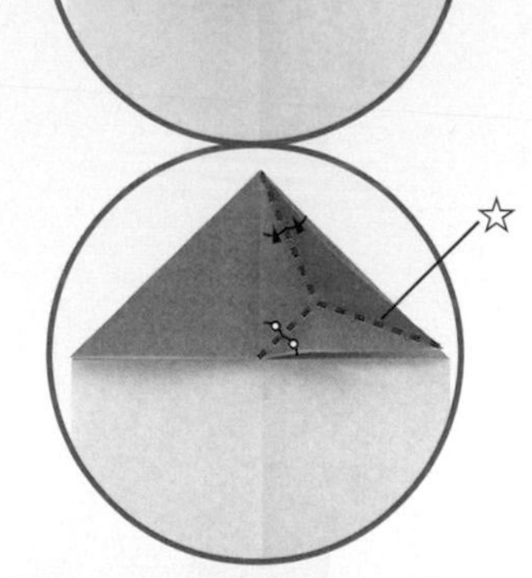

3 如圖般對半凹摺，摺出摺痕。捏著☆處往下摺。

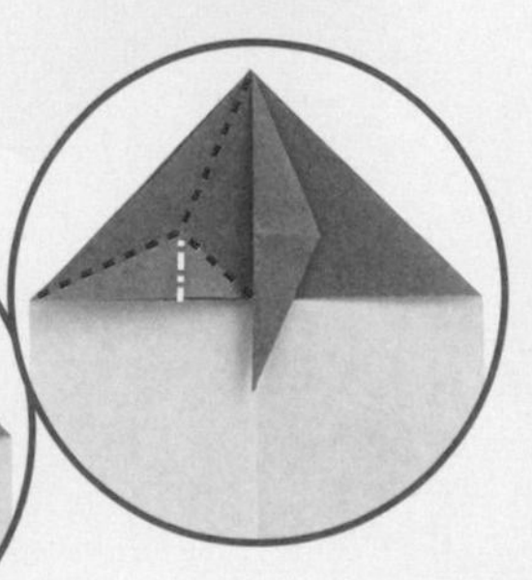

4 另一邊也同樣摺疊。

5 如圖般，邊角對齊中央線做凹摺。

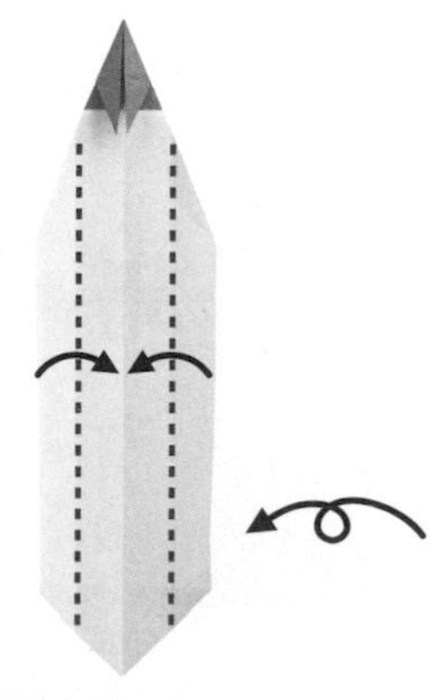

6 兩側對齊中央線做凹摺。

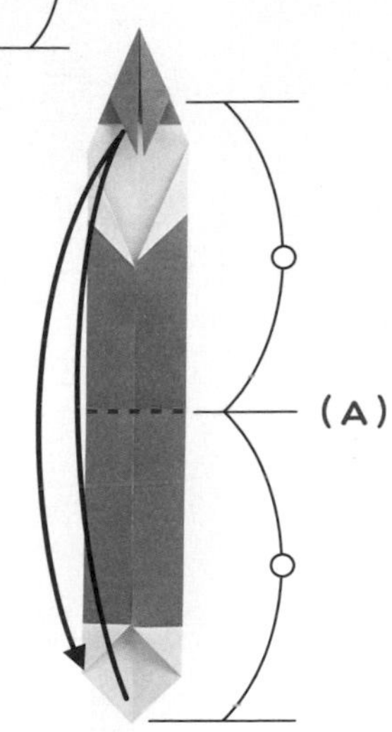

7 如圖般對半凹摺，摺出摺痕。

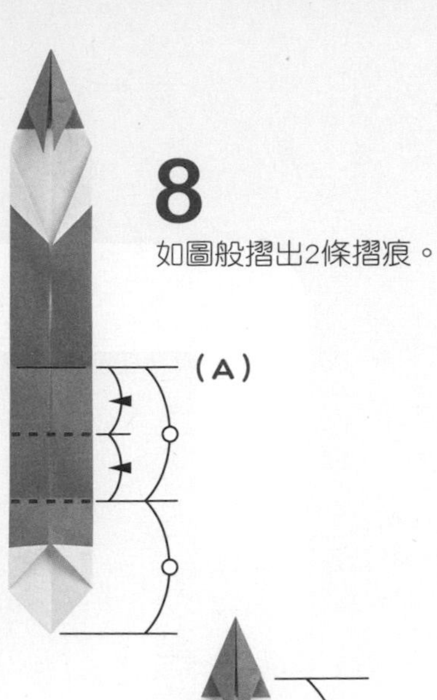

8 如圖般摺出2條摺痕。

9 如圖般，以相同間隔在上半部摺出2條摺痕。身體做蛇腹摺，頭部做凸摺。

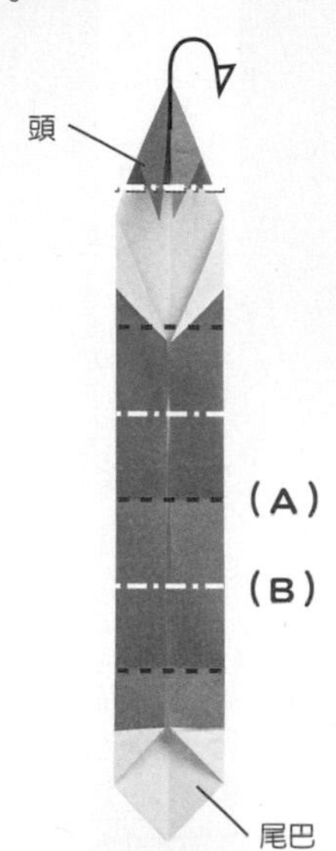

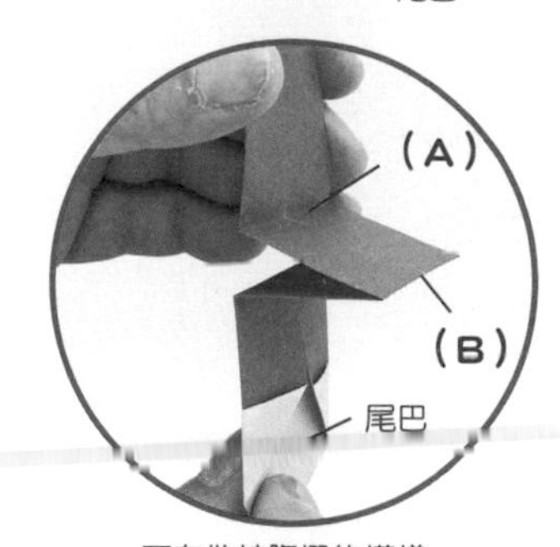

正在做蛇腹摺的模樣

10 全體於中央線凹摺。

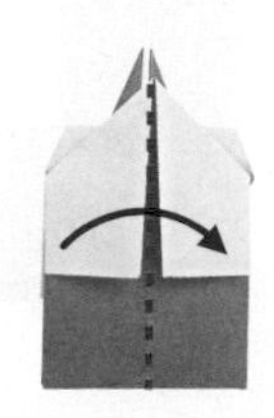

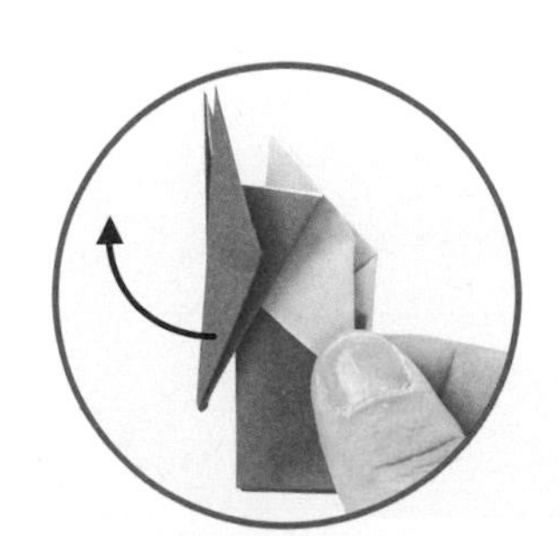

11 鼻尖朝上，確實折疊固定。

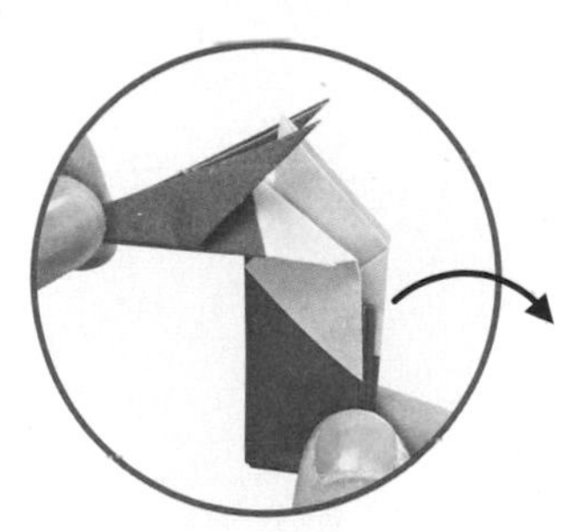

12 從尾巴拉出做蛇腹摺的部分，彎成曲折狀。

正在摺的模樣

完成！

※即使無法像照片一樣精美，只要完成時看起來像龍就可以了。還可以變化出各種不同的姿勢喔！

特技馬（馬）

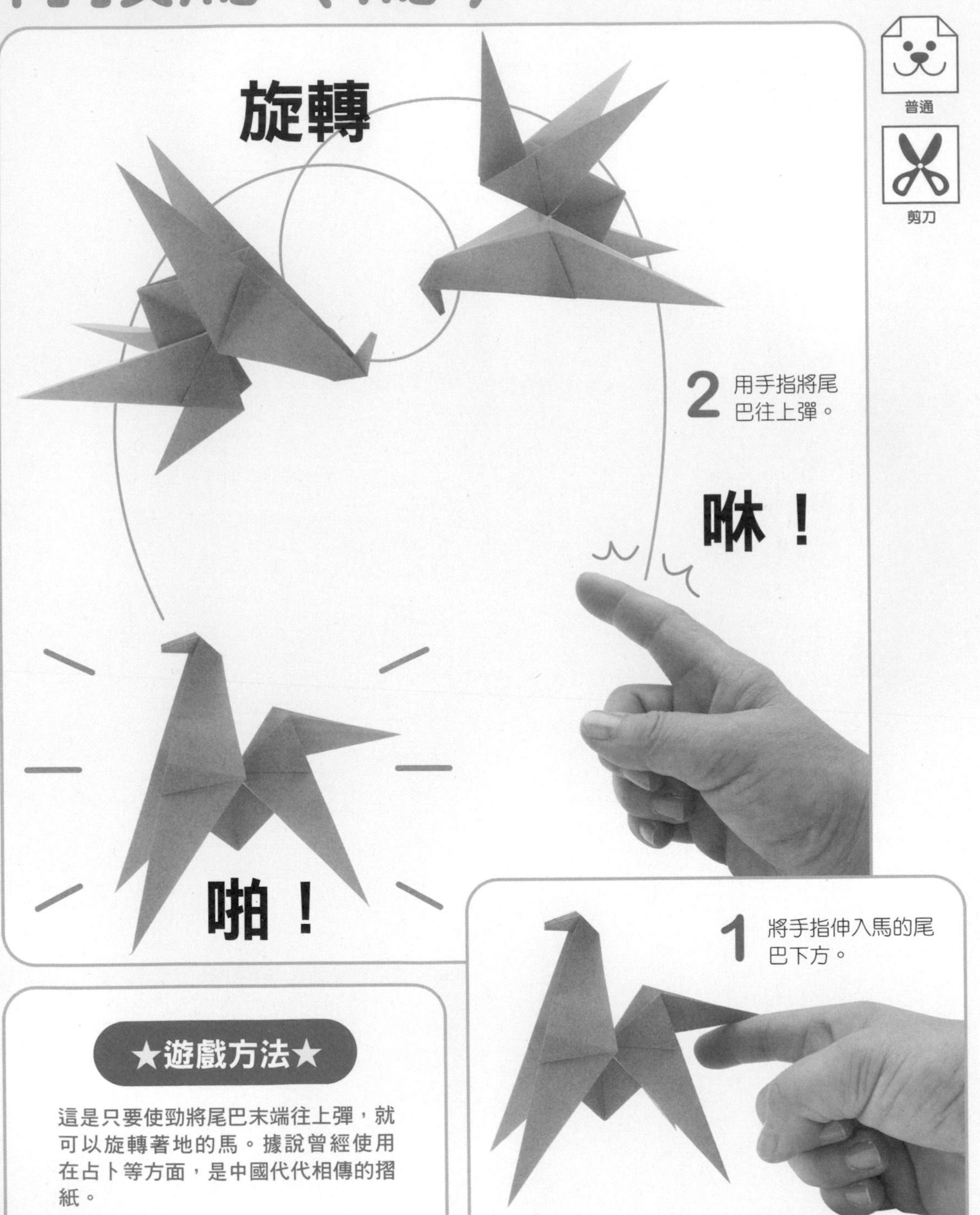

★遊戲方法★

這是只要使勁將尾巴末端往上彈，就可以旋轉著地的馬。據說曾經使用在占卜等方面，是中國代代相傳的摺紙。

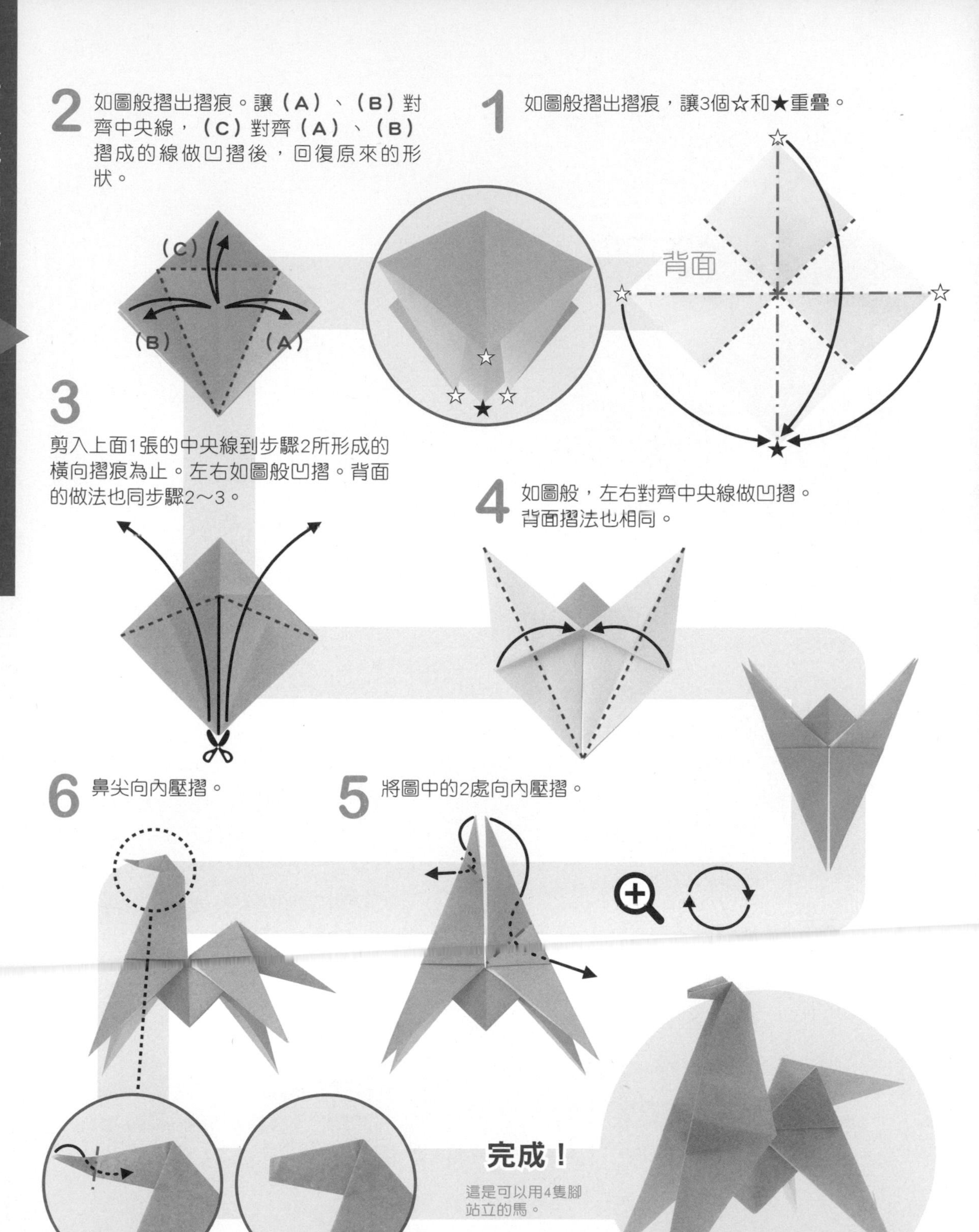
1 如圖般摺出摺痕，讓3個☆和★重疊。
背面
2 如圖般摺出摺痕。讓（A）、（B）對齊中央線，（C）對齊（A）、（B）摺成的線做凹摺後，回復原來的形狀。
（C）
（B）
（A）
3 剪入上面1張的中央線到步驟2所形成的橫向摺痕為止。左右如圖般凹摺。背面的做法也同步驟2～3。
4 如圖般，左右對齊中央線做凹摺。背面摺法也相同。
5 將圖中的2處向內壓摺。
6 鼻尖向內壓摺。
完成！
這是可以用4隻腳站立的馬。

振翅小鳥

這是大幅拍動翅膀的鳥。

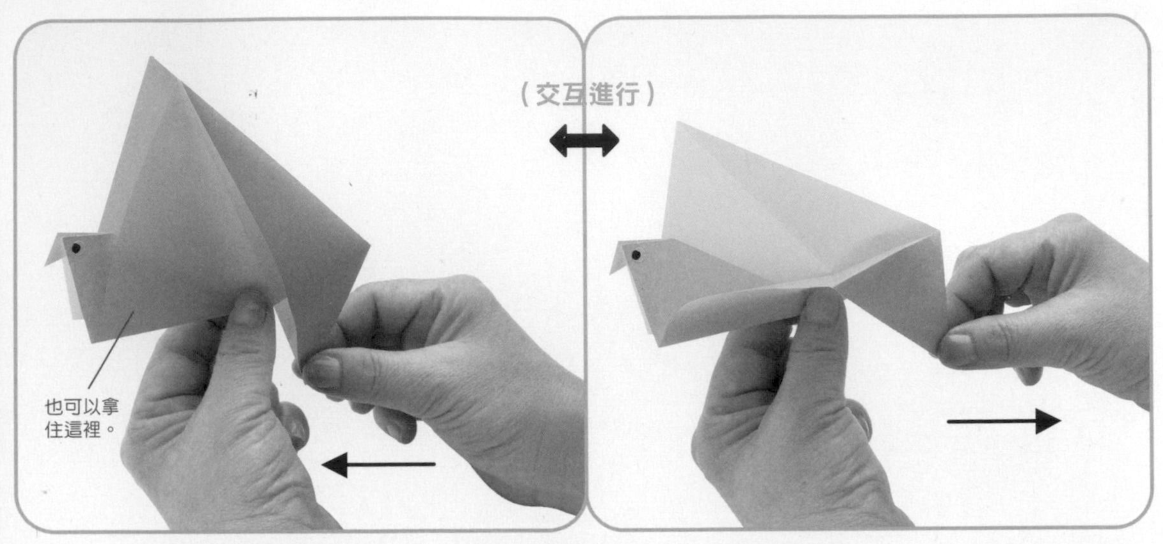

1 對摺成三角形，摺出摺痕後，如圖般對半凹摺。

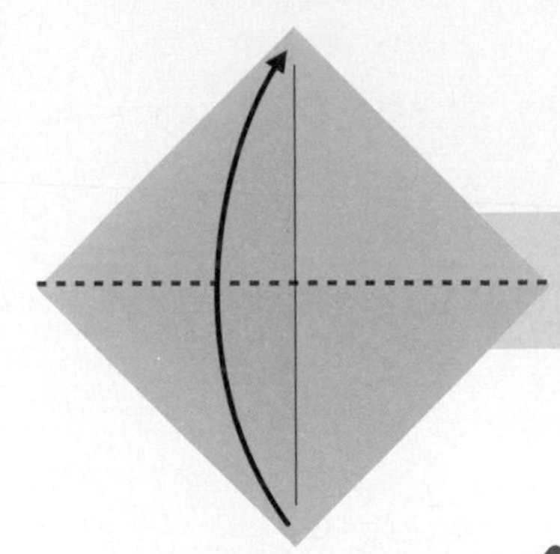

2 如圖般摺出摺痕後，向外反摺。

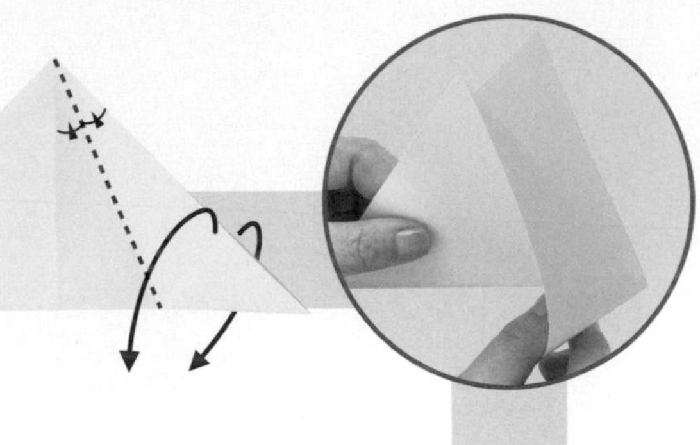

3 另一邊摺出摺痕後，向內壓摺。

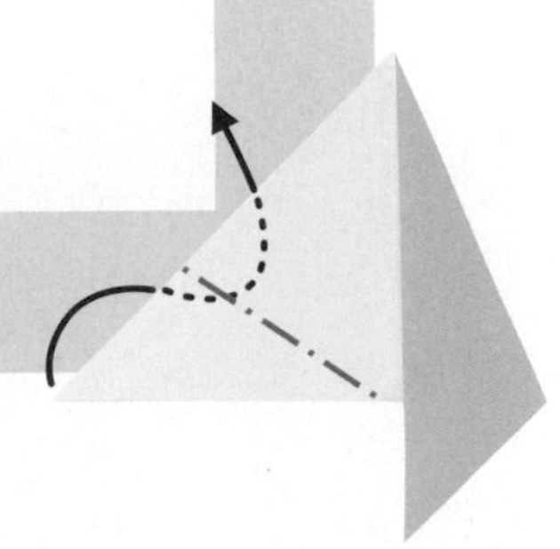

4 末端部分也向內做小小的壓摺，做成鳥嘴。

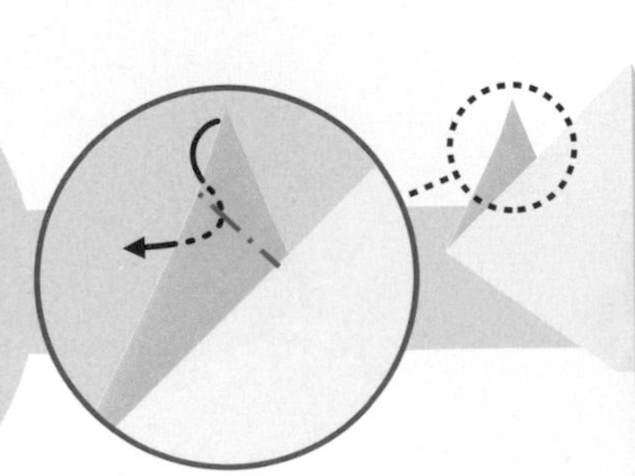

紙氣球

普通

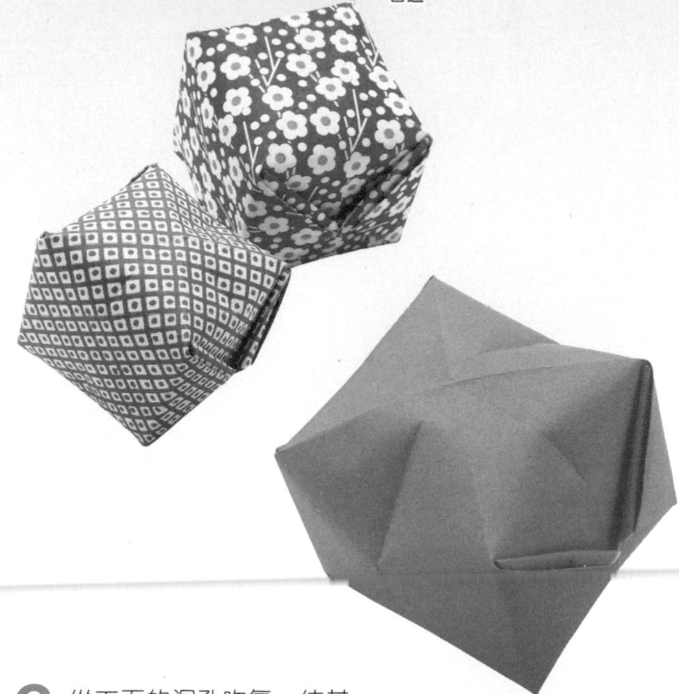

1 如圖般摺出摺痕，讓3個☆和★重疊。

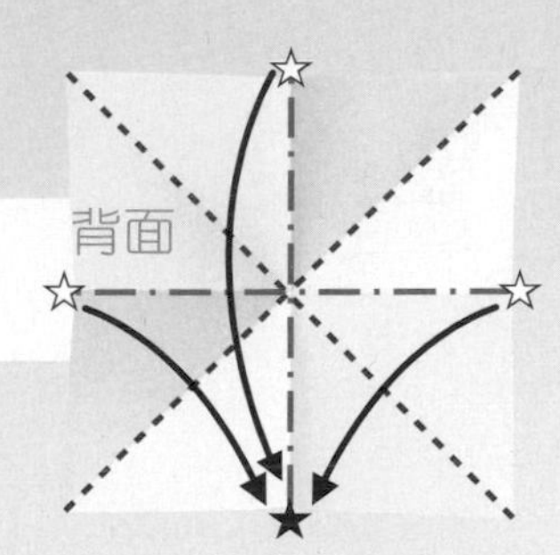

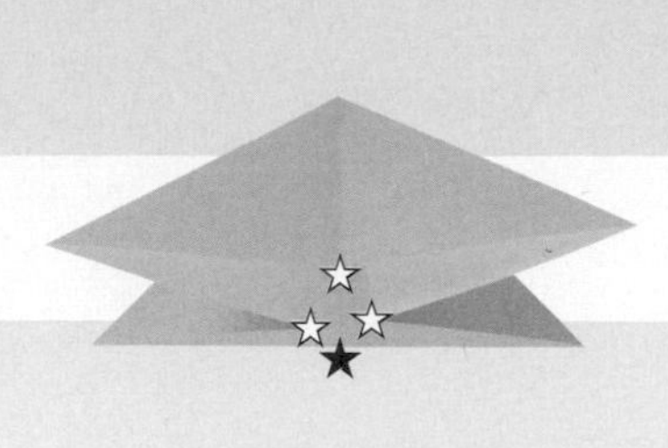

2 對齊中央線，左右的上面1張做凹摺。背面摺法也相同。

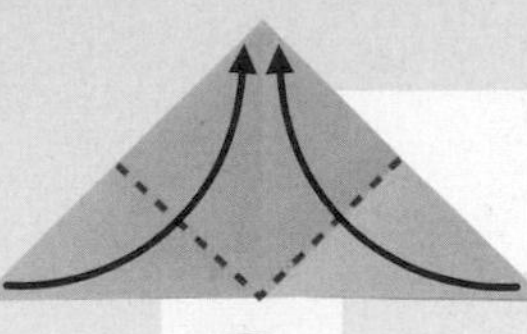

3 左右角只取1張對齊中央做凹摺。背面摺法也相同。

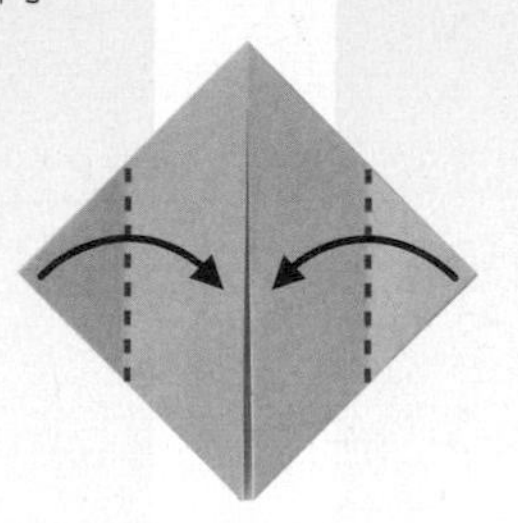

4 如圖般只取1張向下凹摺。

5 再次凹摺，確實插入步驟3所摺出的隙間。背面的摺法也同步驟4～5。

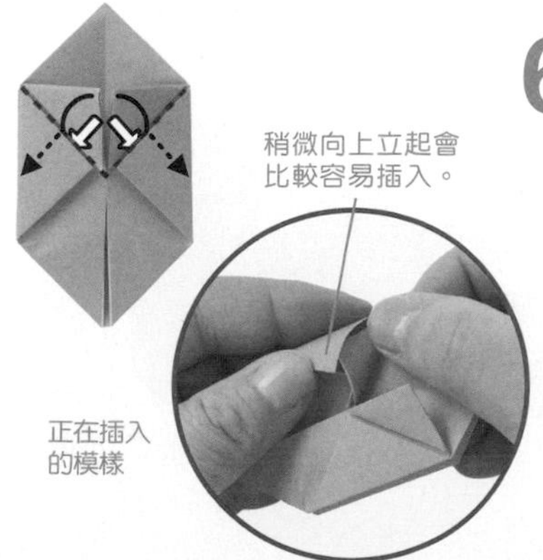

6 從下面的洞孔吹氣，待其膨脹成四方形後，整理形狀。

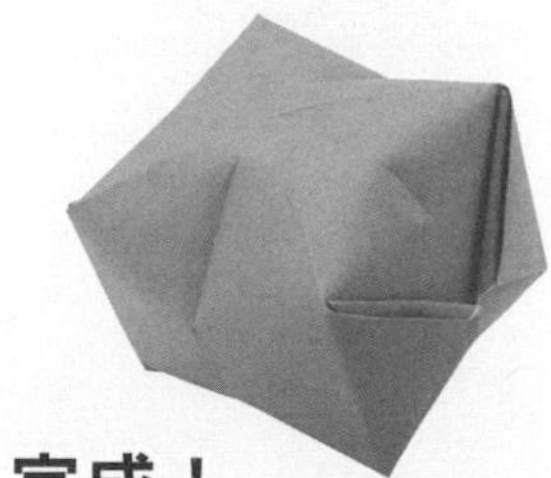

完成！

火箭

簡單

使用對半裁剪成長方形的色紙。

1 依（A）、（B）、（C）的順序摺出摺痕。

2 如圖般在3處做凹摺。

3 如圖般做凸摺。

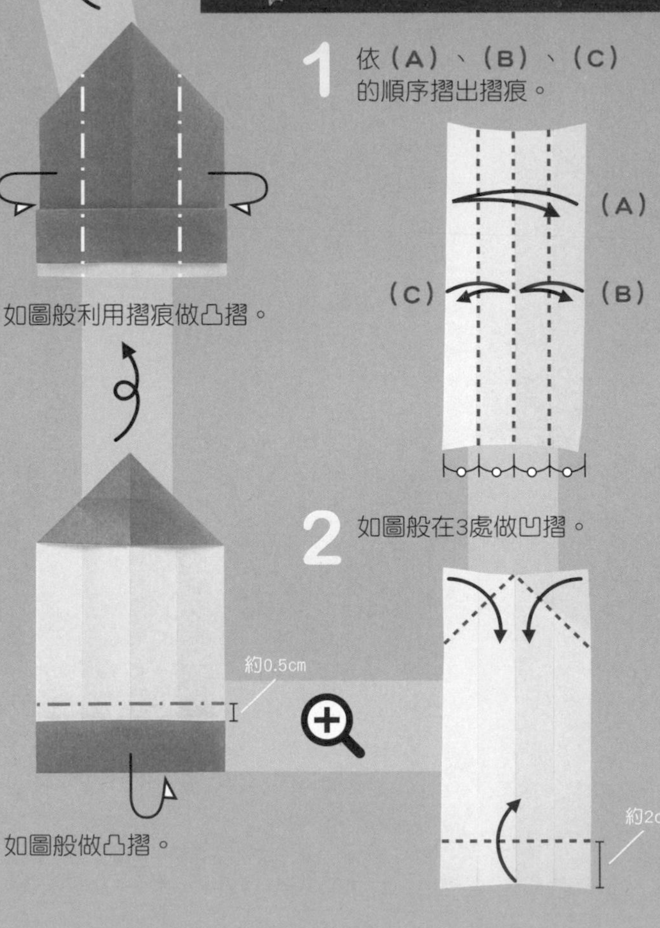

4 如圖般利用摺痕做凸摺。

5 紙張打開，如圖般摺疊。

另一邊的摺法也相同。

完成！

※右上的照片是從紙張正面開始摺，最後畫上圖案的成品。

紙飛機

簡單

1 對摺成長方形，摺出摺痕後，左右角對齊摺痕凹摺。

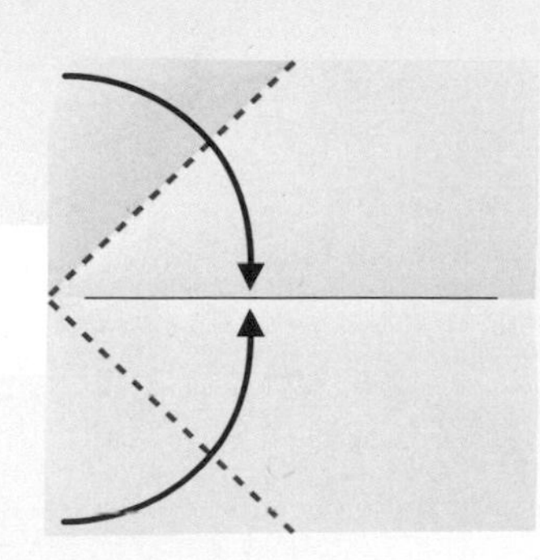

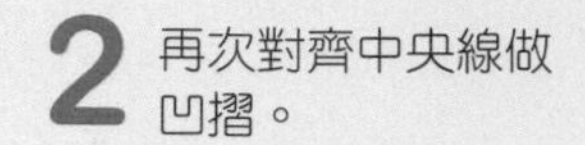

2 再次對齊中央線做凹摺。

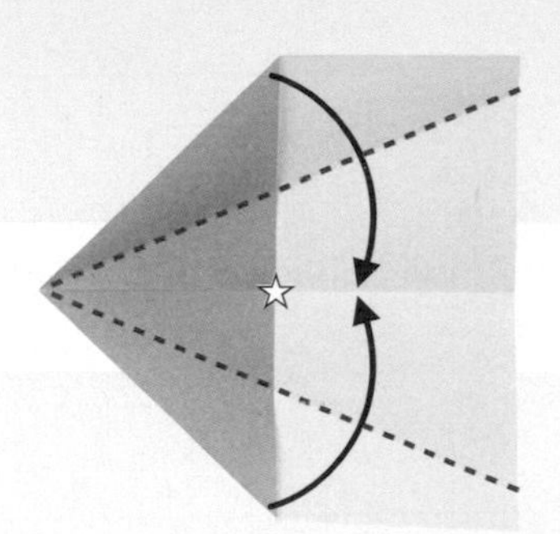

3 前端對齊☆（中心點）做凹摺。

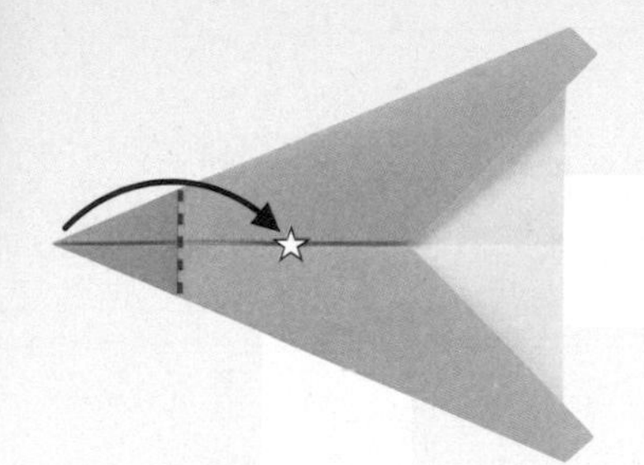

4 中央線做凸摺。

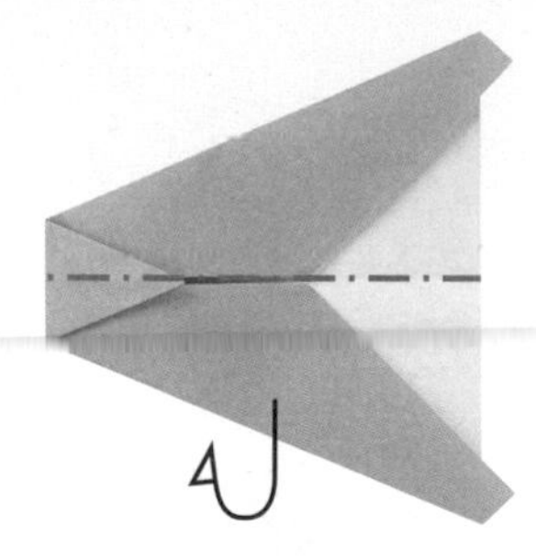

5 上面1張在一半的位置往下凹摺，做成機翼。背面摺法也相同。

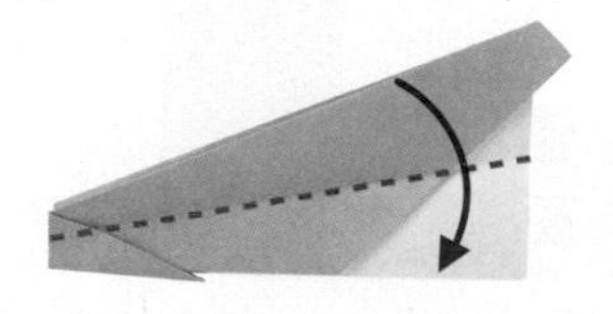

完成！

展開機翼，用姆指和食指夾著★處輕輕推出去，飛機就會飛了。

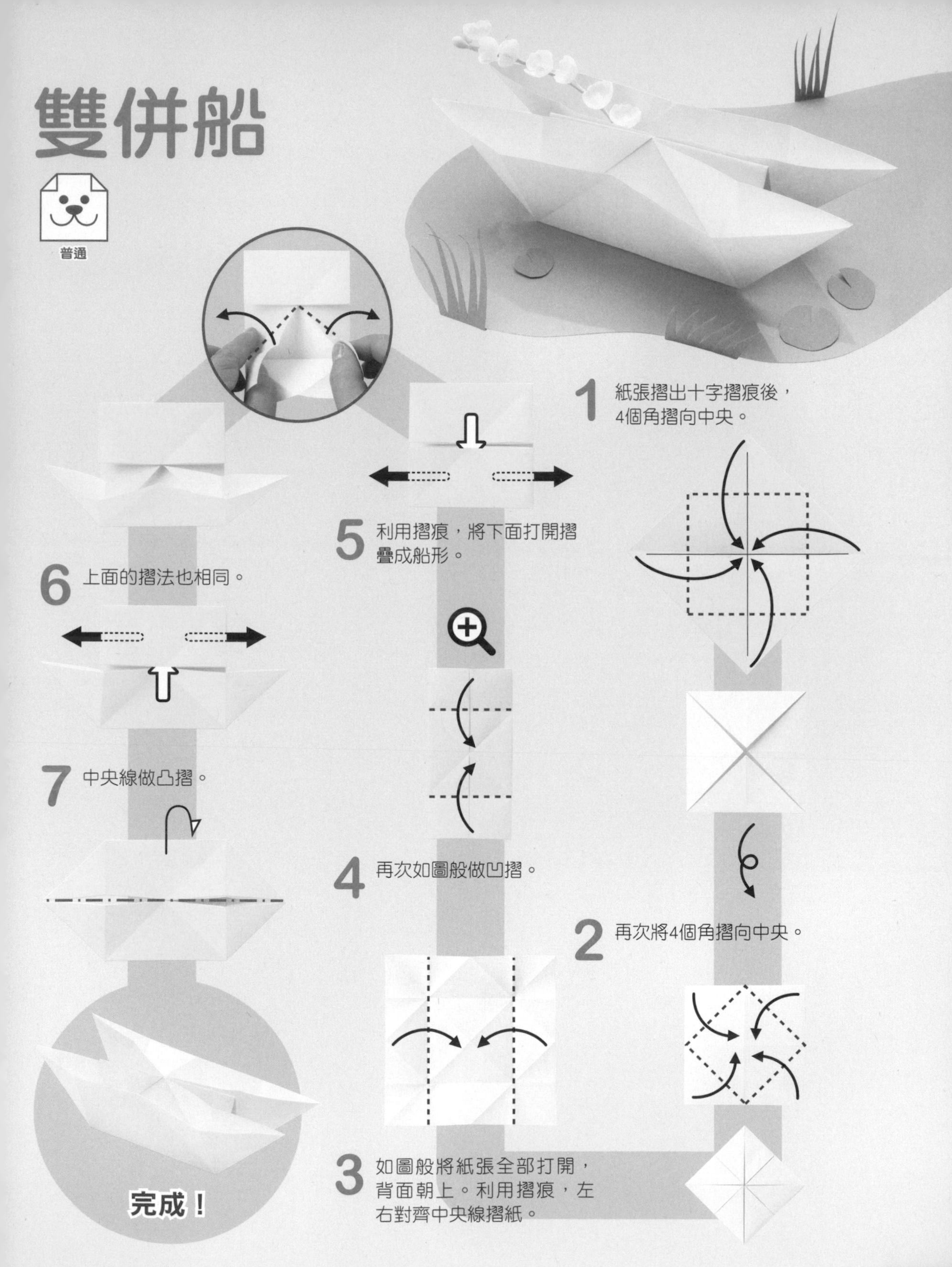
雙併船
普通
1 紙張摺出十字摺痕後，4個角摺向中央。
2 再次將4個角摺向中央。
3 如圖般將紙張全部打開，背面朝上。利用摺痕，左右對齊中央線摺紙。
4 再次如圖般做凹摺。
5 利用摺痕，將下面打開摺疊成船形。
6 上面的摺法也相同。
7 中央線做凸摺。
完成！

帆船

1 與雙併船到步驟7為止的做法相同。

2 上面1張斜向凹摺。下面的部分從背面翻出到正面。

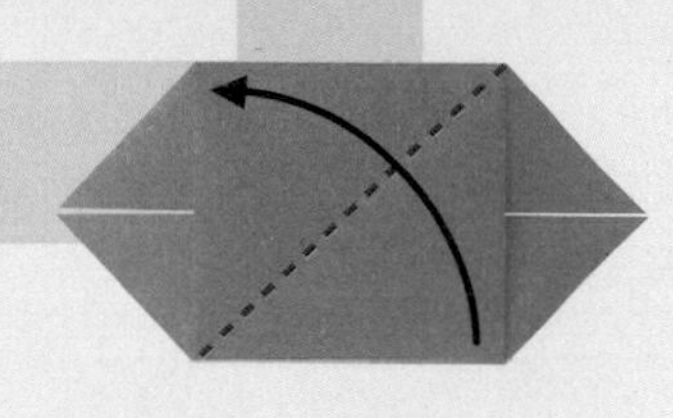

3 只有1張做凹摺。

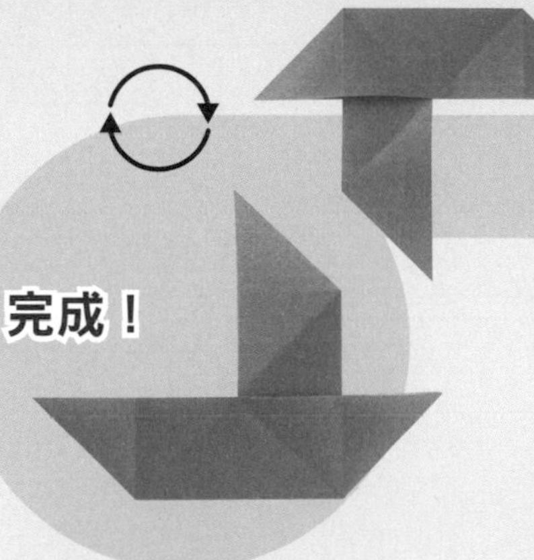

風車

使用有點厚度的紙來摺，
就可以變成風一吹就真的會轉動的風車。

與雙併船到步驟6為止的做法相同，在上面1張的2處做凹摺。

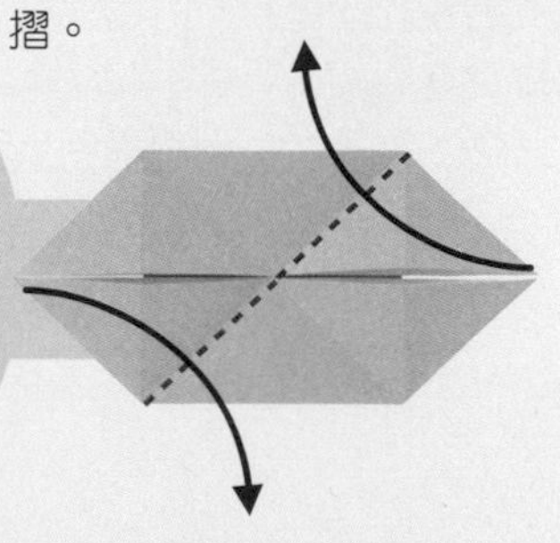

這是從背後以竹籤穿刺，中央用玉米芯固定的風車。中央也可以使用小珠子等來固定。

變身船的遊戲方法

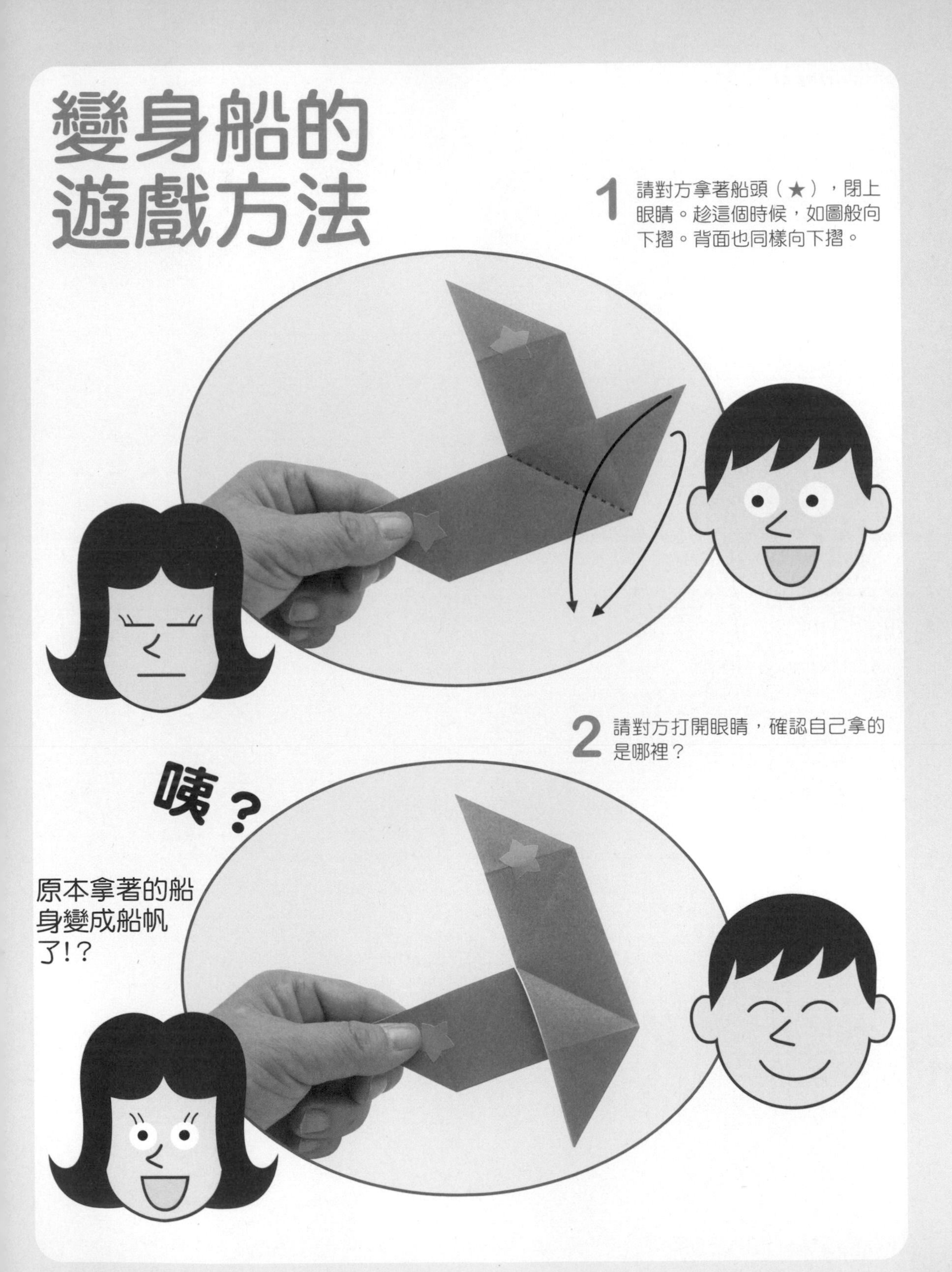
1 請對方拿著船頭（★），閉上眼睛。趁這個時候，如圖般向下摺。背面也同樣向下摺。
2 請對方打開眼睛，確認自己拿的是哪裡？
咦？
原本拿著的船身變成船帆了!?

頭盔的做法在38頁

節日的摺紙

Rika.K

圓形大年糕

這是用 1 張色紙和 1 張 16 分之 1 大小的色紙製作而成的。

1 摺出十字摺痕。

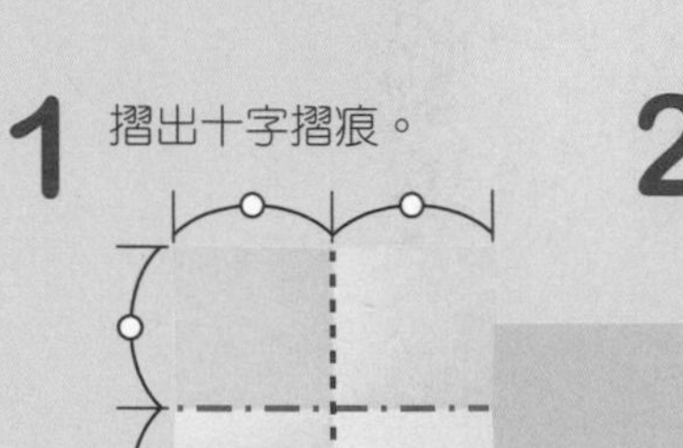

2 左右摺出摺痕。

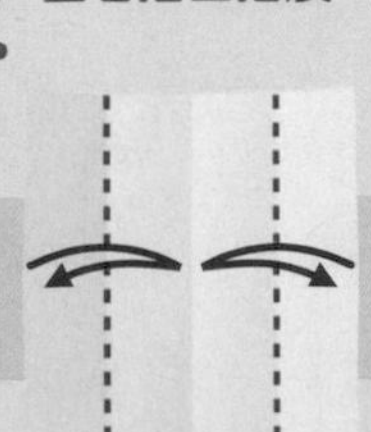

3 上下也摺出摺痕。

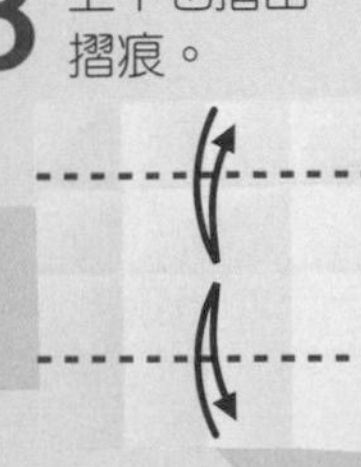

4 上面部分做階梯摺。下面部分摺出摺痕。

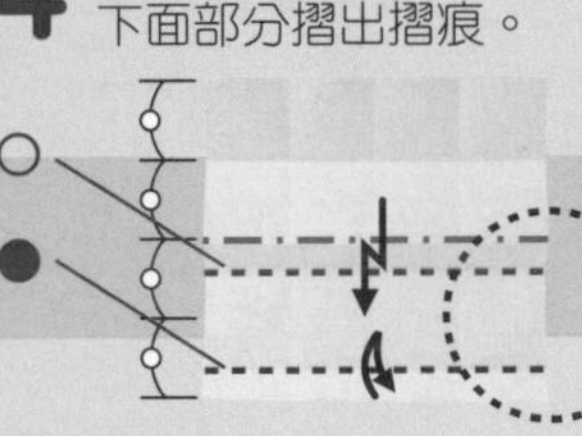

5 如圖般在8處剪開。

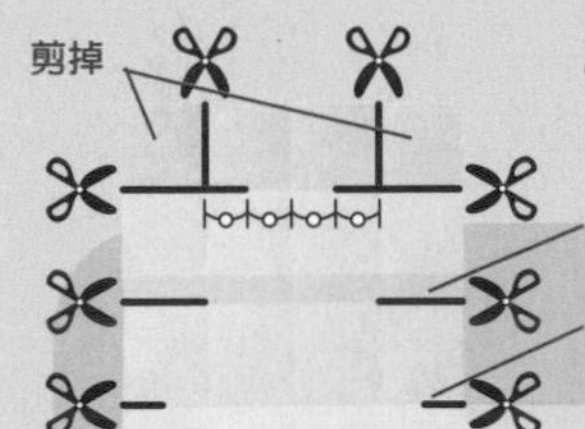

6 如圖般做凹摺，不要露出白色底。

7 如圖般做凸摺，下面部分做凹摺。

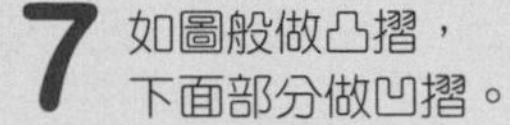
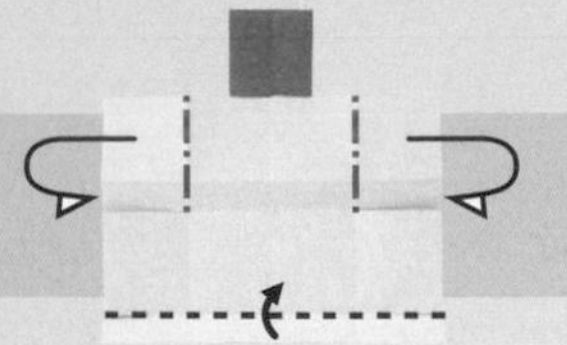

8 上面1張如圖般凹摺。

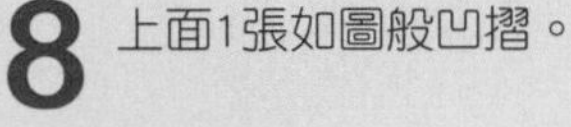
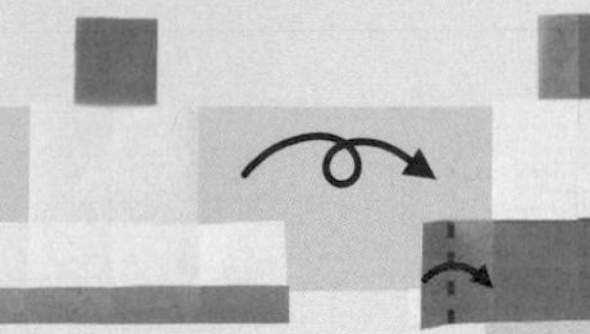

9 如圖般摺（A）、（B）的角。

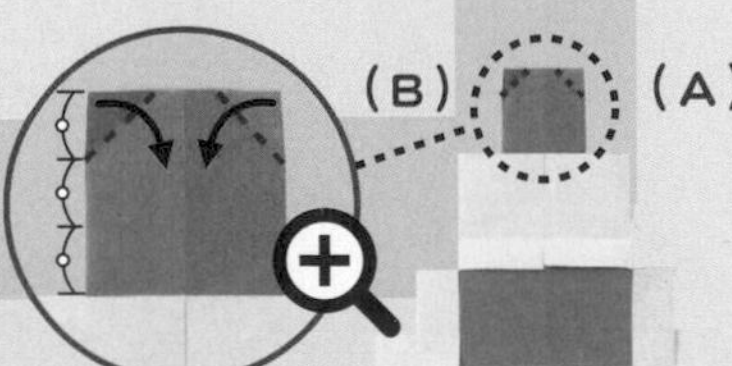

10 （C）～（F）的4個角，摺成和上面的（A）、（B）三角形約同等大小。

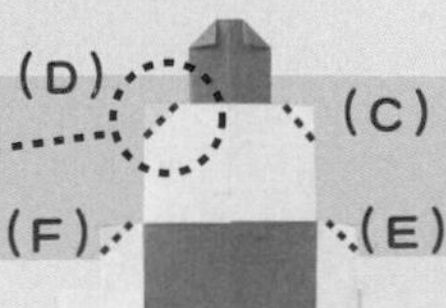
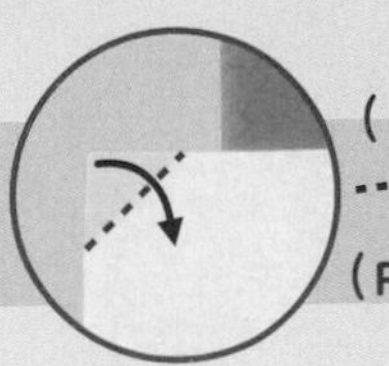

11 如圖般利用摺痕做階梯摺。

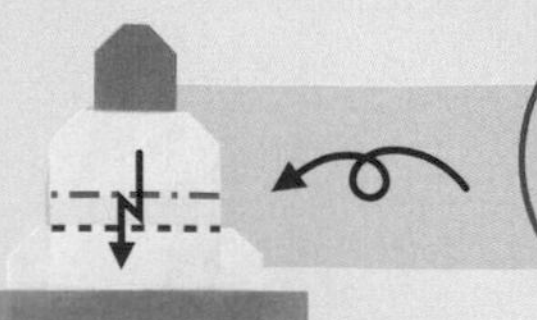

12 （G）做凸摺隱藏到裡面。（H）如圖般做階梯摺。

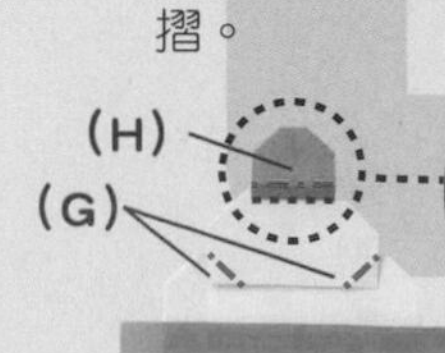

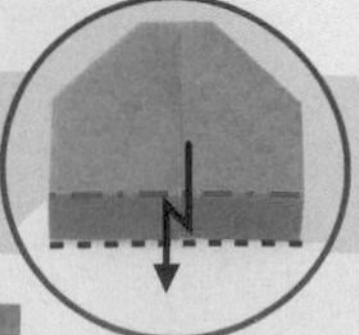

13 階梯摺的角和（G）一樣做凸摺隱藏到裡面。

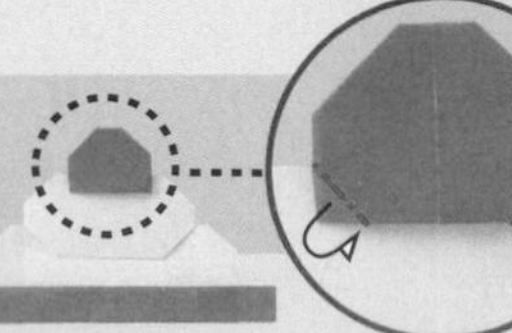

旁邊加上以43頁「山茶花葉片」摺法所做成的葉片。

鬼面具

1 對摺成三角形。

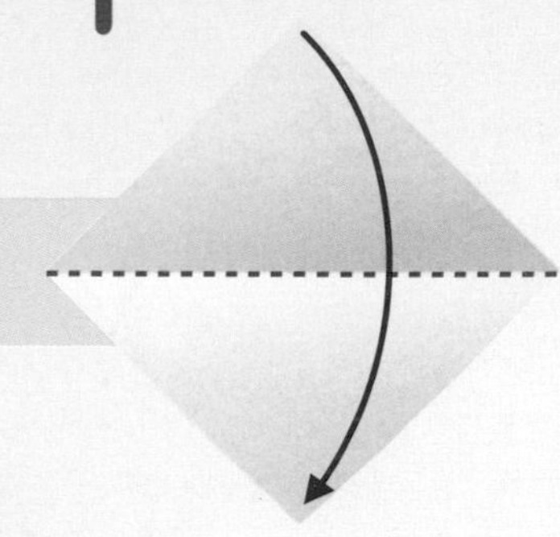

2 如圖般在左右摺出摺痕。

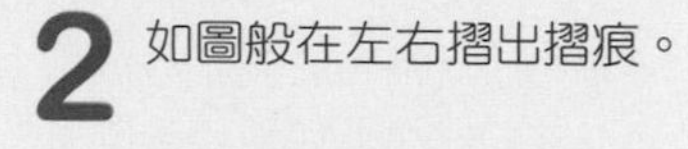

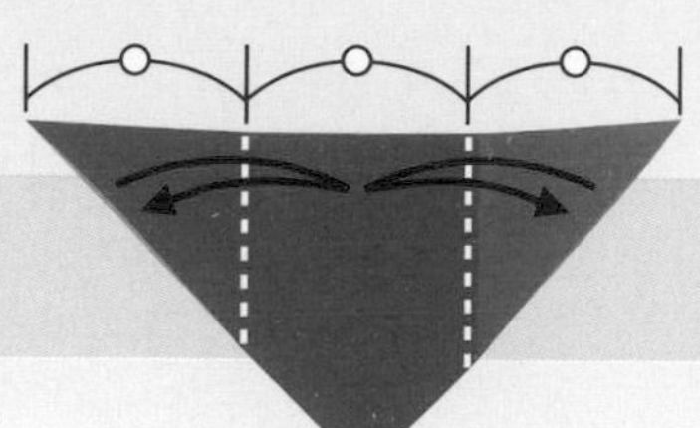

3 做階梯摺，讓★來到☆的內側。

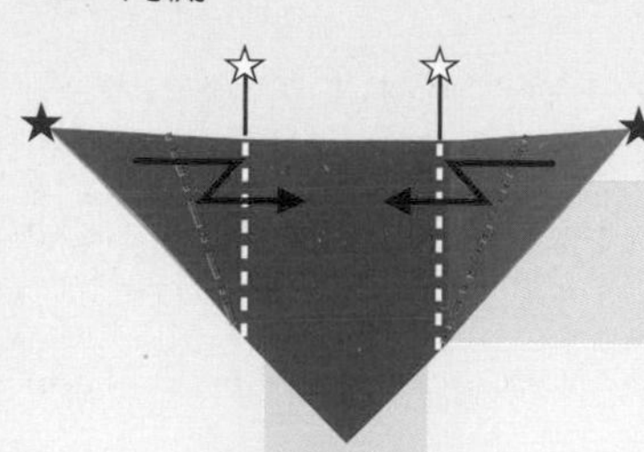

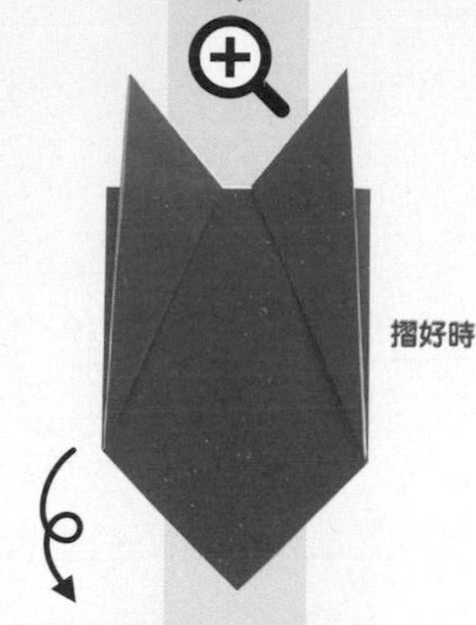

4 只有上面1張摺出摺痕。

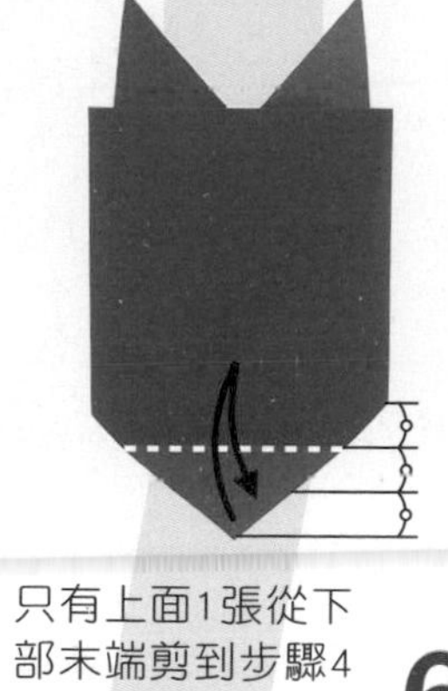

5 只有上面1張從下部末端剪到步驟4的摺痕處。

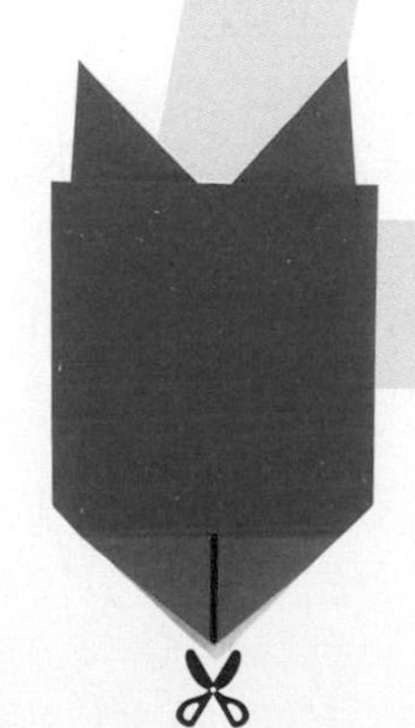

6 如圖般向上翻摺。

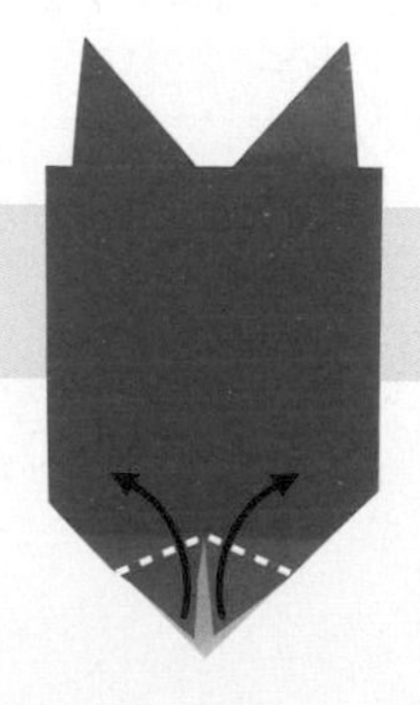

7 下面的紙做捲摺。

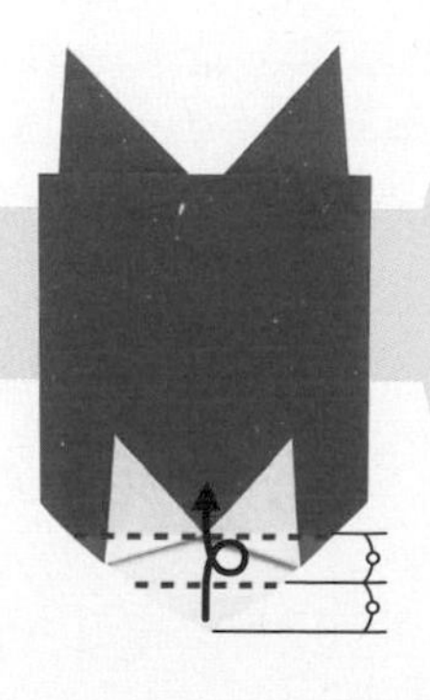

畫上眼睛和鼻子。

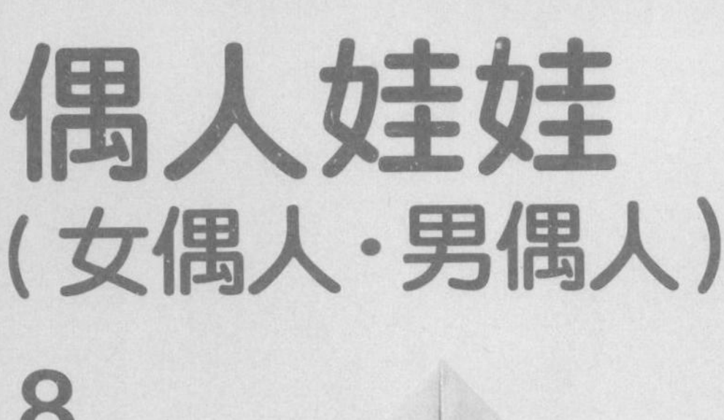

偶人娃娃
(女偶人·男偶人)

1 摺出十字摺痕後，4個角摺向中央。

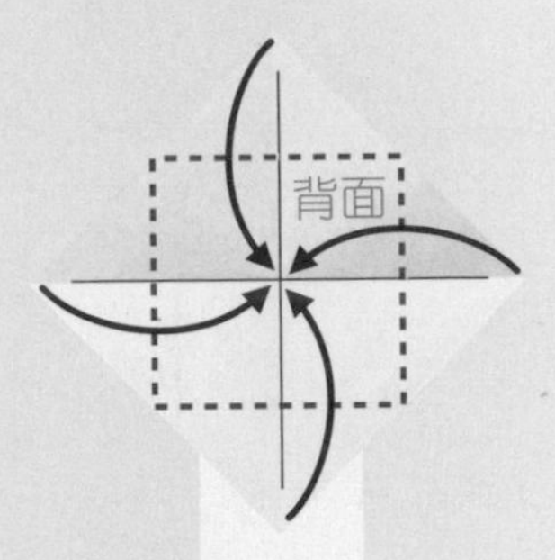

2 如圖般，上面1張往外凹摺。

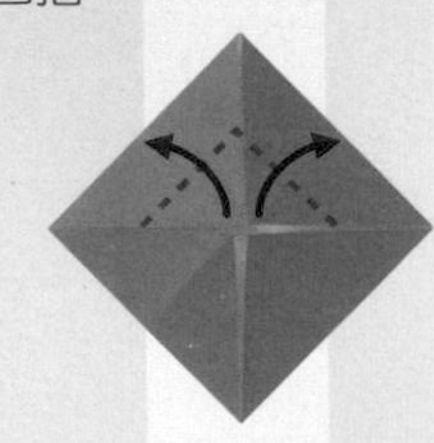

3 上半部凸摺到後面。

4 上面1張如圖般摺出2條摺痕。

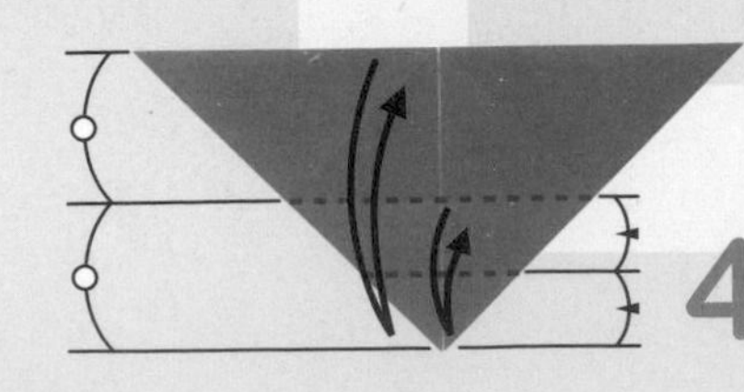

5 上面1張如圖般打開摺疊。

正在摺的模樣

6 讓☆與★重疊。

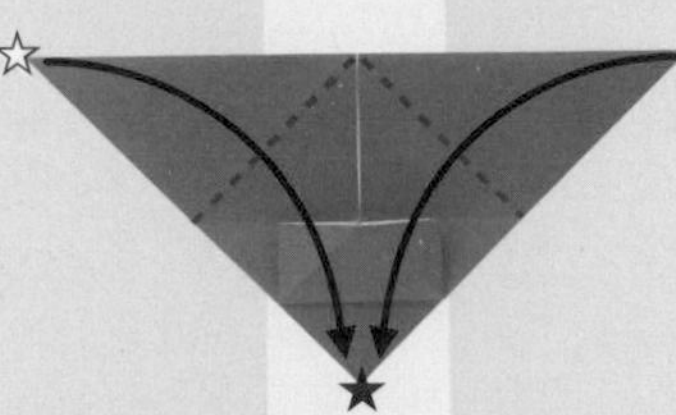

7 上下對摺，摺出中央線的摺痕。

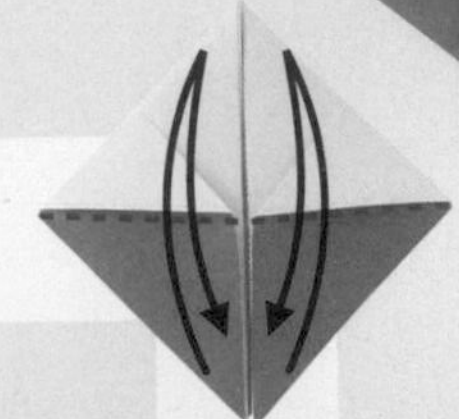

8 如圖般對齊步驟7的摺痕，做出摺痕。

9 利用步驟7、8的摺痕，打開後摺疊。

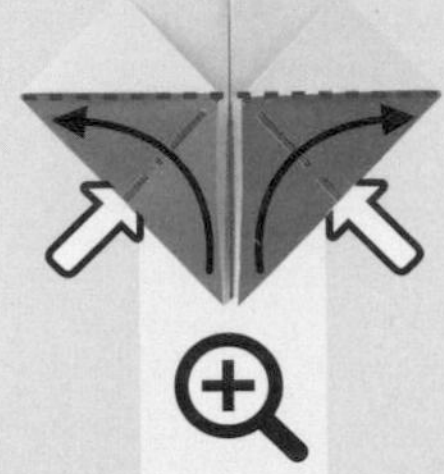

10 如圖般，上面的部分做階梯摺，下面的部分做凸摺。

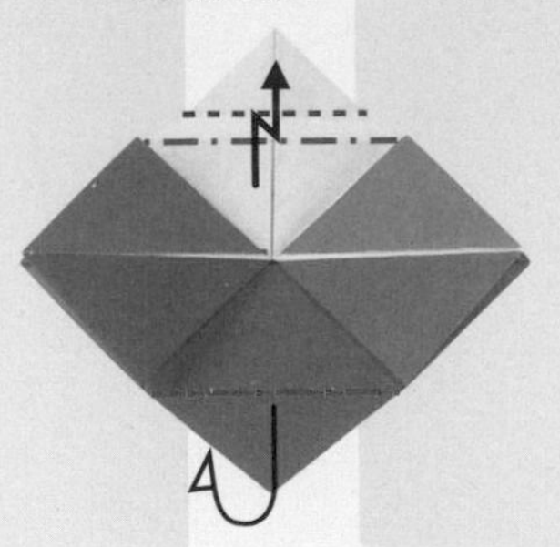

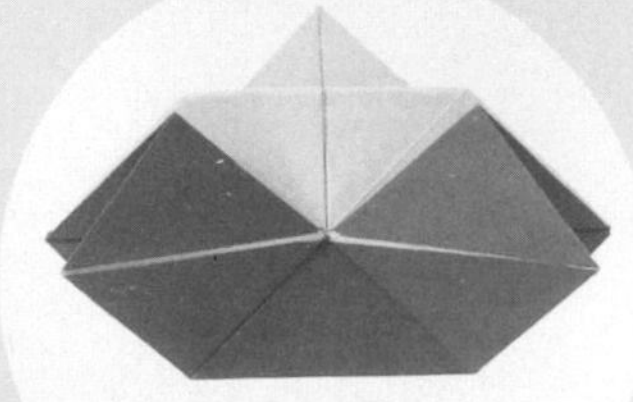

完成！

男偶人使用藍綠色系的摺紙，摺法相同。

金屏風

1 將金色色紙對半凸摺。

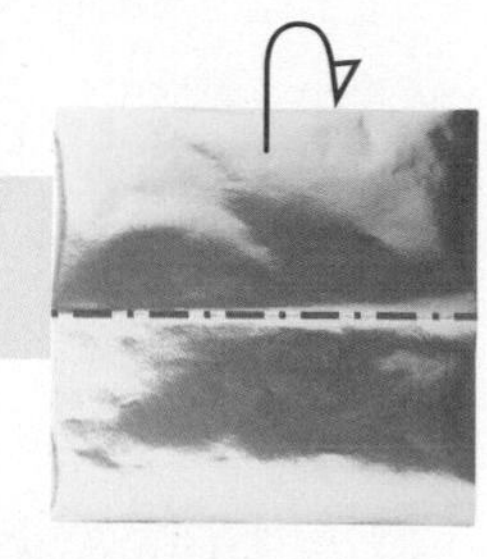

2 中間對摺出摺痕後，兩側向內凹摺。

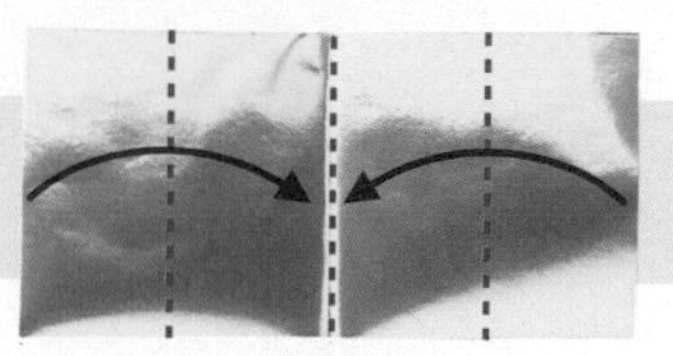

3 保持重疊狀態，再次對半摺出摺痕。

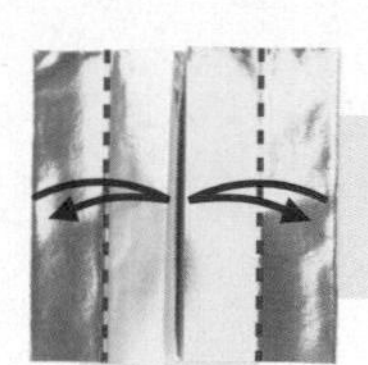

4 紙張打開就變成了8等份，重新調整出凹凸相間的摺痕，做成金屏風。

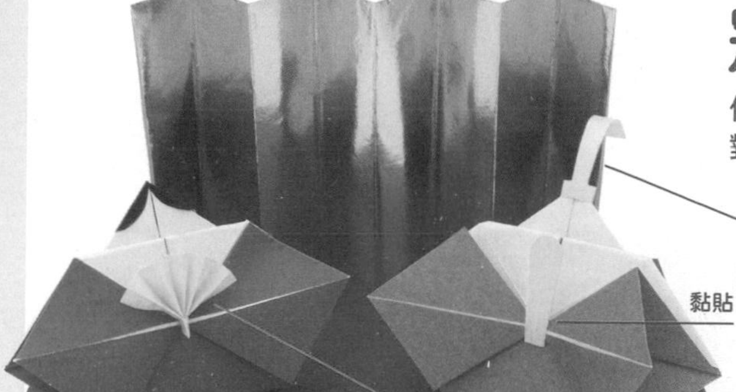

冠、笏

使用將 16 分之 1 大小的色紙再縱向對半裁剪的紙，如圖所示裁剪而成。

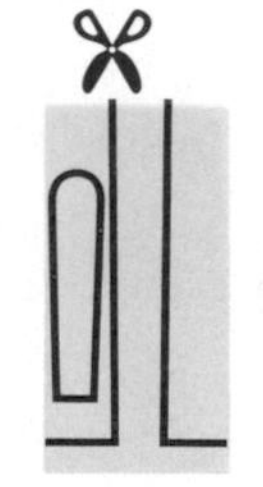

女偶人的扇子

使用 16 分之 1 大小的色紙來製作。先做好細密的蛇腹摺，中央以紙捲固定。在中間剪開，將蛇腹摺打開，就會變成扇子的形狀。

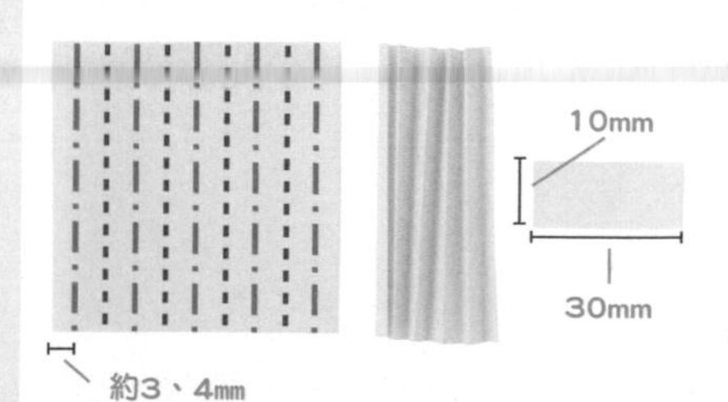

女偶人的頭髮

使用如右圖般大小的色紙來製作。縱向對摺，上面的角剪成弧形。將弧形部分摺好，如圖般貼在女偶人的頭上。

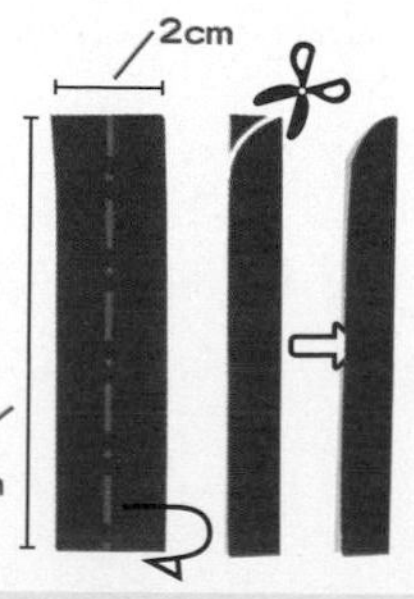

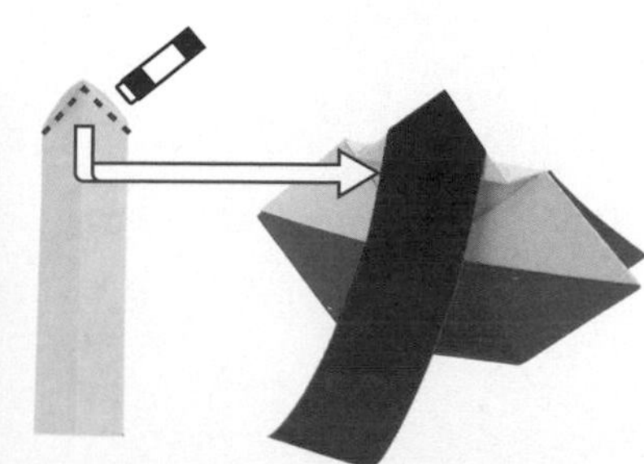

銀河・閃亮星星星星卡片

剪刀

【銀河】

簡單

使用對半裁剪的長方形色紙製作。

1 橫向對摺。

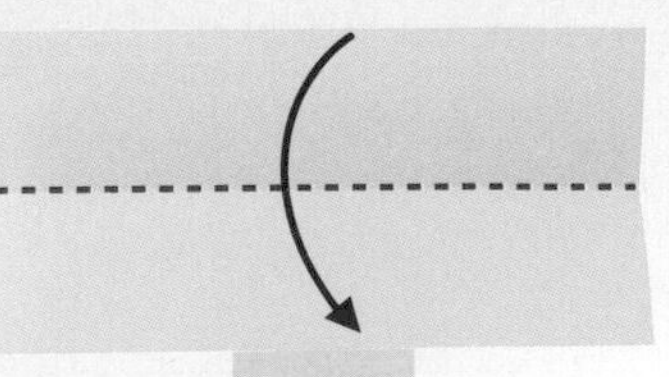

2 上面1張再對摺。
背面摺法也相同。

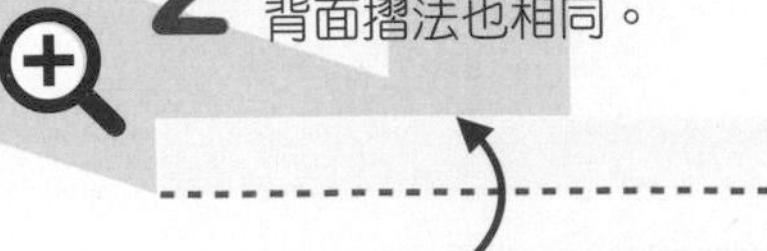

3 如圖般，上下交錯地剪開。

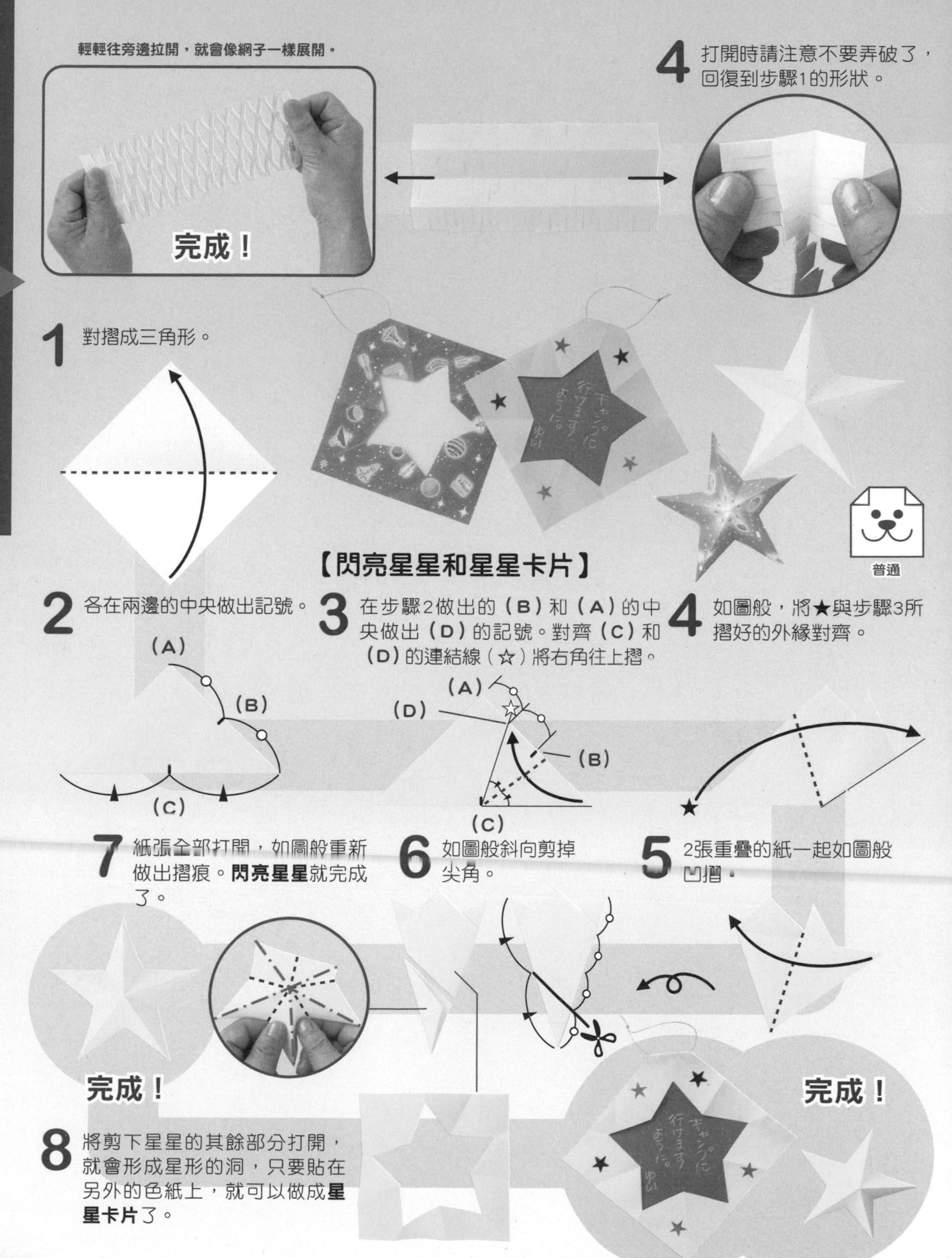
輕輕往旁邊拉開，就會像網子一樣展開。
完成！
4 打開時請注意不要弄破了，回復到步驟1的形狀。
1 對摺成三角形。
普通
2 各在兩邊的中央做出記號。
(A)
(B)
(C)
3 在步驟2做出的（B）和（A）的中央做出（D）的記號。對齊（C）和（D）的連結線（☆）將右角往上摺。
(A)
(D)
(B)
(C)
4 如圖般，將★與步驟3所摺好的外緣對齊。
7 紙張全部打開，如圖般重新做出摺痕。閃亮星星就完成了。
6 如圖般斜向剪掉尖角。
5 2張重疊的紙一起如圖般凹摺。
完成！
完成！
8 將剪下星星的其餘部分打開，就會形成星形的洞，只要貼在另外的色紙上，就可以做成星星卡片了。

【閃亮星星和星星卡片】

萬聖節南瓜

原案：中島進

困難　剪刀　黏膠

51頁的蝙蝠也是很適合萬聖節的摺紙哦！

使用橘色色紙以及要用於臉部與瓜蒂的4分之1大小黑色色紙來製作。

1 摺出十字摺痕後，上下對齊中央線做凹摺。

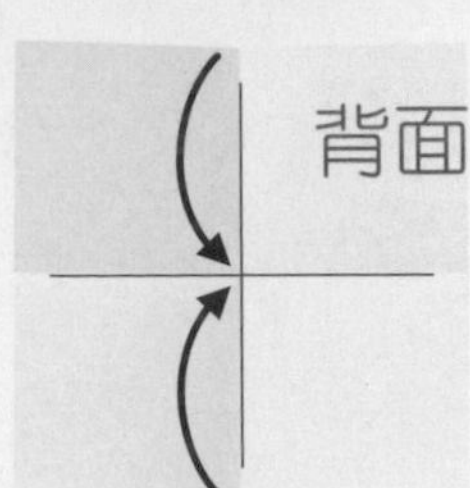

2 左右對齊中央線做凹摺。

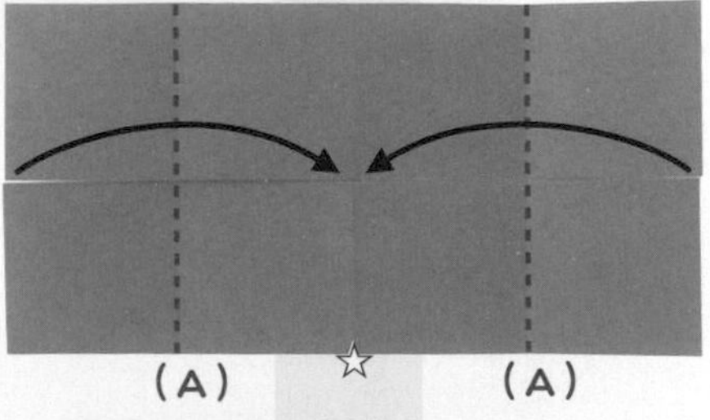

3 如圖般往外對半凹摺。

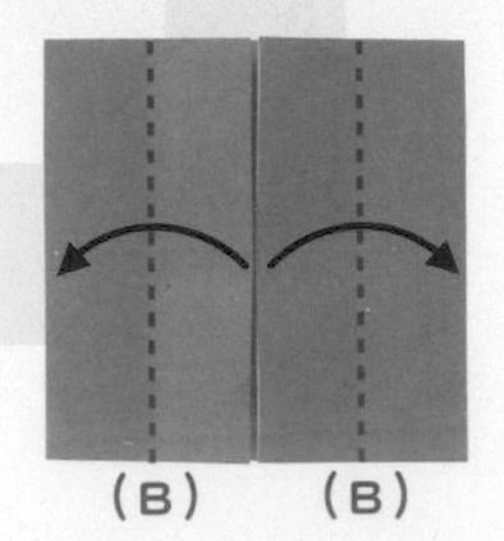

4 翻面後，左右對齊中央線做凹摺。

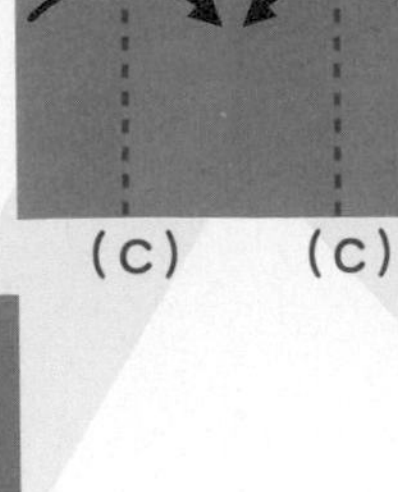

紙張打開，回復到步驟2的形狀。

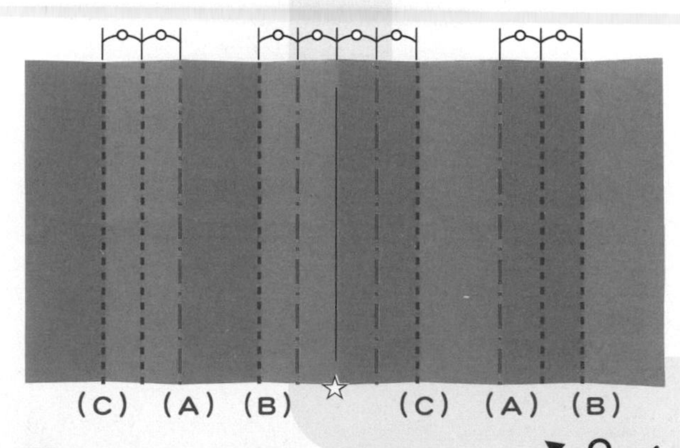

5 如圖般摺出凹摺和凸摺的摺痕。

6 依照步驟5的指示進行摺紙後，將8個角向內壓摺。

正在向內壓摺的模樣

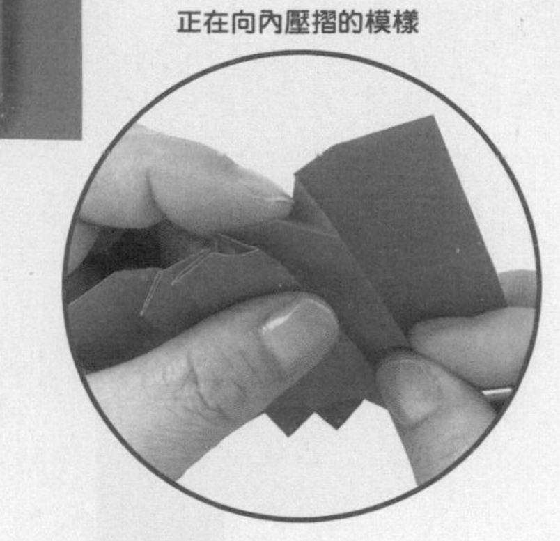

7 將4個角凹摺。

8 將黑色摺紙對摺成長方形，以如圖般的感覺剪下果蒂、眼睛、鼻子、嘴巴後打開。

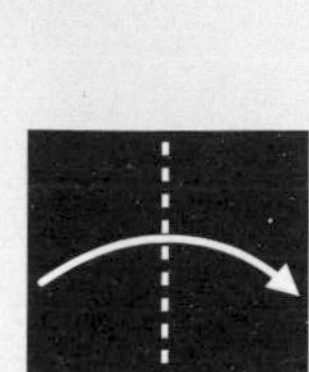

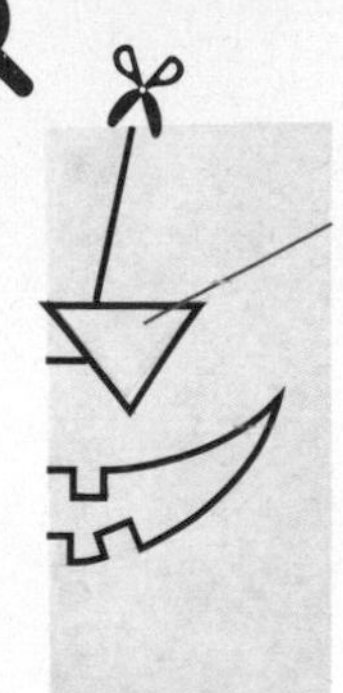

9 將剪下的果蒂、眼睛、鼻子、嘴巴貼在步驟7摺好的紙上。

完成！

可以摺多一些用於卡片上，或是黏貼在瓶瓶罐罐上，對萬聖節派對會非常有用哦！

聖誕老公公 1・2・3

三角聖誕老公公

簡單

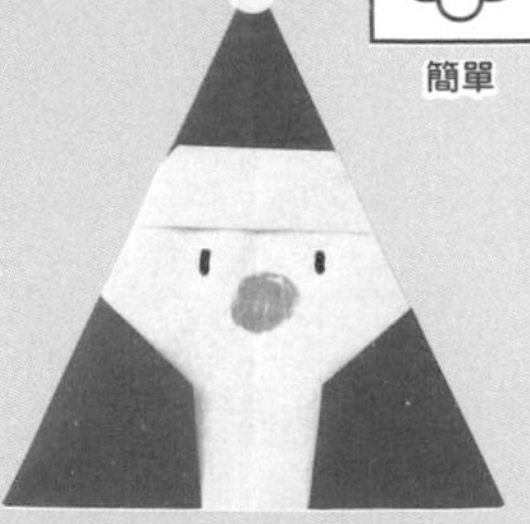

1 對摺成三角形。

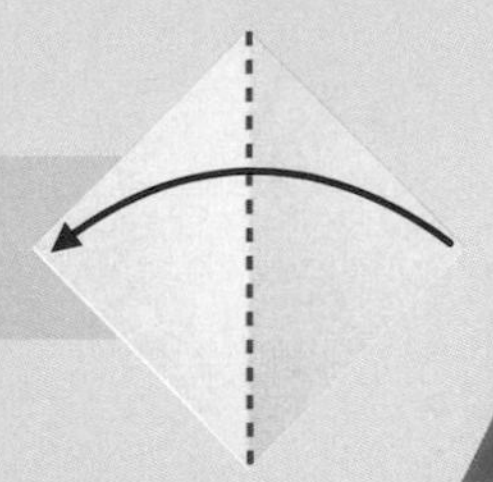

2 2張重疊，如圖般做約2cm的凹摺後打開，將背面朝上。

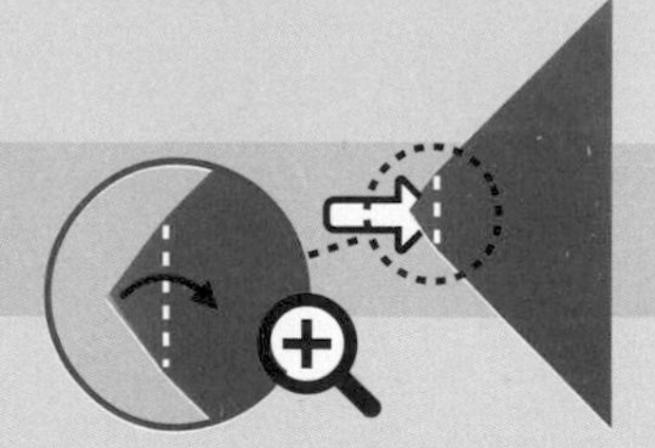

3 左右角利用摺痕做凹摺。

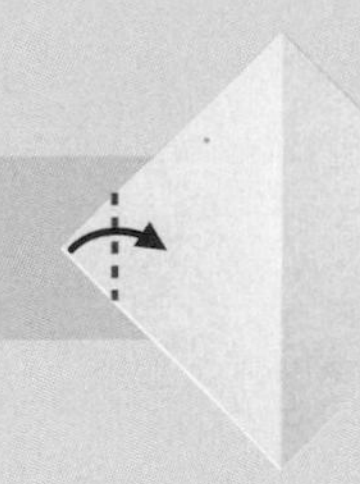

7 如圖般做凹摺。

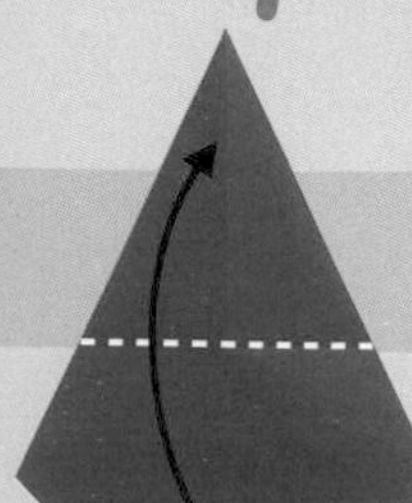

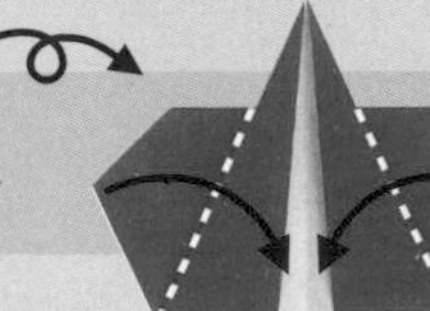

在橫長相同長度處做凹摺。

8 如圖般做凹摺。

完成！

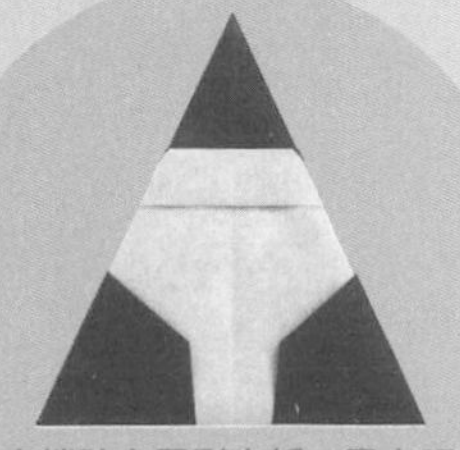

帽子末端貼上圓形白紙，畫上眼睛鼻子，就變成可愛的三角聖誕老公公了。也能夠站起來喔！

萬歲聖誕老公公

簡單

原案：中島進

1 色紙下方以約1cm的寬度做凹摺後，如圖般對摺出摺痕。

2 如圖般，兩角對齊中央線做凹摺。

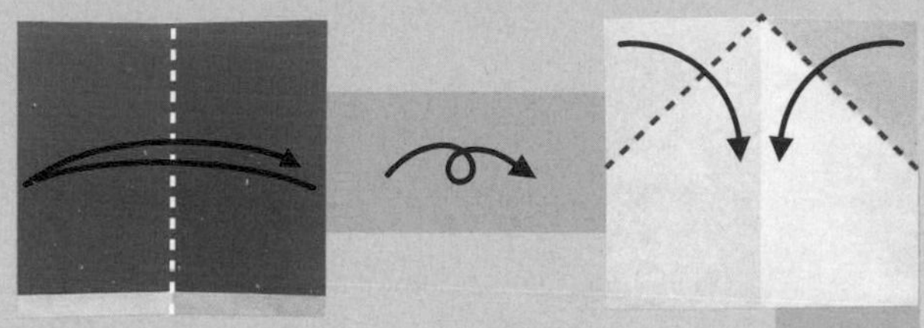

3 再次對齊中央線做凹摺。

4 如圖般凹摺。

5 左右做階梯摺，將臉旁的白色部分隱藏起來。

6 袖口的角做凹摺。

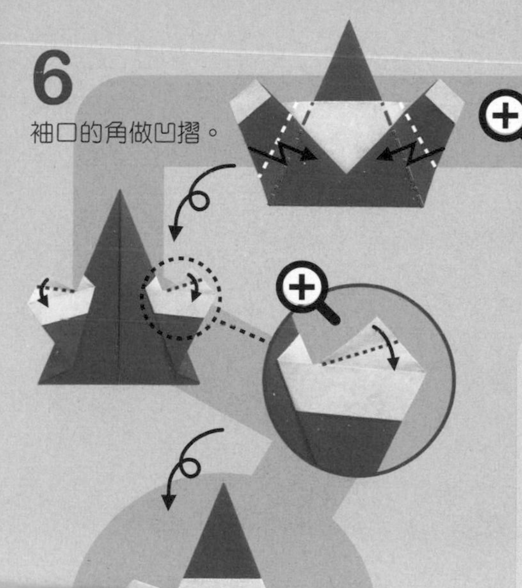

將手往上舉，好像在高呼萬歲的聖誕老公公。

完成！

用4分之1大小的色紙來摺時，就可省略步驟1中的凹摺（不加白底）。用各種顏色來製作，就會變成可愛的小矮人。這裡是7個小矮人。

4 如圖所示，露出中央線，左右大約同等地做凹摺。

5 往上凹摺，讓☆移到★的位置。

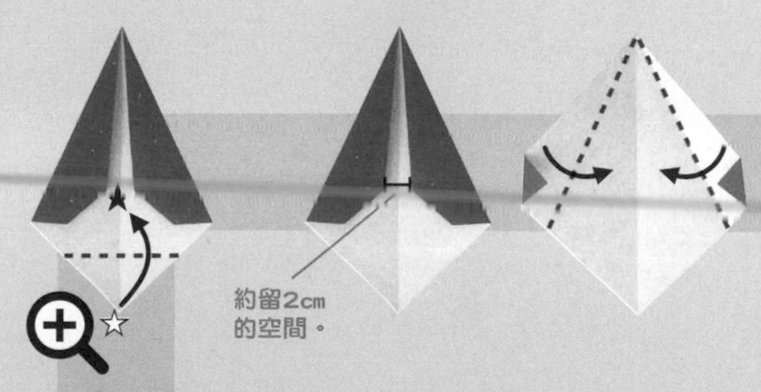

6 如圖般做捲摺。

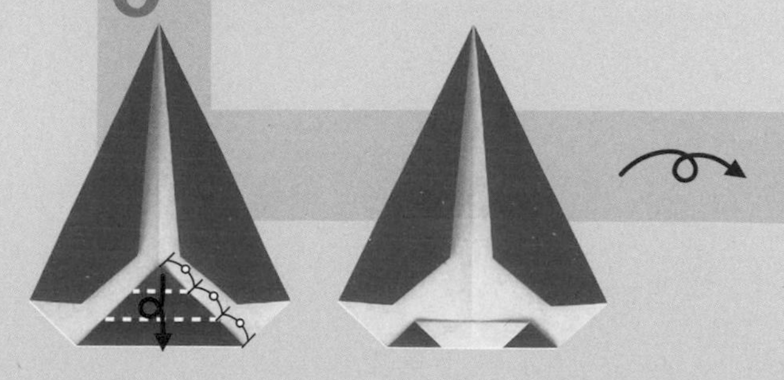

揹禮物的聖誕老公公

普通

1 對摺成三角形。

2 從下面以4分之1的寬度做凹摺後，紙張打開。

3 對齊步驟2的摺痕末端做凹摺（A），下面的角以步驟2摺出的摺痕做凹摺（B）。

(A) (C) (B)

4 對齊大三角形（有顏色的三角形），如圖般在兩側摺出摺痕。

5 上面的角對齊大三角形的頂點，摺出橫向的摺痕。

(D)

6 將★凹摺到（C）下面約1cm處。☆在（D）做凹摺。

(D) (C) 約1cm

7 如圖般，將上面1張摺出摺痕。

8 如圖般，將步驟7的摺痕以3分之1的寬度做3次捲摺。

9 如圖般，左右往後凸摺。

10 如圖般，先在左側摺出摺痕後，右側做凹摺。

11 將背面的1張打開，做為正面。

12 如圖般摺出摺痕後摺疊。

13 凹摺，做成袋子的形狀。

這是扛著禮物袋的聖誕老公公。

完成！

聖誕樹

普通

剪刀

1 摺出摺痕。讓3個☆和★重疊。

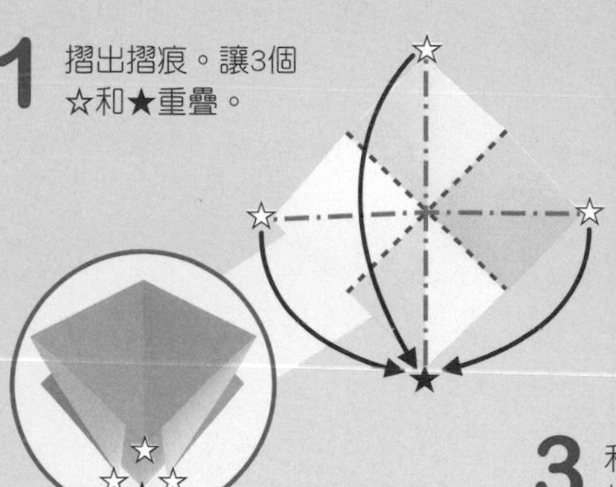

2 對齊中央線，上面1張摺出摺痕。

3 利用步驟2的摺痕，如圖般打開摺疊。

4 上面1張向右摺，另一邊的摺法相同。背面摺法也相同。

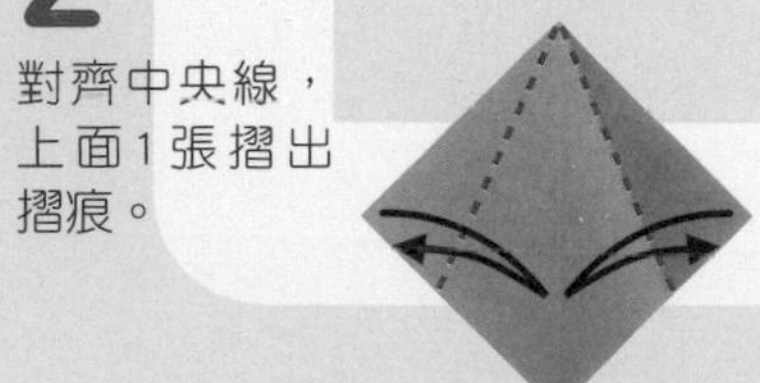

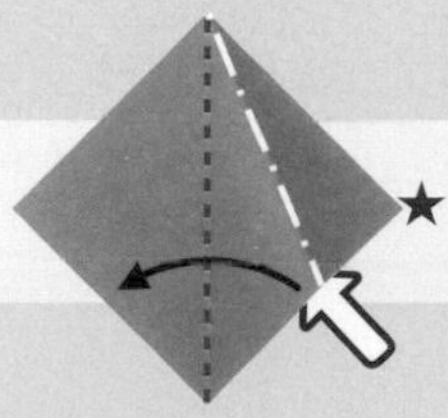

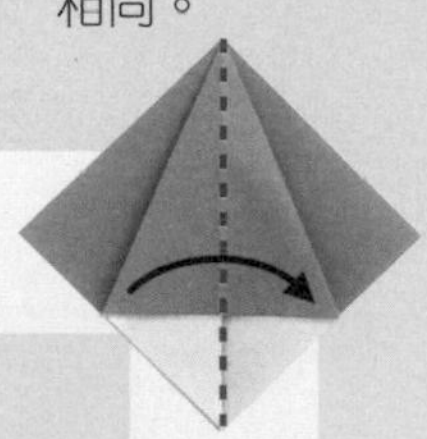

5 如圖般剪開畫線部分。

6 將剪開處如圖般1張1張做凹摺。

7 其他面的摺法也一樣。

8 將末端分成5片和3片，在5片這一邊剪開。

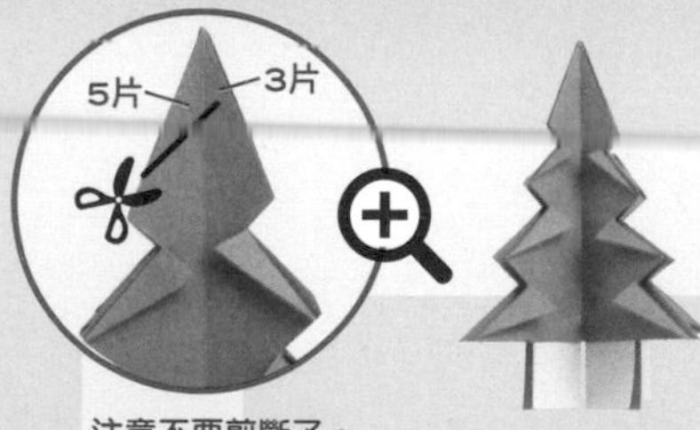

注意不要剪斷了。

9 拿著末端，將剪開的部分倒向3片這一邊。

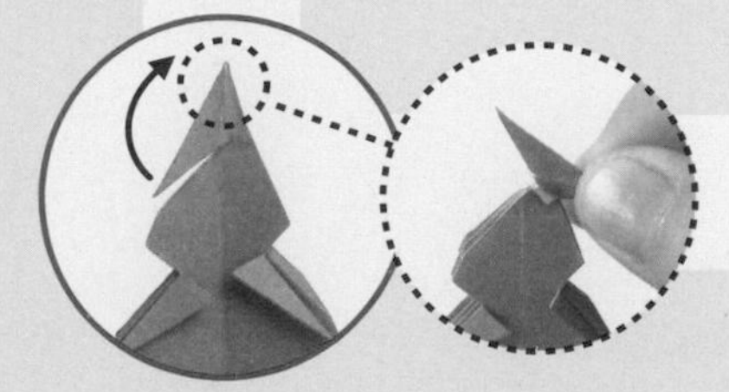

10 打開成星形。

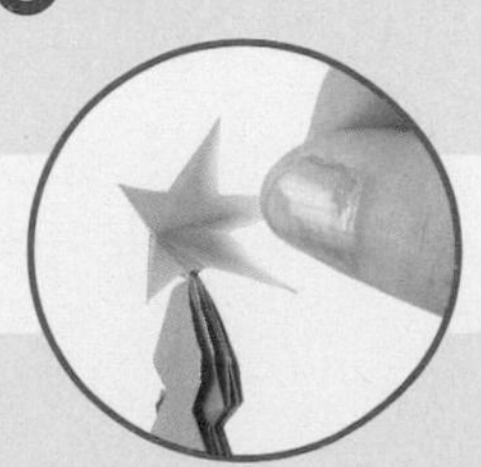

完成！

整理好形狀即可。

雪人

普通

剪刀

使用對半裁剪成長方形的色紙。

1 摺出十字摺痕。

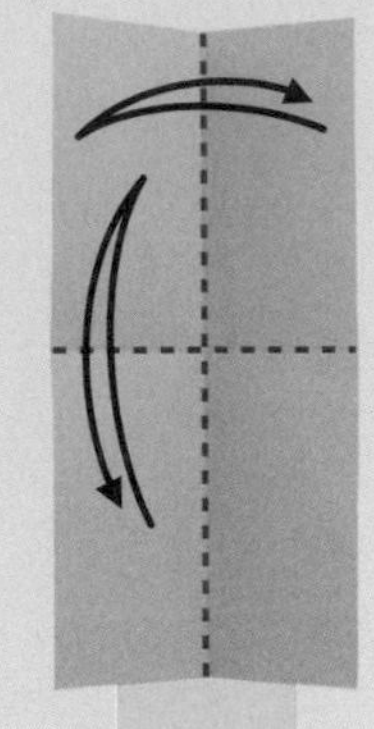

2 左右對齊中央線，摺出摺痕。

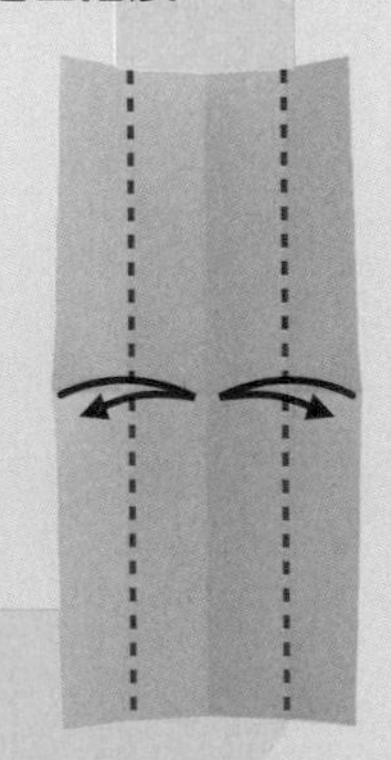

3 如圖般摺出橫向摺痕後，剪入到步驟2的摺痕處。一共剪開4個地方。

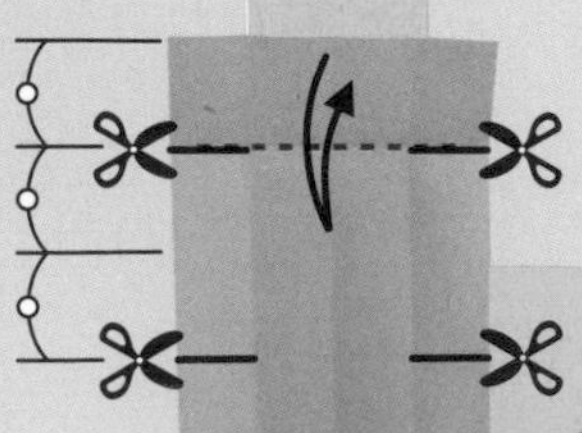

4 凸摺，做成帽子。

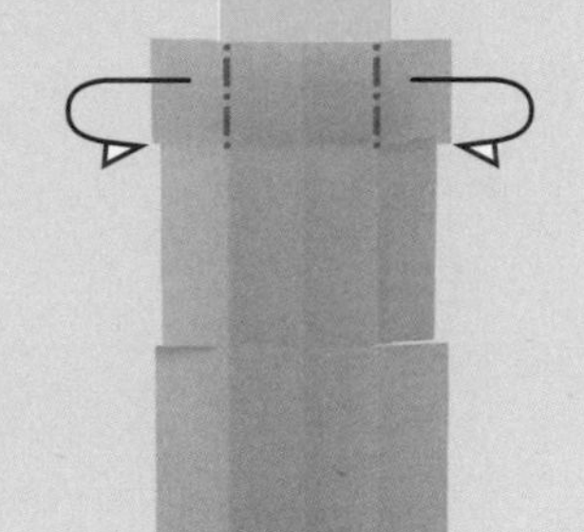

5 除了帽子之外，其他的角全部如圖般做凹摺。

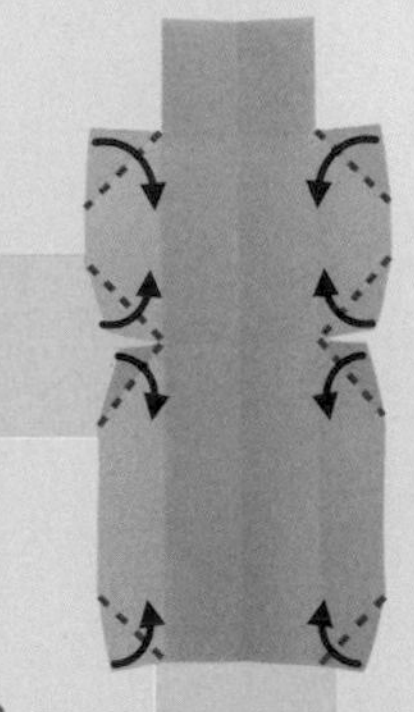

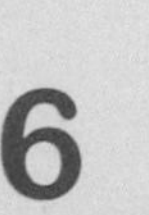

6 如圖般再次凹摺。

7 如圖般在2處做階梯摺。

8 為了讓階梯摺的部分更牢固，如圖般往後凸摺。

完成！

教堂卡片

原案：中島進

1 對摺成長方形，摺出摺痕後，上下對齊摺痕做凹摺。

2 左上角對齊中央線摺成三角形，做出摺痕。

3 利用摺痕向內壓摺。

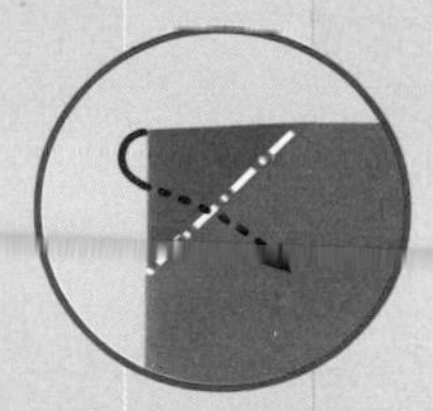

4 上面1張做凹摺後，全部展開。

5 以步驟4的摺痕為標準，剪開2處。

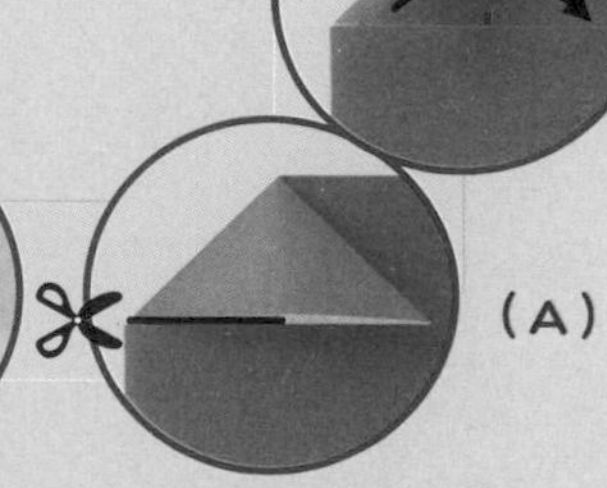

6 僅上面部分回復到步驟4的(A)，將三角形兩端的☆對齊★，摺出摺痕。

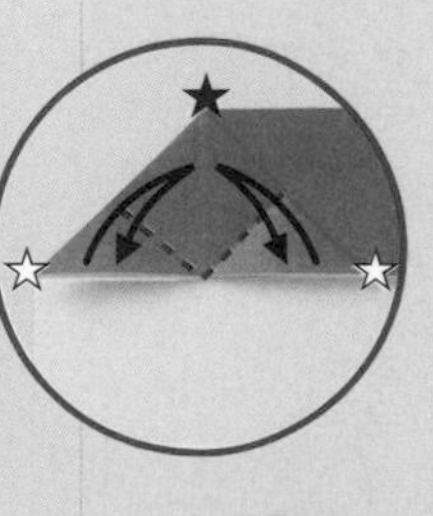

7 利用步驟6的摺痕，再次將☆對齊★，摺出摺痕。

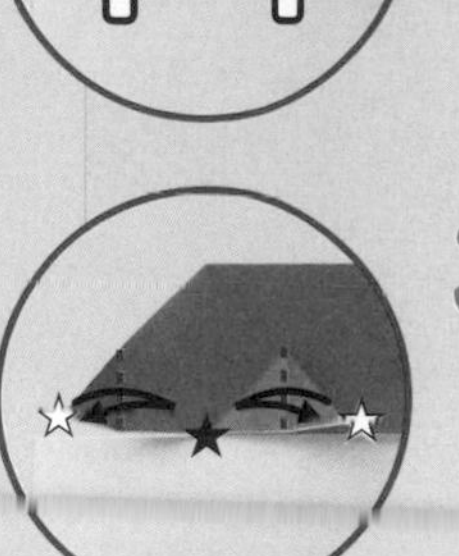

8 將步驟7的摺痕做凸摺，如圖般打開成四角形。

9 如圖般做凸摺，隱藏到裡面。

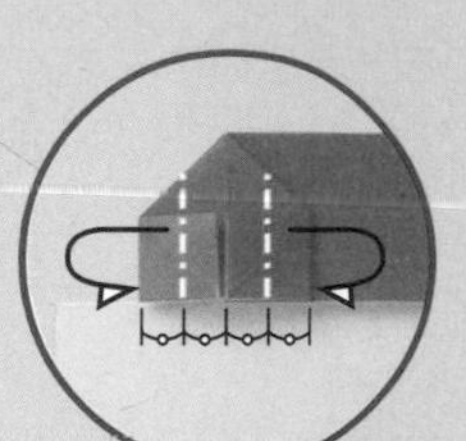

10 左右各取1張如圖般打開。

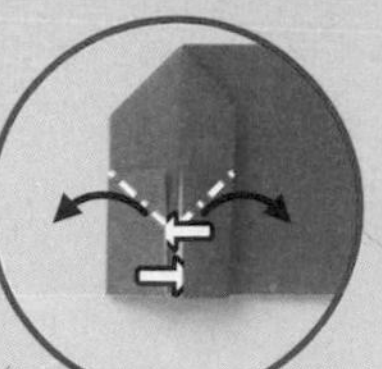

11 如圖般將上面1張往上摺。

12 右下角斜向捲摺。

13 利用摺痕做凹摺。

完成！

利用斜線做成有景深感的「夜空教堂風景」卡片。

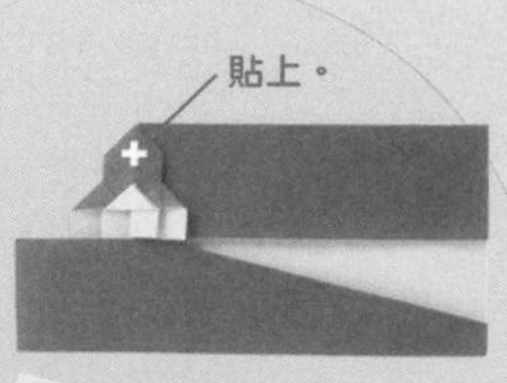

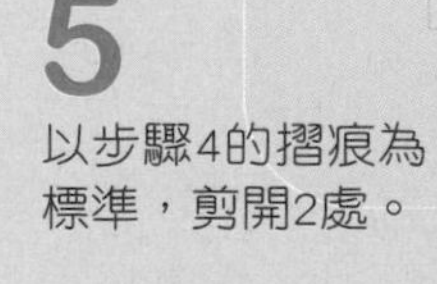

打開卡片，可以在裡面寫上訊息。

聖誕紅

普通　剪刀　黏膠

原案：中島進

使用2張綠色色紙和2張紅色色紙
（約綠色色紙的3分之2大小）來製作。

1 如圖般摺出摺痕，
讓3個☆對齊★。

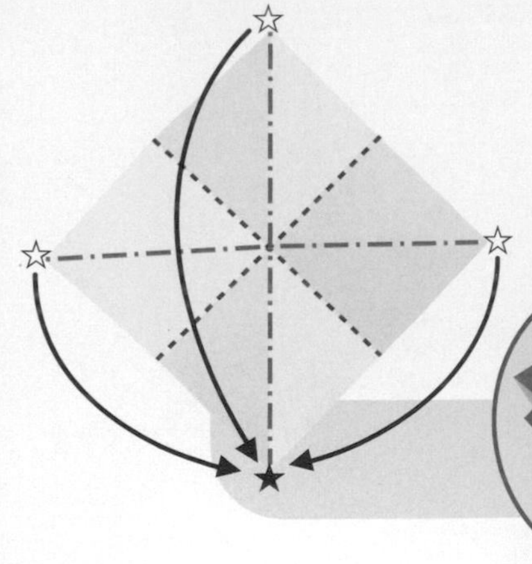

2 摺出中央記號（☆）後，
左右角對齊☆，確實摺出摺痕。

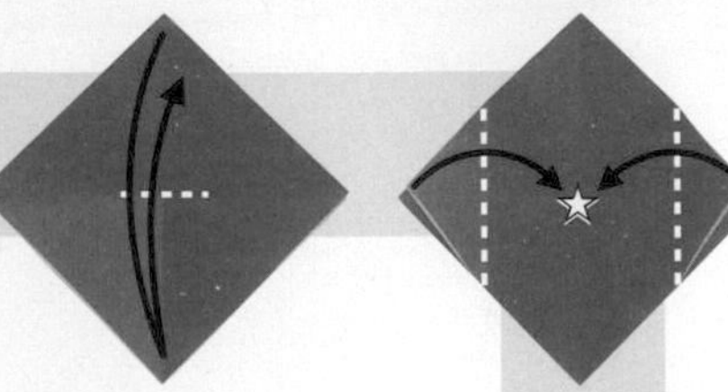

背面也摺法相同。

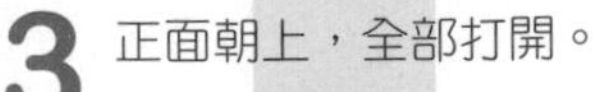

3 正面朝上，全部打開。

4 下面的中央線剪入到☆處為止。

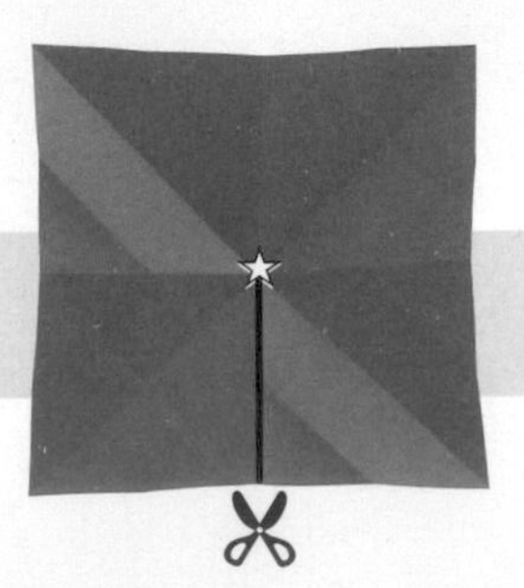

5 剪開的左右角利用摺痕做凸摺。

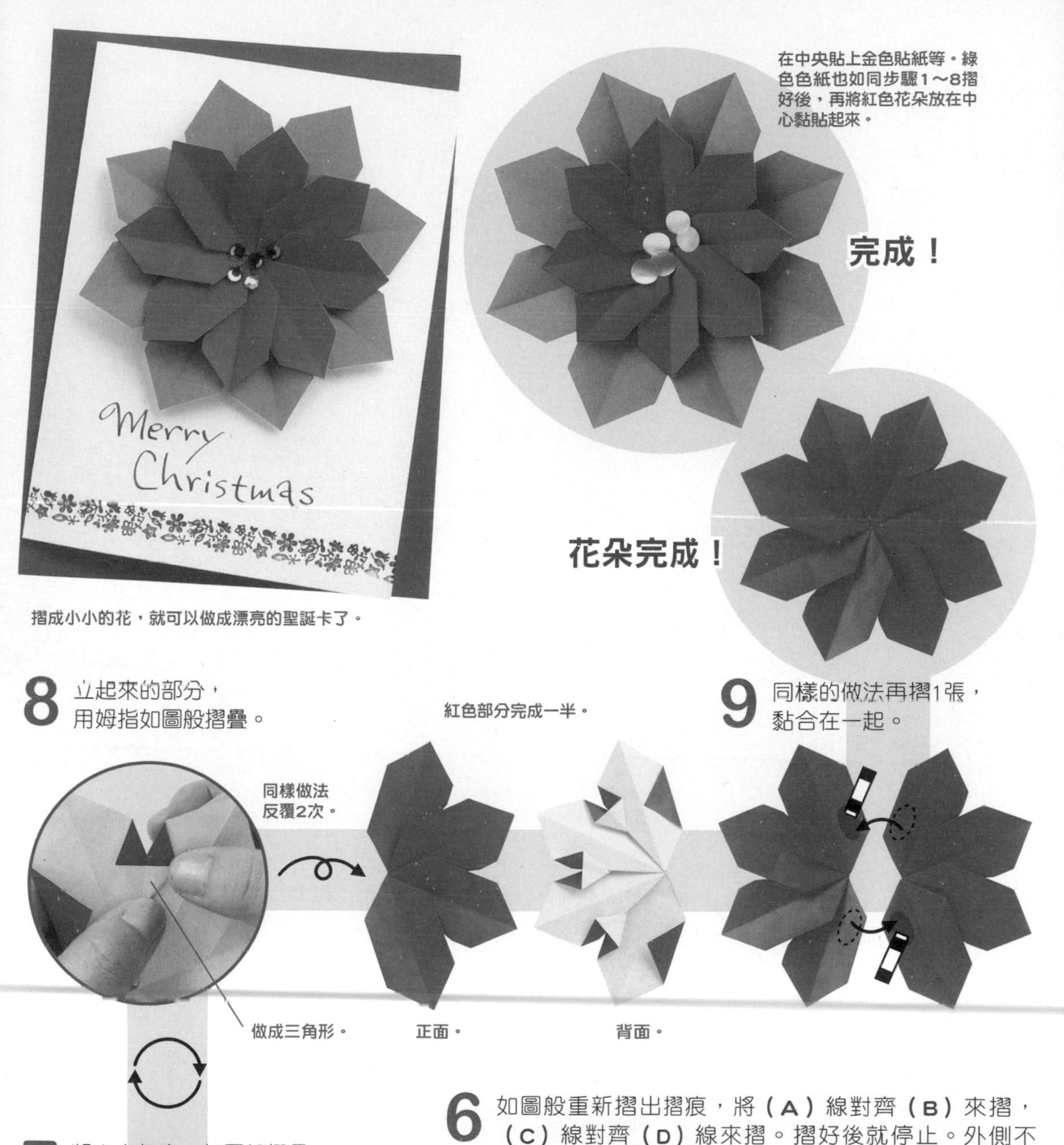

摺成小小的花，就可以做成漂亮的聖誕卡了。

在中央貼上金色貼紙等。綠色色紙也如同步驟1～8摺好後，再將紅色花朵放在中心黏貼起來。

完成！

花朵完成！

8 立起來的部分，用姆指如圖般摺疊。

紅色部分完成一半。

9 同樣的做法再摺1張，黏合在一起。

7 將☆立起來，如圖般摺疊。

6 如圖般重新摺出摺痕，將（A）線對齊（B）來摺，（C）線對齊（D）線來摺。摺好後就停止。外側不摺。

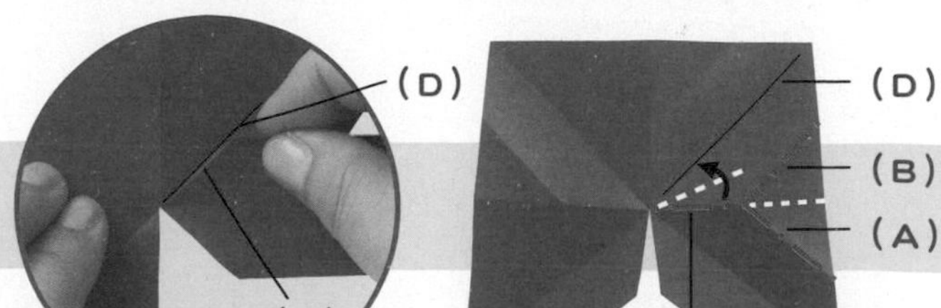

國家圖書館出版品預行編目資料

親子同樂玩摺紙 / 小林一夫著；彭春美譯.
- 二版. - 新北市：漢欣文化，2019.06
160面 ；18x23.5公分. --（愛摺紙；16）
ISBN 978-957-686-777-4（平裝）
1.摺紙

972.1　　108007840

 定價299元

愛摺紙 16

親子同樂玩摺紙（暢銷版）

作　者／小林一夫
譯　者／彭春美
出 版 者／**漢欣文化事業有限公司**
地　址／新北市板橋區板新路206號3樓
電　話／02-8953-9611
傳　真／02-8952-4084
郵撥帳號／05837599 漢欣文化事業有限公司
電子郵件／hsbookse@gmail.com
二版一刷／2019年6月

●作者／小林一夫

1941年生於東京。為內閣府認証NPO法人國際摺紙協會理事長、摺紙會館館長。致力於摺紙等與和紙相關的傳統技術．文化的普及。目前在世界各地都有進行摺紙的展示．演講活動等。有多數著作。

摺紙會館 home page → http：//www.origamikaikan.co.jp/index.html

日文原著工作人員

- ●編輯 ・ 製作／松村仕事場
- ●攝影／加藤啓介
- ●裝訂 ・ 內文設計／茨木純人
- ●內文插圖／羽馬有紗
- ●摺圖指導 ・ 編輯協力／湯浅信江